路桥工程施工管理与养护技术研究

兰志忠　王海峰　伍　鹏　主编

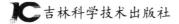
吉林科学技术出版社

图书在版编目（CIP）数据

路桥工程施工管理与养护技术研究 / 兰志忠, 王海峰, 伍鹏主编. -- 长春：吉林科学技术出版社, 2024.5

ISBN 978-7-5744-1294-1

I. ①路… II. ①兰… ②王… ③伍… III. ①道路施工－安全管理－研究②桥梁施工－安全管理－研究③公路养护－研究④桥梁工程－保养－研究 IV. ①U4

中国国家版本馆 CIP 数据核字(2024)第 088068 号

路桥工程施工管理与养护技术研究

LUQIAO GONGCHENG SHIGONG GUANLI YU YANGHU JISHU YANJI

作　　者　兰志忠　王海峰　伍　鹏

出 版 人　宛　霞

责任编辑　杨超然

封面设计　树人教育

制　　版　树人教育

开　　本　710mm×1000mm　1/16

字　　数　330 千字

印　　张　15

印　　数　1-1500 册

版　　次　2024 年 5 月第 1 版

印　　次　2025 年 1 月第 1 次印刷

出　　版　吉林科学技术出版社

发　　行　吉林科学技术出版社

地　　址　长春市南关区福祉大路 5788 号出版大厦 A 座

邮　　编　130118

发行部电话/传真　0431—81629529　81629530　81629531

　　　　　　　　　　81629532　81629533　81629534

储运部电话　0431-86059116

编辑部电话　0431-81629510

印　　刷　长春市华远印务有限公司

书　　号　ISBN 978-7-5744-1294-1

定　　价　85.00 元

前　　言

　　科学的实施路桥施工技术管理与质量控制有助于提高企业的经济效益，它能预防施工过程中容易出现的质量问题从而降低治理成本。因此，它不仅是保证工程施工质量的关键，也是降低质量通病发生的重点。保障工程的施工质量、提高工程的使用率是施工企业进行公路施工时的重要原则，因为它在减少维修成本的同时，还能保障公路的行车安全，减少交通事故的发生。它不仅影响到施工企业的经济效益，还影响到企业在市场上的竞争力。所以施工企业在公路建设的过程中应充分认识到技术管理与质量监控工作的重要性，并将其作为施工过程中项目管理的重点。企业要想健康快速的发展，就必须对施工技术进行严格的管理，对工程质量进行有效的监控。

　　路桥工程是基础设施建设中非常重要的两个部分，近年来由于我国城市化速度的不断加快，对路桥工程的需求量也在不断加大，但我们都知道，路桥工程在实际工程施工中有很多需要注意的事项，例如温度和土壤的冻结深度等，如果在实际工程建设中，项目经理不能对工程中的每个小细节都做到心中有数，就很难使整个庞大的路桥工程正常运转下去。而随着经济的发展，当前又对路桥施工工程质量和施工速度等方面有了更高的需求，在这种情况下，路桥施工必须从现存的问题出发，改变施工及施工管理方式，促进本行业的发展。

　　本书的章节布局，共分为九章。第一章主要内容包括道路的分类及工程组成、道路工程施工的一般特点、道路工程施工的基本程序、桥梁的组成及分类、桥梁工程施工的一般特点、桥梁工程施工的基本程序等；第二章对路基施工技术研究做了相对详尽的介绍；第三章是路面施工技术研究，介绍了沥青路面施工技术和水泥混凝土路面施工技术；第四章是道路附属工程施工技术研究，介绍了附属工程施工主要涉及路缘石的施工、人行道的施工、交通安全设施的施工及其他附属设施的施工；第五章是桥梁上部结构施工技术研究，介绍了桥梁上部结构是直接承载车辆载荷的部分，其施工质量对桥梁的整体质量和使用寿命有巨大的影响；第六章是桥梁下部结构施工技术研究，介绍了明挖基础施工、钻孔灌注桩基础施工以及沉井基础施工等；第七章是其他桥梁施工技术研究，拱桥、斜拉桥、悬索桥也是较为常见的桥梁，由于不同的桥梁具有不同的施工方法和使用特点；第八章是道路的养护技术研究，道路养护工作也应切实贯彻"科技兴交，科学养路"的方针，大力推广和应用先进的养护技术、机械设备和科学的管理方法；第九章是桥梁的养护技术研究，只有认真地、不间断地进行桥梁养护维修，才能保持桥梁的各组成部分均处于健康状态，确保桥梁抵抗自然灾害的功能正常发挥，在保证安全运营的同时，最大限度地实现和延长桥梁的设计使用寿命。

本书在撰写过程中，参考、借鉴了大量著作与部分学者的理论研究成果，在此一一表示感谢。由于作者精力有限，加之行文仓促，书中难免存在疏漏与不足之处，望各位专家学者与广大读者批评指正，以使本书更加完善。

内容简介

　　路桥工程施工作为路桥建设中一项重要的环节，是把施工图纸变为实际工程的重要步骤之一。同时，路桥管理人员也需要从各方面进行管理和控制，及时发现施工中的安全问题，并能提出解决问题的对策，才能保证整个路桥工程的施工安全。本书将对路桥工程施工中的重要内容进行全面梳理，结合图表帮助读者快速掌握施工要点和安全管理要点。本书共九章，分别从概述，路基、路面以及道路附属工程施工技术，桥梁的上部、下部以及其他施工技术，道路和桥梁的养护技术等方面入手，介绍了路桥工程施工管理与养护技术。

目　录

第一章 绪 论

第一节 道路工程施工技术

一、道路的分类及工程组成

道路工程是供各类无轨车辆和行人等通行的基础设施。道路是一种带状构筑物，它的中心线是一条空间曲线。它具有高差大、曲线多且占地狭长的特点。道路工程施工图的表现方法与其他工程图有所不同。道路工程施工图由平面图、纵断面图、横断面图及构造详图组成。

（一）道路的分类

道路可分为城市道路、公路、农村道路、专用道路。

1.城市道路

城市道路是在城市范围内联系各组成部分，并供车辆及行人通行的、具备一定技术条件和设施的道路。按在道路系统中的地位、交通功能及对沿线建筑物的服务功能等来划分，城市道路可分为快速路、主干路、次干路和支路。

①快速路是为较高车速的长距离交通而设置的重要道路。快速路对向车道之间应设中间带以分隔对向交通，当有自行车通行时，应加设两侧带。快速路与高速公路、快速路、主干路相交时，必须采用立体交叉；与交通量较小的次干路相交时，可采用平面交叉；与支路不能直接相交。在过路行人集中地点应设置过街人行天桥或地下通道。

②主干路是城市道路网的骨架，为连接城市各主要分区的交通干路，以交通功能为主。自行车交通多时，宜采用机动车与非机动车分流形式，如三幅路或四

幅路。

③次干路是城市的交通干路,兼有服务功能。次干路配合主干路组成道路网,起广泛连接城市各部分与集散交通的作用。

④支路是次干路与街巷路的连接线,满足局部地区交通需求,以服务功能为主。街巷内部道路,作为街巷建筑的公共设施组成部分,不列入等级道路内。

2.公路

公路是指在城市以外,连接相邻市、县、乡、港口、厂矿和林区等,主要供汽车行驶,且具备一定技术条件和交通设施的道路。根据其功能和适应的交通量可分为五个等级:高速公路、一级公路、二级公路、三级公路和四级公路。

①高速公路是专供汽车分向、分车道行驶,并全部控制出入的多车道道路,年平均日交通量为25000辆以上(折合成小客车;四车道为25000~55000辆,六车道为45000~80000辆,八车道为60000~100000辆)。

②一级公路是供汽车分向、分车道行驶,并可根据需要部分控制出入及部分立体交叉的多车道道路,年平均日交通量15000~55000辆(折合成小客车;四车道为15000~30000辆,六车道为25000~55000辆)。

③二级公路是供汽车行驶的双车道道路,年平均日交通量5000~10000辆(折合成小客车)。

④三级公路是主要供汽车行驶的双车道道路,年平均日交通量2000~6000辆(折合成小客车),是沟通县及县以上城市的一般干线道路。

⑤四级公路是主要供汽车行驶的双车道或单车道道路,年平均日交通量2000辆以下(折合成小客车;单车道为400辆),是沟通县、乡(镇)的支线道路。

道路按其重要性和使用性质又可分为国家干线道路(国道)、省级干线道路(省道)、县级道路(县道)和乡级道路(乡道)。

3.农村道路

农村道路一般是指在农村中联系乡、村、居民点的主要道路,其交通性质、特点、技术标准要求等均与公路不同。

4.专用道路

专用道路包括厂矿道路和林区道路。厂矿道路是指修建在工厂、矿区内部的道路,以及厂矿与公路、城市道路、车站、港口的衔接道路,主要是供工厂、矿山运输车辆通行的道路。林区道路是指修建在林区,主要供各种林业运输工具通行的道路。

(二)道路工程的组成

道路工程的基本组成部分包括路床、路基、路面、桥梁、涵洞、隧道、防护与加固工程、排水设施、山区特殊构造物，城市道路还包括各种管线等，以及为保证汽车行驶安全、畅通和舒适的各种附属工程，如道路标志、路用房屋、加油站及绿化栽植等。此外，还包括为防止路基填土或山坡土体坍塌而修筑的承受土体侧压力的挡土墙，以及为保持路基稳定和强度而修建的地表和地下路基排水设施，如边沟、截水沟、排水沟、急流槽、渗沟、渗水井等。

二、道路工程施工的一般特点

新建、改建或扩建的道路工程，其施工都不同程度地呈现以下特点。

（1）道路工程是固定在土地上的构筑物，而施工生产是流动的，所以道路工程施工组织是复杂的，这是道路工程施工区别于工业生产的最根本的特点。道路工程具有流动性，因此需要把众多的劳动力、施工机具、材料在时间和空间上合理组织，从而使它们在线性的施工现场按照科学的施工顺序流动，不致互相妨碍而影响施工，这是施工组织的重要内容。

（2）道路工程施工规模大、周期长，施工组织工作十分艰巨。由于道路工程往往工程量较大，需要消耗大量的人力和物力，施工组织工作不仅要做好统筹部署，同时还要考虑不同工种之间开工、竣工的衔接，只有这样，才能保证道路工程施工生产连续且有序地进行。

（3）道路工程施工是在室外进行的，气候和自然条件决定了道路工程施工组织工作的特殊性和不能全年连续均衡地进行施工。因此，在施工组织中，要在雨季、冬季和高温季节采取特殊的技术措施和施工方法，在高空和地下作业则要采取必要的防护措施，并尽可能连续而均衡地进行施工，注意避免气候和自然条件对施工所产生的不利影响，以确保工程质量和施工安全，并满足工期要求。

综上所述，道路工程施工的特点集中表现在施工条件复杂多变，给施工带来很大的困难，故要求针对道路工程的不同对象和不同施工条件，从实际出发，充分做好准备工作，包括施工管理和组织计划工作。在施工中实行流水作业，严格进行施工管理，健全岗位责任制，加强质量保证体系建设，每道工序都要严格把关，前一道工序未经验收不得进入下一道工序，稳妥、科学地做好施工组织工作。

三、道路工程施工的基本程序

道路工程施工的基本程序是指施工单位从接受施工任务到工程竣工阶段必须遵守的工作程序。

（一）施工准备工作

施工准备工作是为拟建工程的施工建立必要的技术和物质条件，统筹安排施工力量和现场。施工准备工作也是施工企业进行目标管理、推行技术经济承包的依据。

为了保证施工顺利进行，在施工准备阶段，建设主管部门应根据计划要求的建设进度指定一个企业或事业单位组织基建管理机构，办理登记及拆迁，做好施工沿线有关单位和部门的协调工作，抓紧配套工程项目的落实，组织施工范围内的技术资料、材料、设备的供应；勘察设计单位应按照勘察设计合同按时提供各种图纸资料，做好施工图纸的会审及发放工作；施工单位应组织机具、人员进场，进行施工测量，修筑便道及生产、生活等临时设施，组织材料和物资的采购、加工、运输、供应、储备，做好施工图纸的接收工作，熟悉图纸的要求。

（二）组织施工

施工准备就绪后，施工单位向上一级单位提交开工申请，主管技术部门报监理工程师，由总监理工程师下达开工命令。施工单位要遵照施工程序和施工组织计划中所拟定的施工方法合理组织施工。在施工过程中应严格按照设计要求和施工规范施工，确保工程质量，安全施工。推广应用新工艺、新技术，努力缩短工期，降低造价，同时应注意做好施工记录，建立技术档案。

组织施工应具备的文件：①设计文件；②施工规范和技术操作规程；③各种定额；④施工图预算；⑤施工组织设计；⑥相关质量检验评定标准和施工验收规范。

（三）竣工验收、交付使用

工程竣工验收是一项细致又严肃的工作，需要对工程质量、数量、期限、生产能力、建设规模、使用条件进行审查，并以设计文件为依据，根据有关规定，对建设单位和施工企业编报的固定资产移交清单、隐蔽工程说明和竣工决算等进行细致检查。特别是竣工决算，它是反映整个基本建设工作所消耗的全部投资金额的综合性文件，也是通过经济指标对全部基本建设工作所做的全面总结。

四、道路工程施工准备工作

道路工程施工前施工单位的准备工作，是为了保证施工正常进行而必须做好的一项重要工作。

它之所以重要，是因为道路施工是一项非常复杂的生产活动，需要处理一系列复杂的技术问题，耗用大量的物资，使用众多人力和机械设备资源，所遇到的条件也是多种多样的，因而，施工前的准备工作考虑的影响因素越多，准备工作做得越充分，施工就会越顺利。施工前的准备工作带有全局性，它是组织施工的第一步，没有这项工作，工程就不能顺利开工，更不能连续施工。没有准备的施工或准备不充分的施工，均会使以后的施工难以顺利进行。

施工企业在投标时应成立工程项目经理部，施工单位在获得工程任务并与建设单位签订工程施工承包合同后，应按照合同的要求着手进行施工准备工作。施工准备工作分为组织准备、技术准备、物资准备和施工现场准备等工作。

（一）组织准备工作

所谓组织准备工作，主要是建立和健全施工组织管理机构，制定施工管理制度，明确施工任务，确立施工应达到的目标。施工组织管理机构是为完成道路工程施工而设置的负责现场指挥、管理工作的组织机构，一般由项目经理部及下设的各职能部门组成。建立严格的责任制，按计划将责任预先落实到有关部门甚至个人，同时明确各级技术负责人在施工准备工作中所负的责任，从而充分调动各部门和技术人员的积极性，使他们有职、有权、有责。建立完善的施工管理制度是道路施工管理的核心。施工管理制度包括施工计划管理制度、工程技术管理制度、工程成本管理制度、施工安全管理制度。

（二）技术准备工作

技术准备工作，即通常所说的"内业"工作，它是工程顺利实施的基础和保证。技术准备工作直接影响到工程的进度、质量和经济效益，因此必须高度重视。技术准备工作的内容主要包括熟悉和审核图纸，深化施工组织设计；设计交桩和技术交底；建立工地试验室。

1.熟悉和审核图纸，深化施工组织设计

项目负责人组织有关人员对施工图纸和资料进行学习和自审，如有疑问，应做好统计，在建设单位召开设计交底和图纸会审会议时提出，请上级部门给予解答。

施工组织设计是全面安排施工生产的技术经济文件，是指导施工的主要依据。施工组织设计是以一个建设施工项目为编制对象，用以规划整个拟建工程施工活动的技术经济文件。它是对整个项目施工任务所做的总体战略性部署安排，主要包括工程概况、施工布置与施工方案、施工总进度计划、施工准备工作及各项资源需要量计划、施工总平面图、主要技术组织措施及主要技术指标。

2.设计交桩和技术交底

建设单位负责人召集设计、施工、监理、科研人员参加图纸会审会议。设计人员向施工方进行图纸交底，讲清设计意图和对施工的主要要求。施工人员应对图纸和有关问题提出质询。最终由设计单位对图纸会审时提出的合理化建议，按程序进行变更设计或做补充设计。

3.建立工地试验室。

工地试验室是直接为施工现场提供服务的试验室，主要任务是配合路基、路面施工，对工地使用的各种原材料、加工材料及结构性材料的物理力学性能，以及施工结构体的几何尺寸等进行检测。工地试验室的作用是通过各种材料试验，选用合适的材料，以保证工程结构物的强度和耐久性，并有利于掌握各种材料的施工质量指标，保证结构物的施工质量。工地试验室的试验检测人员必须是施工单位试验检测机构的正式员工。

（三）物资准备工作

物资准备是指施工中必需的劳动手段和施工对象的准备。它是根据各种物资需要量计划，分别落实货源、组织运输和安排储备，以满足连续施工的需要。物资准备包括各种材料与机具设备购置、采集、调配、运输和储存，临时便道及工程房屋的修建，供水、供电、必需生活设施等的安装及建设等工作。

在道路施工前，各种生产、生活需用的临时设施，如各种仓库、搅拌站、预制构件厂（站、场）、各种生产作业棚、办公用房、宿舍、食堂、文化设施等均应按施工组织需要的数量、标准、面积、位置等修建完毕。修建好各种生产、生活需用的临时设施后，应及时根据施工组织设计确定的材料、半成品、预制构件的数量、品种、规格，以及施工机具设备，编制好物资供应计划，按计划订货和组织进货，按照施工平面图的要求在指定地点堆存或入库；应提前对砂、碎石、钢材等材料做各种试验，确定其是否满足设计要求；提前设计好各种标号混凝土的配合比；对施工机械和机具需要量进行计划，按计划进场安装、检修和试运转。

施工队应提早调整，健全和充实施工组织机构，进行特殊工种、稀缺工种的技术培训，提前招临时工和合同工，落实专业施工队伍和外包施工队伍。同时，根据地理位置、气候条件，为冬、雨季施工做适当准备。

（四）施工现场准备工作

1.恢复定线测量

恢复定线测量的主要程序如下：①检查工程原测设的所有永久性标桩；②复测；③对施工中所有的标桩进行加固保护，并对水准点、三角网点等树立易于识别的标志；④向监理工程师提供全部的测量标记资料；⑤完成全部恢复定线、施工测量设计和施工放样工作；⑥各合同段衔接处的测量应在监理工程师的统一协调下由相邻两合同段的承包人共同进行，将测量结果协调统一在允许的误差范围内。

2.建造临时设施

①工地临时房屋设施包括行政办公用房、宿舍、文化福利用房及作业棚等。其需要量根据职工与家属的总人数和房屋指标来确定。

②仓库用来存放施工所需的各种物资、器材，按物资的性质和存放量要求，

其形式可以是露天仓库、敞棚、房屋或库房。仓库物资贮存量应根据施工条件通过计算确定。

3.临时道路

在工地布设临时道路时应遵循下列原则。

①临时道路以最短距离通往主体工程施工场所，并连接主干道路，使内外交通便利。

②充分利用原有道路，对不满足使用要求的原有道路，应在充分利用的基础上对其进行改建，以节约投资和施工准备时间。

③在工程施工与原有道路、桥涵发生冲突和干扰之处，承包人要在工程施工之前完成改道施工或修建临时道路。

④利用现有的乡村道路作为临时道路，应对乡村道路进行修整、加宽、加固，并设置必要的交通标志，经监理工程师验收合格后方可通行。

⑤工程施工期间，应配备人员对临时道路进行养护，以保证临时道路的正常通行。

⑥尽量避开洼地和河流，不建或少建临时桥梁。

4.工地临时用电

施工现场用电包括生产用电和生活用电。其中，生活用电主要是照明用电；生产用电包括各种生产设施用电、主体工程施工用电、其他临时设施用电等。

五、道路工程施工常用机械

（一）土石方机械

1.推土机

推土机是一种多用途的自行式土方工程施工机械，它能铲挖并移运土壤。

推土机按行走装置不同分为履带式和轮胎式，按工作装置不同分为固定式铲刀（直铲）和回转式铲刀（斜铲），按操纵方式不同分为钢丝绳机械操纵和液压操纵等类型。工程量较为集中的土石方工程一般采用液压操纵的履带式推土机。推土机适用的经济运距为50~100m。

2.铲运机

铲运机是一种在机械行进中利用铲头依次完成铲削、装载、运输和铺筑的铲土运输机械。它广泛用于道路、铁路、水利、港口及大规模的建筑等工程中的土方作业。铲运机按行走装置不同分为有牵引式铲运机（拖式）和自行式铲运机，按操纵方式不同分为机械传动铲运机、液压传动铲运机、电力传动铲运机和静压传动铲运机等。在施工作业时，铲运机卸土作业有强制式卸土、半强制式卸土和自行式卸土三种。铲运机的特点是能独立完成铲土、运土、卸土、填筑、压实等工作。铲运机对行驶道路要求较低，常用于坡角在20°以内的大面积场地平整，开挖大型基坑、沟槽，以及填筑路基等土方工程。

一般来说，铲运机可在I~III类土中直接挖土、运土。铲运机的经济运距和行驶道路坡度是铲运机选型的重要依据。如果运距短、坡度大、路面松软，以选择拖式铲运机为宜；如果运距较长、坡度大，采用双发动机驱动的自行式铲运机比较经济；如果路面较平坦，则选用单发动机驱动的自行式铲运机较为经济。铲运机适用于中等运距（100~200m）和道路坡度不大条件下的大量土方转移工程。如果运距太短（100m以内），采用铲运机是不经济的。这时采用推土机或轮胎式装置自装、自运较为适宜。运距特长（200m及以上）则采用自卸式汽车较为经济。

3.单斗挖掘机

单斗挖掘机是一种刚性或挠性连续铲斗，以间歇重复式循环进行工作，是一种周期性作业的自行式土方施工机械。当场地起伏高差较大、土方运输距离超过1000m，且工程量大而集中时，可采用单斗挖掘机挖土，配合自卸汽车运土，并在卸土区配备推土机平整土堆。

单斗挖掘机有内燃驱动、电力驱动、复合驱动等类型，按照挖斗形式可分为正铲挖掘机、反铲挖掘机、拉铲挖掘机、抓铲挖掘机等。正铲挖掘机的特点是"前进向上，强制切土"，能开挖停机面以上的I~IV级土，适合在地质较好、无地下水的地区工作。反铲挖掘机的特点是"后退向下，强制切土"，能开挖停机面以下的I~III级土，适宜开挖深度4m以内的基坑，在地下水位较高处也适用。拉铲挖掘机的特点是"后退向下，自重切土"，能开挖停机面以下的I~II级土，适宜用于大型基坑及水下挖土。抓铲挖掘机的特点是"直上直下，自重切土"，特别适合用于水下挖土。

4.装载机

装载机分为轮胎式装载机及履带式装载机两种。履带式装载机又分为全回转式装载机、半回转式装载机和非回转式装载机三种。它的优点是兼有推土机和挖掘机两者的工作能力，适应性强、作业效率高、操纵简便。

装载机常用于道路建设中的土石方铲运，以及推土、起重等多种作业，在运距不大或运距和道路坡度经常变化的情况下，如采用装载机与自卸车配合进行装运作业，会使工效下降，费用增高。在这种情况下，可单独采用装载机作为铲运设备。

5.平地机

平地机是用装在机械中央的铲土刮刀进行土壤的切削、刮送和整平连续作业，并配有其他多种辅助作业装置的轮式土方施工机械。当配置推土铲、土耙、松土器、除雪犁、压路辊等附属装置或作业机具时，平地机可进一步扩大使用范围，提高工作能力或完成有特殊要求的作业。

平地机主要用于修筑路基、路面横断面，路基边坡整理工程的刷坡作业，开挖边沟及路槽，平整场地等，还可用来在路基上拌和路面材料、摊铺材料，修整和养护土路基路面，推土，疏松土壤，清除杂物、石块和积雪等。

（二）压实机械

常用的压实机械为压路机。压路机一般分为光轮压路机、轮胎压路机和振动压路机三种。光轮压路机的自重可以在一定范围内调整，以改变单位线压力，一般用于整理性压实工作，对于容重要求较低的黏性土、砂砾料、风化料、冲积砾质土较为适合。轮胎压路机具有弹性，在碾压时与土体同时变形，其碾压作用力主要取决于轮胎的内压力。接触面积与压实深度有着密切的关系，为了得到较大的接触面积，并增加压实深度，在轮胎允许范围内尽可能增加轮胎碾的负荷。一般情况下，刚性碾轮由于受到土壤极限强度的限制，机重不能太大，而轮胎碾则没有这个缺点，所以轮胎碾适合用于压实黏性土及非黏性土，如壤土、砂壤土、砂土、砂砾料等，同时在路面施工中也常采用。振动压路机俗称振动碾，其主要优点有：单位面积压力大，可适当增加压实厚度，碾压遍数也可适当减少；结构重力小，外形尺寸小。其最大缺点就是振动及噪声大，易使机械手过度疲劳。

六、道路工程现场施工安排

道路施工是一项非常复杂的生产活动，它不仅需要对进度计划、质量和成本，以及劳动力、建设物资、工程机械、工程技术及财务资金等进行管理，而且要为实现施工目标所涉及的各类施工要素的生产事务服务，否则就难以充分地利用施工条件，发挥施工要素的作用，甚至无法进行正常的施工活动，实现施工目标。

（一）现场施工管理的基本任务

现场施工管理的基本任务是根据生产管理的普遍规律和施工的特殊规律，以每一个具体工程和相应的施工现场为对象，正确地处理施工过程中劳动力、劳动对象和劳动手段的相互关系及其在空间布置上和时间安排上的各种矛盾，做到人尽其才、物尽其用，安全地完成施工任务。

（二）现场施工管理的基本内容

现场施工管理包括以下基本内容：①编制施工作业计划并组织实施，全面完成计划指标；②做好施工现场的平面布置，合理利用空间，创造良好的施工条件；③做好施工中的调度工作，及时协调施工工种和专业工种之间，以及总包单位与分包单位之间的关系，组织交叉施工；④做好施工过程中的作业准备，为连续施工创造条件；⑤保护施工环境，节约社会资源，建设优良工程；⑥科学合理地设置管理机构，保证现场管理全面协调运作；⑦认真填写施工日志和施工记录，为竣工验收和技术档案积累资料。

（三）道路施工组织管理的内容

道路工程施工要多、快、好、省地完成施工生产任务，必须有科学的施工组织，并合理地解决一系列问题。道路施工组织管理的具体内容如下：①确定开工前必须完成的各项准备工作；②计算工程量，合理部署施工力量，确定劳动力、机械台班、各种材料、构件等的需要量和供应方案；③确定施工方案，选择施工器具；④安排施工顺序，编制施工进度计划；⑤确定工地上的设备停放场、料场、仓库、办公室、预制场地等的平面布置。此外，道路工程的施工方案可以是多种多样的，应该依据道路工程具体特点，工期要求，劳动力数量及技术水平，机械设备条件，材料供应情况，构件生产、运输能力，地质、气候等自然条件，以及技术经济条件进行综合分析和方案比选，选择最理想的施工方案。

对上述各要素加以综合考虑，并做出合理的决定，形成指导施工生产的技术经济文件——施工组织设计。施工组织设计本身是施工技术准备工作，是全面布置施工生产活动、控制施工进度、进行劳动力和机械调配的基本依据，对多、快、好、省地完成道路工程的施工生产任务起着决定性作用。

七、道路工程安全文明施工和环境保护

（一）安全施工措施

在施工生产中，有近80%的生产安全事故都是由职工自身的不安全行为造成的。

从构成事故的三因素——人、机械、环境的关系角度分析，机械、环境相对比较稳定，唯有人是最活跃的因素，而人又是操作机械设备、改变环境的主体，因而，紧紧抓住人这个活跃因素，通过科学的管理、有效的培训和教育、正确的引导和宣传，以及合理、及时的班组安全活动，不断提高员工的安全生产意识，是做好安全生产管理工作的关键。

具体的安全施工措施有以下几点。

（1）建立健全项目安全生产保证体系，实施安全生产责任制，确保各专业项目负责人及技术负责人对劳动保护和安全生产的工作负责。工程项目经理部必须建立安全生产领导小组，各班组设安全员，各作业点应有安全监督岗，并将安全生产责任制层层落实。

（2）组织工程项目施工的安全教育和技术培训考核，对管理人员和施工操作

人员，按其各自的安全职责范围进行教育，并建立安全生产奖惩制度，认真落实。

（3）确保进行必需的安全投入。购置必备的劳动保护用品，安全设备及设施齐备，满足安全生产的需要。另外，积极做好安全生产检查，发现事故隐患要及时整改。

（4）所有工程在开工前必须编制有安全技术的施工组织设计（包括施工用电组织设计）及技术复杂的专题方案，必须严格履行审核批准手续、程序，必须逐级进行安全技术交底。技术交底应有书面资料或作业指导书（或操作细则）。技术交底针对性要强，并履行签字手续，保存资料。项目经理部安全员负责监督检查，严格按照安全技术交底的规定进行作业。

（5）施工现场应实施机械安全管理及安装验收制度。施工机械、机具和电气设备在安装前，应当按照安全技术标准进行检测，经检测合格后方可安装。机械安装要按平面布置进行。在投入使用前，应按规定进行验收，并办好验收登记手续。经验收，确认机械状况良好，能安全运行的，才准投入使用。所有机械操作人员都必须经过培训，合格后方可持证上岗。对机械操作人员要进行登记存档，按期复验。机械设备使用期间，应当指定专人负责维护、保养，保证机械设备的完好率和使用率，以及安全运作。

（6）安全检查由项目经理或主管施工生产的技术负责人主持，项目经理部有关人员参加。对查出的隐患，要建立登记、整改、验证、销项制度，要定人、定措施、定经费、定完成日期，在隐患没有消除前，必须采取可靠的防护措施，如有危及人身安全的紧急险情，应立即停止作业。

（二）文明施工措施

文明施工能够展示施工单位的形象，体现施工队伍的素质。文明施工措施主要涉及场容、场貌、料具管理及综合治理等方面。

1.场容、场貌

施工现场的大门应是开启方便、牢固、规格统一、印有企业标志的铁制大门。施工现场应制定门卫管理制度，非本工程操作人员需登记方可入内。施工现场的大门外应设置标牌，注明工程名称、建设单位、施工单位、开竣工日期等内容，大门内应设置施工平面图，且施工平面图应比例合适，内容齐全，布置合理，与现场实际相符。

2.料具管理

在施工现场外临时存放施工材料时，须经有关部门批准，并应按规定办理临时占地手续。材料要码放整齐，符合要求，不得妨碍交通和影响市容，堆放散料时应进行围挡。料具和构配件应按施工平面布置图指定位置分类码放整齐。预制圆管、预制板等大型构件和大模板存放时，场地应平整夯实，有排水措施，码放应符合规定。施工现场的材料保管，应依据材料性能采取必要的防雨、防潮、防晒、防冻、防火、防爆、防损坏等措施。贵重物品及易燃、易爆和有毒物品应及时入库，专库专管，加设明显标志，并制定严格的领退料制度。

3.综合治理

要加强职工的教育，应经常对参与施工的职工（包括新入场的工人）进行文明施工教育。除对全体职工进行文明施工教育外，还应分工种进行文明施工教育，以及根据施工进度、部位对职工进行有针对性的文明施工教育。加强管理职工宿舍卫生，及时处理生活污水，做到卫生区内无污水、无污物，不得出现废水乱流等现象。

（三）环境保护措施

依照国家、地方有关环境保护的法律法规，确定施工过程中要做的环境保护工作及具体的工作安排，使施工期间的环境保护工作有序、有效进行，减少施工过程对周围环境造成的不利影响。环境保护的目标：在工程施工期间，对废水、废气和固体废弃物进行全面控制，尽量减少这些污染物排放所造成的影响，文明施工，保护农田和农作物。

施工中产生的环境污染问题，主要包括水污染、大气污染、噪声污染及固体废弃物污染等。针对这几类污染，有以下几种处理方法。

（1）在开工前完成工地排水和废水处理设施的建设，保证工地排水和废水处理设施在整个施工过程中的有效性，做到现场无积水、排水不外溢、不堵塞、水质达标。

（2）对易产生粉尘、扬尘的作业面和装卸、运输过程，制定操作规程和洒水降尘制度，在旱季和大风天气适当洒水，保持湿度。合理组织施工，优化工地布局，易产生扬尘的作业、运输应尽量避开敏感点和敏感时段（人群活动的时段）。易飞扬的细颗粒散体物料应尽量安排在库内存放，堆土场、散装物料露天堆放场要压实、覆盖。此外，尽量使用清洁能源。

（3）施工中各种临时设施和场地，如堆料场、加工厂、轧石厂、沥青厂等距居民区不宜小于300m，而且应设于居民区主导风向的下风向。使用机械设备时，要尽量减少噪声、废气等污染。施工场地的噪声应符合当地有关部门的具体规定。

（4）回填土方时，减少回填土方的堆放时间和堆放量，堆土场周围加护墙或护板，保证回填土的质量，不将有毒有害物质和其他工地废料、垃圾用于回填。制定泥浆和废渣的处理方案，选择有资质的运输队伍，及时清运施工弃土和渣土，建立登记制度，防止中途倾倒事件的发生，并做到运输途中不洒落。剩余料具、包装应及时回收、清退。对可利用的废弃物尽量回收利用，各类垃圾及时清扫、清运，不随意倾倒，一般要求每班清扫、每日清运。施工现场无废弃砂浆和混凝土，运输道路和操作面落地料及时清用，砂浆、混凝土倒运采取防洒落措施。

第二节　桥梁工程施工技术

桥梁工程的建设一般需经过规划、勘察、设计和施工等阶段。施工阶段的主要任务是具体实现桥梁设计思想和设计意图，将图纸上的内容变为实际的能够满足功能要求的工程结构物。桥梁工程施工的主要影响因素包括桥梁施工技术和施工组织。施工技术水平对桥梁的建设起着十分重要的作用，尤其是对于结构复杂、施工环境恶劣的桥梁，建设者的建设意图能否在实际的工程结构物中体现，很大程度上取决于所采用的施工技术是否合适。桥梁工程施工技术的发展，为实现桥梁设计的意图提供了丰富多样的手段，也为增大桥梁跨度、改进结构形式及采用新材料，提供了必要的条件。因此，先进的施工技术能够促进桥梁设计水平的提高。此外，采用先进、合理的施工技术，对于降低工程造价、保证工程质量、加快施工进度和实现安全生产都是十分重要的。

桥梁施工包括桥梁基础施工和上部结构施工等。桥梁基础分为扩大基础、桩基础、沉井基础、地下连续墙基础和组合基础等。桥梁上部结构的施工方法有就地浇筑法、预制安装法、悬臂施工法、转体施工法、顶推施工法、逐孔施工法等。施工方法的选择应根据工程类型及工程条件等多方面的因素确定。

一、桥梁的组成及分类

（一）桥梁的组成

桥梁由五个主要部件（桥跨结构、支座系统、桥墩、桥台、基础）和桥面构造（桥面铺装、排水防水系统、栏杆、伸缩缝和灯光照明）组成。

桥跨结构、支座系统和桥面构造是桥梁的上部结构，它是线路中断时跨越障碍的主要承重结构。上部结构的作用是承受车辆、行人荷载等，并通过支座将荷载传递给墩台。墩台和基础是桥梁的下部结构，作用是支承上部结构，并将结构的荷载传给地基。

（二）桥梁的分类

桥梁的种类繁多，它们都是在长期的生产活动中，通过反复实践和不断总结，逐步创造和发展起来的。

1. 按桥梁的受力体系分类

桥梁可根据受拉、受压和受弯三种基本受力方式分为梁式桥、拱式桥、悬索桥和刚构桥四种基本体系。当有几种不同的结构体系时，则形成组合体系桥。

①梁式桥。梁式桥是一种在竖向荷载作用下无水平反力的结构。由于外力的作用方向与承重结构的轴线接近垂直，故与同样跨径的其他结构体系相比，梁内产生的弯矩最大，通常用抗弯能力强的材料来建造。梁式桥结构简单，施工方便，可分为简支梁桥和连续梁桥。简支梁桥的跨越能力有限，当计算跨径小于20m时，通常采用混凝土材料；当计算跨径较大时，需要采用预应力混凝土结构，但跨径一般不超过40m。悬臂梁桥和连续梁桥都是通过增加中间支承结构来减小跨中弯矩、合理分配内力和提升跨越能力的。

②拱式桥。拱式桥的主要承重结构是拱圈或拱肋。其特点是结构在竖向荷载作用下，两拱脚处不仅产生竖向反力，还产生水平反力，并由于水平推力的作用，拱截面的弯矩和剪力大大减小。设计合理的拱轴主要承受压力，拱截面内弯矩和剪力均较小，因此可充分利用石料或混凝土等抗压能力强的坼工材料。拱式桥是推力结构，其墩台、基础必须承受强大的拱脚推力。因此拱式桥对地基要求很高，适合建于地质和地基条件良好的桥址。拱式桥不仅跨越能力强，而且外形酷似彩虹卧波，造型十分美观。

③悬索桥。悬索桥又称吊桥。传统的吊桥均使用悬挂在两边塔架上的强大缆索作为主要的承重结构。悬索桥由主塔、缆索、锚碇结构、吊杆、加劲梁等组成。在竖向荷载作用下，缆索承受很大的拉力，通常需要在两岸桥台的后方修筑巨大的锚碇结构。吊桥也是具有水平反力的结构。现代悬索桥广泛采用高强度钢丝编制的钢缆，以充分发挥其优异的抗拉性能。结构自重较轻、建筑高度较小的悬索桥的跨越能力比其他桥型要强。

④刚构桥。刚构桥的主要承重结构是梁与立柱刚性连接的结构体系。刚构桥的特点是在竖向荷载作用下，柱脚处不仅产生竖向反力，同时产生水平反力和弯矩，使其基础承受较大推力。刚构桥跨中的建筑高度可以做得较小。

⑤组合体系桥。由几种不同体系的结构组合而成的桥梁称为组合体系桥。

2. 桥梁的其他分类

除按受力特点将桥梁分成不同的结构体系外，人们还习惯按用途、规模和建桥材料等对桥梁进行分类。

①桥梁按全长和跨径的不同，分为特大桥、大桥、中桥和小桥。

②桥梁按主要承重结构所用的材料划分，有坼工桥（包括砖、石、混凝土等材质的桥梁）、钢筋混凝土桥、预应力钢筋混凝土桥、钢桥和木桥等。木材易腐且资源有限，因此除少数临时性桥外，一般不宜采用木材建造。目前，我国在道路

上使用最广泛的是圬工桥、钢筋混凝土桥、预应力钢筋混凝土桥。

③桥梁按上部结构的行车道位置，分为上承式桥、下承式桥和中承式桥。桥面布置在主要承重结构之上的称为上承式桥，桥面布置在承重结构之下的称为下承式桥，桥面布置在桥跨结构高度中间的称为中承式桥。

④桥梁按用途来划分，分为道路桥、铁路桥、道路铁路两用桥、农桥、人行桥、运水桥及其他专用桥梁。

二、桥梁工程施工的一般特点

（一）流动性与地域性

桥梁工程施工生产不同于一般的工业生产，由于建造地点不同，其施工是在不同的地区，或同一地区的不同场地进行的，因此其生产在地区之间、场地之间流动。桥梁工程施工受地区条件的影响，其结构、造型、材料和施工方案等方面均有所不同，具有一定的地域性。

（二）固定性与单一性

具体到某一桥梁工程，经过统一规划后，根据其使用功能，在选定的地点上单独设计、单独施工，不可更改，建设地点具有固定性。即使提倡使用标准设计和通用构件，桥梁也会因受所在地区的自然、经济和技术条件的约束，而因地制宜地修改其结构、建筑材料、施工方法和施工组织等，以适应不同地区和不同桥型的需要，这也使得桥梁工程的施工具有单一性。

（三）周期性与重复性

桥梁工程施工受混凝土龄期、同部位分节施工等影响，需按部就班地开展，如梁板预制、钢筋绑扎、模板安装固定、混凝土浇筑、顶推循环施工等，从而使桥梁工程施工具有周期性和重复性。

（四）露天性与高空性

桥梁工程地点的固定性和体形庞大的特征决定了其施工具有露天作业和高空作业多的特点。随着社会经济发展和现代化交通运输的需要，各种大型桥梁的施工任务越来越多，使得桥梁工程高空作业的特点日益明显。

（五）施工周期长与占用流动资金多

桥梁体形庞大，其建造必然要消耗大量的人力、物力和财力，同时施工过程还受到工艺流程和生产程序的制约，使各专业和各工种间必须按照合理的施工顺序进行配合与衔接。而建造地点的固定性，使得施工活动的空间具有一定的局限性，从而导致桥梁施工具有生产周期长、占用流动资金多的特点。

（六）施工生产组织协作的复杂性

桥梁工程施工涉及工程力学、地基基础、工程地质、水文水力学、土力学、工程材料、工程机械设备、施工组织管理等学科的专业知识，施工涉及面较广，需要在不同时期、不同地点组织多专业、多工种的综合作业。此外，它还涉及不同种类的专业施工队伍统筹，以及规划与征用土地、勘察设计、五通一平、科研试验、质量监督、交通运输、劳务组织等社会各领域的外部协作配合，使得桥梁工程施工生产的组织协作关系错综复杂。

三、桥梁工程施工的基本程序

桥梁工程主体施工大致可分为桥梁下部结构施工和桥梁上部结构施工两部分。桥梁下部结构工程（基础、墩台）大多采用就地浇筑施工，桥梁上部结构根据桥位的地形地貌特点、墩台高低、梁孔多少等选择桥位现浇法或预制梁场集中预制的施工方案。桥梁工程施工的精细度及其他各项要求高，施工组织应科学合理，管理应精细严格。

四、桥梁工程施工准备工作

施工单位承接桥梁施工任务后，必须组织有关人员对设计文件、图纸及其他有关资料进行了解和研究，并进行现场勘察与核对，必要时进行补充调查。需要了解的内容有：气候条件，气象资料，河流水文，地形地貌，河床地质，当地材料，可利用的现有建筑物，劳动力情况，工业加工能力，交通运输条件，施工场地的水源、电源，以及生活物资供应、耕地保护要求等。

（1）施工单位在编制施工组织设计前，应组织有关人员对设计文件、图纸、资料进行研究和现场核对，必要时进行补充调查。研究设计文件、图纸、资料时，应查明是否齐全、清晰，图纸本身及相互之间有无矛盾和错误。如发现图纸和资料存在欠缺、错误、矛盾等情况，应向建设单位提出，由相关单位予以补全、更正。较复杂的中桥、大桥和特大桥，可要求建设单位进行设计交底，施工单位可提出修改意见供建设单位参考。

（2）在勘察现场及审阅图纸后，应由建设单位主持，请建设主管部门、监理单位、设计单位设计人员进行设计交底。交底后施工单位将发现的问题提出来，请设计单位解答，会议纪要由建设单位于会后以正式文件的形式分发给设计、施工及其他单位。在施工单位内部应贯彻层层交底制度，施工技术部分应由技术负责人进行书面交底。交底内容应包括结构特点、季节性施工特点、施工步骤、操作方法、质量要求、安全要求和各项有关规程、技术措施，并结合设计意图，向各级管理人员及操作人员交代清楚。

五、桥梁工程施工常备式结构与常用的起重机具设备

（一）桥梁工程施工常备式结构

1.钢管脚手架（支架）

脚手架根据钢管的连接、组合方式不同分为多种类型，主要有扣件式脚手架、碗扣式脚手架、门式脚手架等。扣件式脚手架的特点是装拆方便，搭设灵活，能适应结构平面、立面的变化。

2.拼装式常备模板

拼装式钢模板、木模板和钢木结合模板的构造基本相同，均由底模、侧模和端模三部分组成。整体式模板是预制工厂的常备结构，常用于桥梁预制工厂的一些标准定型构件的生产。

目前，组合式定型钢模板在桥梁工程施工中也有使用。组合式定型钢模板具有通用性强、组装灵活、装拆方便、强度高、刚度大、尺寸精度高、接缝严密、表面光洁、适于组合拼装成大块模板、可实现机械化施工、周转次数多（50次以上）、可降低成本等优点。

3.万能杆件

万能杆件是用角钢制成的可拼成节间距为2m×2m的桁架杆件。万能杆件通用性强，各杆件均为标准件，装拆、运输方便，利用率高，可拼装成多种形式，如墩台、索塔施工脚手架。万能杆件的构件一般有杆件、连接板、缀板三大部分。

4.贝雷（贝雷梁）

贝雷是一种由桁架拼装而成的钢桁架结构。贝雷常拼成导梁，作为承载移动支架，再配置部分起重设备与移动机具可以用于架梁。贝雷的主要构件有桁架、加强弦杆、横梁、桁架销、螺栓、支撑构件等。

（二）桥梁工程施工常用的起重机具设备

1.扒杆

扒杆是一种简单的起重吊装工具，一般都是由施工单位根据工程的需要自行设计和加工制作的。扒杆可以用来升降重物、移动和架设桥梁等。常用的扒杆种类有独脚扒杆、人字扒杆、摇臂扒杆和悬臂扒杆等。

2.龙门架

龙门架是一种常用的垂直起吊设备。在龙门架顶横梁上设行车时，可横向运输重物、构件；在龙门架两腿下设有缘滚轮并置于铁轨上时，可在轨道上进行纵向运输；在两脚下设能转向的滚轮时，则可进行任何方向的水平运输。

3.浮吊

浮吊是在通航河流上建桥的重要工具。常用的浮吊有铁驳轮船浮吊和用木船、型钢及人字扒杆等拼成的简易浮吊。通常简易浮吊可以利用两只民用木船组拼成门船，用木料加固底舱，舱面上安装型钢组成的底板构架，上铺木板，其上安装人字扒杆。起重动力可使用双筒电动卷扬机，安装在门船后部中线上。可用钢管或圆木制作人字扒杆，并用两根钢丝绳分别固定在船尾两舷旁的钢构件上。吊物平面位置的变动通过移动门船来实现，另外还需配备电动卷扬机绞车、钢丝绳、锚链、铁锚，用于移动及固定船。

4.缆索起重机

缆索起重机是利用在承载缆索上行走的起重小车进行吊运作业的起重机具。缆索起重机以柔性钢索作为大跨距架空承载构件，具有垂直运输和水平运输功能，可用于较大空间范围内的吊装作业。

5.架桥机

目前在我国使用的架桥机类型很多，且构造和性能各不相同，常用的有单梁式架桥机和双梁式架桥机两种类型。

单梁式架桥机的特点：机械化程度较高，本身设有自动行驶的动力装置，能架桥、铺轨，轴重小，能自动行驶上桥对位，使用操作较安全、方便；机臂能做水平摆动，并可在隧道口架梁；能吊铺桥上25m长的轨排及进行上渣工作；除端门架和支柱需拆卸外，其余构件基本上不需要解体运输，因此，整机组装和拆卸均较简单，而且不需要其他起重机械辅助。

双梁式架桥机的特点：架桥机吊梁桁车可直接在运梁平车上起吊梁，不需要换装；架梁时，因吊梁桁车可横向移动，因此，每片梁均能一次就位，而不需要人工在墩台上移梁；机臂能做水平转动；可在隧道口和隧道内架桥；机臂前后两端均能架梁，架桥机不需要转向。此外，双梁式架桥机还自带发电设备，结构简单，操作方便，便于养护维修，适用于山区和地形复杂地区的道路铺设和架桥工作。

六、桥梁工程施工现场安排

进行施工现场的安排主要是为工程的施工创造有利的施工条件和物资保证。其具体内容如下。

（一）工程测量控制网的复测和加密

按照设计单位提供的桥位总平面图及测量控制网中给定的基线桩、水准基桩和保护桩等资料，在施工现场进行三角控制网的复测，并根据桥梁的精度要求和施工方案，补充、加密施工所需要的各种标桩，建立满足施工要求的工程测量控制网。

（二）五通一平

五通一平是指在工程中为了合理有序地施工而进行的前期准备工作，一般包括通给水、通电、通路、通信、通排水、平整土地。一般工程要求实现三通一平（通水、通电、通路、平整土地）。为满足蒸汽养护和寒冷冰冻地区取暖的需要，还要考虑做好供热工作。

（三）建造临时设施

按照施工总平面图的布置，建造各种生产、办公、生活居住和储存等临时房屋，以及施工便道、便桥、码头、混凝土搅拌站和构件预制场等大型临时设施。由于临时设施的项目繁多，内容庞杂，建造时应精打细算，做好规划，合理确定项目、数量和进度等。要因地制宜，降低造价，使之尽量标准化和通用化，以便于拆迁和重复利用。

（四）安装调试施工机具

按照施工机具需要量计划，组织施工机具进场，并根据施工总平面图的布置将施工机具安置在规定的地点。对所有施工机具都必须在施工之前进行检查和试运转。

（五）原材料进场及验收

为了确保进入施工现场的材料符合规范要求，保障工程质量，应从原材料的采购环节开始进行质量控制，选择合格的供应商，保证所有同工程质量有关的物资能满足规定的要求，做到比质比价，质量第一。进场材料由项目物资部、质保部联合按批次验收；原材料进场时必须资料齐全；钢筋、水泥等必须复验。

项目经理部组织验收合格后，报监理或甲方验收，通过后方可使用。未经检验和试验的材料，未经批准紧急放行的材料，经检验和试验不合格的材料，无标识或标识不清楚的材料，过期失效、变质受潮、破损和质量存疑的材料等均不得使用。当材料需要代用时，应先办理代用手续，经设计单位或监理单位同意后才能使用。

（六）原材料的试验和储存堆放

应按照材料的需要量计划，及时进行材料试验，如钢材的机械性能试验，预应力材料的力学性能试验，水泥、砂、石等原材料的试验，以及混凝土的配合比试验等。材料的进场要及时组织，进场后应按规定的地点和指定的方式进行储存和堆放。

（七）做好冬季、雨季施工安排

按照施工组织设计的要求，落实冬季、雨季的临时设施建设和技术措施，做好施工安排。

（八）落实消防和安保措施

建立消防和安保等组织机构，制定有关规章制度，布置安排好消防、安保等措施。

七、桥梁工程安全文明施工和环境保护

（一）安全施工措施

桥梁工程施工常采用高处作业，因为高处作业危险性大，易发生坠落事故，所以必须认真采取防护措施，做好防护工作和应急措施。

1.高度大、跨度大、跨越深水区域、结构复杂的大型桥梁施工，应对施工安全做专项调查研究，并制定相应的安全技术措施。单项工程（包括辅助结构、临时工程）开工前，应根据规定的安全操作细则向施工人员进行安全技术交底。

2.在桥梁施工前，应对施工现场、机具设备及安全防护措施等进行全面检查，确认符合安全要求后方可施工。

3.对于手持式电动工具，应根据手持式电动工具的类别和作业场所的安全要求，加设漏电保护器。

4.在桥梁施工中，采用多层作业或桥下通车、行人等立体施工时，应得到交通管理部门和市政部门的同意，并布设安全网。

5.对于通航江河上的桥涵工程，施工前应与当地港航监督部门联系，落实有关通航、作业安全措施。

6.桥梁施工受气候、环境等因素的影响很大。因此，应注意天气预报的风力级别，高处露天作业及缆索吊装、大型构件起重吊装时，应根据作业高度和现场风力大小对作业的影响程度，制定适于施工的风力标准。如遇六级（含六级）以上大风，应停止上述施工作业。

（二）文明施工措施

同道路工程施工相同，文明施工能够展示施工单位的形象，体现施工队伍的素质。文明施工不仅可以体现当代建设者及建设单位的责任感，还能够提高施工质量，保证工程建设有序进行，具体规定同道路文明施工的规定。

在施工中应注意维护生态平衡，避免破坏环境。加强生态环境保护的宣传工作，使全体参建员工充分认识环境保护的重要性和必要性，加强环境保护意识，

制定详细的环境保护措施，建立严格的检查制度，避免人为破坏环境。保护好沿线的植被、水环境、大气环境、自然生态环境、土壤结构、自然保护区、野生动植物。

第二章　路基施工技术研究

第一节　路基防护与加固

防护和加固是提高公路路基质量的重要方式，其中公路路基的防护方法主要以绿色生态植被防护、浇筑混凝土防护、碎石的防护等，而且需要防护和加固工作同时进行。也就是说防护工作就是加固工作，但是两者的目标都是一致的，都是为了公路路基的整体质量，而且还需要确保在公路质量的情况下，才能实施加固工作，否则很容易出现公路路基的质量问题。这时进行防护和加固工作也无法起到很大的作用。最后还需要公路路基的防护和加固人员认真对待防护施工过程中存在的问题，并且对问题进行及时的解决，从而让整个公路路基能安全稳定地进行。

一、路基防护和加固的重要性分析

公路路基的加固和防护是确保路基稳定性和强度的重大举措之一，其防护和加固的重点是强化路基边坡。其中包括加固路肩表面以及近旁河流的边坡处理，其稳定性直接影响到道路的稳定性，甚至关乎来往车辆和行人的安全。其中，路基加固和防护的重点主要是针对几种不良的地基进行处理，确保地基能够有足够的面积和承载能力，方便车辆和行人的使用。

如果修筑路基的材料选择岩石，其大面积暴露在自然环境中，长期经受各种自然环境的影响，不利于长期保存，岩石和岩土也会在物理力学的作用下发生巨大的变化。路基一旦浸水，岩土的强度会大大降低，饱水后路基的强度也会削弱。岩土质量较差，水温一旦发生变化，会增加其风化的程度，整个公路路基的表面也会在温差的影响下出现膨胀现象，从而使路基的强度大大削弱，甚至形成侵蚀的情况，路基浸水表层失去稳定性，从而造成路基的水毁病害。同时，在道路两旁河流的侵蚀下，路基会沉陷，出现边坡塌滑的情况。伴随着公路技术水平的提升，为了能够确保道路的正常运营，保证过往车辆和行人的安全行驶和出行，同时，美化公路环境，提升维护公路建设的工作效率，路基的防护和加固具有重要的意义和作用。因此，需要相关部门加强重视程度，提升对公路路基防护和加固措施的质量，从而促进整个公路系统的建设和发展。

二、路基防护与加固的基本标准

（一）满足承载要求

承载量是检验公路路面质量的重要指标，因为公路的承载量主要体现在路面的承载程度上，也就是说，公路路基的质量越高，那么公路的承载量就越大，出现安全事故的情况就越少，反之，如果公路路基的质量较差那么承载量就会较低，出现安全事故的情况也会大大增加。因此，要想进行公路路基的防护和加固就必须保证公路的整体质量。而满足公路路基防护和加固的具体要求就是路基的稳向性、公路路基的稳定性越好，防护和加固的效果就越好。

（二）满足坚固安全要求

公路路基的坚固性和安全性是路基防护和加固的另一重要指标，只有整个公路路基具有较强的坚固性和安全性，才能让施工人员更加放心地进行防护和加固工作。而且路基的防护和加固工作的施工也需要秉承着坚固和安全的准则，因此，这就要求施工人员认真仔细地完成路基防护和加固工作，确保整个防护和加固工作满足公路建筑单位相应的施工标准和要求。

（三）满足生态要求

在公路路基的防护和加固过程中，还需要满足生态管理方面的要求，这种要求就是利用天然的植物作为防护和加固的素材，而且通过天然绿色植物不仅能减少建材和资金的使用，还能让整个公路看起来更加环保。因此，这就需要公路路面的施工人员加强对绿色生态植被的使用，让这种生态防护和加固的路基工作得到广泛的使用。而且公路路基生态防护和加固施工的过程中，和一些混凝土、碎石等材料的结合，可以让整个公路路基的防护和加固工作更加完善。

三、路基防护与加固存在的问题

（一）缺乏防护与加固观念

这是公路建设中普遍存在的问题，人们只重视了公路建设的技术与施工，总认为只要施工过程中提高施工技术，做好路基施工就可以完成公路建设任务了，这种公路管理观念只能延误公路路基的防护与加固。在实际管理当中更多的是加固工程，而防护措施基本没有。路基加固也是出于路基路面出现裂缝、塌陷、断裂之后才做出的维修加固，否则路基加固仍然不会提前主动去做。因此从这个意义上来说，加固观念仍然没有跟上。

（二）路基防护与加固的关系没有深入认识

防护与加固措施都是为了提高公路工程质量而做出的选择。但是由于缺乏防护与加固观念，导致对防护与加固的关系没有深入理解和认识。事实上公路路基防护是基础，只有在做好防护的前提下，路基加固才能有效进行，否则防护跟不上，一旦出现路基质量问题，则再进行加固，那么加固也就变得没有任何意义了，意味着整条公路就得重新修筑。在防护实施的有效前提下，公路路基不会变得太差，因此在此基础上进行加固，那么加固措施才能达到目的。其次，加固是防护工程的提升，防护做到位，那么还有必要进行加固维修，这样防护工程才能起到效果。由于人们对公路路基防护与加固认识不到位，因此，公路质量长期处在危害当中，路基路面质量变得非常脆弱。在实际公路建设当中，甚至长达数几十年的公路仍然没有采取防护和加固措施，仍然沿用几十年前的公路在使用。

（三）路基防护与加固技术比较落后

在快速发展的公路建设当中，人们只重视了公路建设技术。二队防护与加固技术研究还比较落后，主要表现在：①仍然沿用原始的防护加固方法，如路基开挖填充碾压、机械电夯、浇筑混凝土等。这些原始的加固方法其施工量大，成本高、加固效果虽然当时来看有效，但是随着车辆的碾压和温度雨水的作用，公路路基仍然出现裂缝、断裂、塌陷的现象，导致路基变得非常脆弱，这就说明原始的防护加固方法没有起到良好效果。②在很多地方对于公路路基的防护采取铲除路基两边的花草进行防护，这种防护措施是极其错误的。路基两边的花草是生态防护路基的有效措施，一旦花草铲除，不但不利于防护加固，反而造成路基受雨水的冲刷，使得路基变得非常脆弱，形成水土流失现象，并不断蚕食路基，最终破坏整条公路。

四、路基防护和加固的措施

（一）生态防护

生态防护是我们较为提倡的公路路基防护和加固的方式，它不仅能起到绿化环境、绿化公路、防护加固的效果，还能大大减少汽车带来的尾气污染，这种一举两得的事情简直再好不过。所以在进行生态防护工作时，不仅可以选择一些花花草草，还可以进行一些树木的种植。树木的根系更加发达，加固效果更好，同时也在一定程度上减少了铁栅栏的使用，因为铁栅栏长久的使用后还需要更换，而树木则是公路的永久栅栏。

（二）生态网格的防护和加固

生态网格是一种生态技术和建筑施工技术相结合的内容，不仅能起到防护和加固的效果，还一定程度上节约了施工人员的时间。因为这种方式也是进行花草树木的种植，然后再进行网格的划分。网格之间会使用混凝土进行浇筑，这样不仅能进行路基的加固，还可以进行水分的吸收，让网格中的花草生长得更好。

（三）化学加固

除了以上的加固方法，当前我国还实施过化学加固法，这种方法主要用化学溶解或胶结剂等化学用品，然后通过压力灌注或搅拌混合等方式将整个土面进行土颗粒胶结，从而达到对公路路基加固的效果。这种化学加固的方式相比其他方式更加方便、快捷，而且实施起来也不像其他工程那样复杂。

五、路基的具体防护的方式

（一）坡面防护

公路路基的坡面会因为雨水会遭到不同程度的腐蚀和冲刷，而且不同情况的温度和湿度也会给公路路基的边坡产生一定的影响。所以要想保护公路路基的边坡，那么首先需要保护坡面尽可能地减少冲刷和腐蚀；其次，还需要减轻湿度和温度给边坡带来的影响，让整个边坡的稳定性大大提高，这才是坡面保护的主要目的。而进行防护的过程中，可以使用一些特定的设施进行防护，像喷浆、砌石、植被等方式进行坡面防护。而根据调查研究表明，植被、草皮等有生命防护属性特征的防护方式，要比喷浆、砌石等无生命体防护的效果高出很多。就拿稳定性这一项来说，是无生命防护无法比拟的。所以这也是大家为什么这么青睐天然绿色植物防护的原因。这里针对以下几种生态防护方式进行了简要的分析。

1.植物防护

植物防护主要是在边坡上进行草坡、树木等植被，以此来覆盖暴露在外面的土地，而且通过植物还能有效地保护边坡土表上的土质、水分在自然环境下的流程。例如，雨水的冲刷、暴晒等等。而要想充分发挥出植物防护的优势，首先，需要对影响植物防护的因素进行考量，例如，气候条件、土质条件、含水量等等因素都和植物防护有着重要的关系，并针对这些因素进行适合植物的选择，从而使这些植物能更好地在边坡土地上生长。此外，对于植物防护的主要目标是防止边坡土壤、岩石等遭到破坏，因此植物防护达到一定的效果后，可以进行植物防护成本的降低和施工工艺的简化。

2.工程防护

工程防护主要采用砂石、石灰、混凝土等矿物质材料，用这些材料对一些风化的软质岩石进行防护。而这种工程防护更适用于一些植物防护无法开展的地方，工程防护主要通过石砌护坡、砂浆抹面等实施形式，然而各种形式开展的空间、种类、责任都是不相同的。就拿石砌护坡来说，这种防护类型主要适用于暴雨比较集中的地方，石砌防护能大大减轻雨水对边坡的冲刷。而砂浆抹面的使用类型则是石质挖掘坡面种类，能有效地保护坡面，而且很多施工人员会在砂浆内增加一定量的卤水盐，这样不仅能加速抹面硬化的速度，还能防止抹面的开裂。

（二）堤岸防护

堤岸防护主要是对一些河滩路堤、沿河海堤、公路路基的堤岸等类型进行冲刷防护，因为这种类型的堤岸常年受流水的冲刷，腐蚀得较为严重，给周边的路基带来很大的影响，也极容易出现边坡塌陷和路基失稳的情况。因此，在此进行冲刷防护十分重要，但是利用的防护和加固的设施和形式有很大的区别，这里针对其中的区别进行了以下的分析。

1.直接防护

直接防护是公路路基防护过程中稳定且稳固的措施之一，而且直接防护还具有不被干扰和干扰性小的效果，这种防护措施在公路路基防护过程中效果最佳。但是从目前的公路路基防护来看，直接防护可以分为植物防护、砌石防护、抛石防护、石笼防护等内容。植物防护、砌石防护上文中已经简单地描述过，在此就不再详细说明，下面主要针对抛石防护和石笼防护进行详细的说明。

（1）抛石防护：主要针对河岸进行的防护措施，为了防止河岸和构造物受到剧烈的河水冲击，在河岸附近抛填大量的石块，以便达到防护的效果。而在抛石防护的进行下，通常会选择直径50cm的石块进行抛填，而且抛石不受气候、环境以及路基沉实因素的影响，所以抛石防护表现出了很多特点。

（2）石笼防护同样也是防止河岸或构造物的冲刷而进行的一种防护措施，它和抛石防护的意义是相同的，但是形式上是不同的。石笼防护主要利用钢丝编制成框架，然后在框架内部填充上石料，这种方式很像古代祭祖用的猪笼，所以大家称它为石笼，这种石笼通常会放置在河岸的坡脚处，以防止大风浪、激流给河岸带来的破坏，同时也加固了河床。

2.间接防护

间接防护就如字面意思一样，通过间接的方式进行防护。但是这种间接防护的工程量相比直接防护难度上要大许多，因此，针对这种情况，需要施工人员根据公路路基的实际情况进行分析，并且要明确出可能对公路路基产生破坏的因素，例如，水流的速度、河道的宽度、防护的要求、土质的条件等内容，都需要施工人员提前进行计划。

（三）湿软地质的地基加固措施

1.机械碾压法

对于大多数土地来说，水分能够以多种多样的形式存在于土壤的缝隙中，在强大外力的作用之下，水分会受到一定的排挤作用，使土壤更加密实，机械碾压的方法就是利用上述原理对地基进行加固，但是这种方法需要在具有一定含水量的土壤中才能进行。在实际操作之前，需要施工人员根据实际的边坡大小，选择合适的碾压设备，先使用小吨位的碾压机进行静压，然后再启用大吨位的设备进行振动碾压，利用边线和中间线的原理进行实际操作，碾压的痕迹需要保持在部分重叠的基础之上再进行二次碾压。

2.夯实法

夯实法与碾压法具有类似的特征，需要利用一定的外力将土壤中的水分排除干净，在实际施工前需要平整现场的土壤，按照实际的图纸对整个夯实布局进行定位，瞄准定位点，使夯实的高度与实际测量夯锤一致，从而将地基中的水分充分排出。

3.化学加固法

利用化学溶液和凝固剂，对地基进行灌注，使土壤颗粒能够紧实地结合在一起，加固土壤。其比较常见的方法是深层搅拌法和注浆法，一是将化学溶剂搅拌到土壤的颗粒结构中，从而进行深层的加固；二是运用注浆的压力扩大地层空隙，将浆液注入其中，从而加固地基。

4.排水固结法和挤密法

排水固结法主要适用于沼泽等土质较软的特殊地基，采用这种方法能够加固软性地基，提升整个公路的抗碱强度；挤密法则是在松软的土层结构中注入石灰等矿物质材料，减少土壤中颗粒的空隙，提升土层的稳固性能。

总之，防护与加固是相互依存的，在防护施工中充分应用生态植被防护技术、框架锚杆防护技术等，同时也可以两种混合使用，以提高公路路基防护效果。其次，在做好防护基础上进行路基加固，其加固方法有注浆加固、锚杆加固、土钉加固方法等。为了取得良好的路基施工效果，必须严格按照施工程序进行，也可以在施工过程中不断钻研分析，以提出更好的防护加固技术。

第二节　土方路基施工技术

一、道路土方路基施工概述

（一）路基施工的重要性

路基土方工程量大、分布不均匀，不仅与路基工程相关的设施，如路基排水、防护与加固等相互制约，而且同公路工程的其他工程项目，如桥涵、隧道、路面及附属设施相互交错。因此，路基施工在质量标准、技术操作、施工管理等方面具有特殊性，必须予以研究和不断改进，就整个公路工程的施工而言，路基施工往往是施工组织管理的关键。

路基工程的项目很多，如土方、石方及圬工砌体等，在施工方法与技术操作方面各具特点，以土质路基施工为主，阐明路基施工的全过程，包括施工准备及施工组织管理等。

土方路基包括路堤与路堑，基本操作是挖、运、填，工序比较简单，但条件比较复杂因而施工方法多样化，使得简单的工序中常常有极为复杂的技术和管理方面的难题。

为确保工程质量，实现快速、高效、安全施工，必须重视施工技术与管理，就目前情况而言，首先要有一个稳定的专业施工队伍，配有相应的技术骨干和机具设备，建立和健全施工技术操作规程与质量检查验收制度，采用现代化的施工管理方法是实现"精心施工"的必由之路。

（二）路基施工的基本方法

路基施工的基本方法，按其技术特点大致可分为人工施工及简易机械化、综合机械化、水力机械化和爆破方法等。

人力施工是传统方法，使用手工工具，劳动强度大、工效低、进度慢、工程质量难以保证，但限于具体条件，短期内还必然存在并适用于地方道路和某些辅助性工作。为了加快施工进度，提高劳动生产率，实现高标准高质量施工，对于劳动强度大和技术要求高的工序，应配以数量充足、配套齐全的施工机械。

机械化施工和综合机械化施工是保证高等级公路施工质量和施工进度的重要条件，对于路基石方工程来说，更具有迫切性。实现综合机械化施工，科学地严密组织施工，是路基施工现代化的重要途径。

水力机械化施工，也是机械化施工的方法之一，它是运用水泵、水枪等水力机械，喷射强力水流，冲散土层并流运至指定地点沉积，例如采集砂料或地基加固等。水利机械适用于电源和水源充足，挖掘比较松散的土质及地下钻孔等。对于砂砾填筑路堤或基坑回填，还可起到密实作用（称为水夯法）。

爆破法是石方路基开挖的基本方法，如果采用钻岩机钻孔与机械清理，也是岩石路基机械化施工的必备条件。除石质路堑开挖外，爆破法还可用于冻土、泥沼等特殊路基施工，以及清除路面、开石取料与石料加工等。

上述施工方法的选择，应根据工程性质、施工期限、现有条件等因素而定，而且应因地制宜和综合使用各种方法。

高速公路、一级公路以及在特殊地区或采用新技术、新工艺、新材料进行路基施工时，应采用不同的施工方案做试验路段，从中选出路基施工的最佳方案指导全线施工。试验路段应选择在地质条件、断面形式均具有代表性的地段，路段长度不宜小于100m。

（三）施工前的准备工作

路基施工的主要内容，大致可归纳为施工前的准备工作和基本工作两大部分。土质路基的基本工作是路堑挖掘成型、土的移运、路堤填筑压实，以及与路基直接相关的各项附属工程。其工程量大、施工期长，且所需人力、物力资源较大，因而必须集中精力，认真对待。要保证正常施工，施工前的准备工作，极为重要，它是组织施工的第一步，无准备的施工或准备不充分的施工，均会使路基施工的基本工作难以顺利进行。

施工的准备工作，内容较多，大致可归纳为组织准备、技术准备和物质准备三个方面。

1.组织准备工作

组织准备工作主要是建立和健全施工队伍和管理机构，明确施工任务，制定必要的规章制度，确立施工所应达到的目标等，组织准备亦是做好一切准备工作的前提。

2.技术准备工作

路基开工前，施工单位应在全面熟悉设计文件和设计交底的基础上进行施工现场勘察，核对与必要时修改设计文件，发现问题应及时根据有关程序提出修改意见并报请变更设计，编制施工组织计划，恢复路线，施工放样与清除施工场地，搞好临时工程的各项改造等。

现场勘察与核对设计文件的目的是熟悉和掌握施工对象特点、要求和内容，是整个施工的重要步骤，舍此则其他一切工作就失去目标，难以着手。

施工组织计划是具有全局性的大事，其中包括选择施工方案、确定施工方法、布置施工现场（施工总平面布置）、编制施工进度计划、拟订关键工程的技术措施等，它是整个工程施工的指导性文件，亦是其他各项工作的依据。在当前强调加强施工管理，实现现代化科学管理的时期，抓住施工组织计划这一环节，更具有现实意义。

临时工程包括施工现场的供电、给水，修建便道、便桥，架设临时通信设施，设置施工用房（生活和生产所必需）等这些均为展开基本工作的必备条件。

路基恢复定线、清除路基用地范围内的一切障碍物等是施工前的技术准备工作（亦是基本工作）的一个组成部分，宜协调进行。

路基开工前应做好施工测量工作，其内容包括导线、中线、水准点复测、横断面检查与补测、增设水准点等。施工人员还应对路基工程范围内的地质、水文情况详细调查，通过取样、试验确定其性质和范围，并了解附近现有建筑物对特殊土的处理方法。

3.物质准备工作

物质准备工作包括各种材料与机具设备的购置、采集、加工、调运与储存，以及生活后勤供应等。为使供应工作能适应基本工作的需要，物质准备工作必须制订具体计划，其中有的计划内容，如劳动力调配、机具配置及主要材料供应，必须服从于保证上述施工组织计划顺利实施，而且亦常被列为施工组织计划的一个组成部分。

土质路基施工，仅是整个道路工程中的一个工程项目，以上所述的准备工作，主要是对整个工程的施工而言，对于某一单项工程，如土质路基、石质路基、路基排水或防护加固，或路基工程以外的桥涵与路面等，准备工作的具体内容与要求，虽有差别，但基本项目不可缺少。

二、土方路基填挖技术

（一）土方路基填挖的基本要求

土方路基的填挖，首先必须搞好施工排水，包括开挖地面临时排水沟槽及设法降低地下水水位，以便始终保持施工场地的干燥。这不仅因为土在干燥状态下易于操作，而且控制土的湿度是确保路堤填筑质量的关键。从有效控制土的含水率出发，土方路基的施工作业面不宜太大，以有利于组织快速施工，随挖随运，及时填筑压实成型，减少施工过程中的日晒、雨淋，尽量保持土的天然湿度，避免过干或过湿。一般条件下土的天然含水率，接近最佳值，必要时应考虑人工洒水或晾干措施。雨期施工，尤应按照施工技术细则的有关规定，加强临时排水，确保路基质量。如果填土的湿度较大，碾压后出现反弹现象，必须挖除重填，必要时可采取其他相应的加固措施。

路基填挖范围内的地表障碍物，事先应予以拆除，其中包括原有房屋的拆迁，树木和丛林径根的清除，以及表层种植土等的清除。在此前提下，必要时按设计要求对路床进行加固。

路基取土与填筑，必须有条不紊，有计划、有步骤地进行操作，这不仅是文明施工的需要，也是选土和合理利用填土的保证。不同性质的路基用土，除按规定予以废弃和适当处置外，一般不允许混填。

路堑开挖应在全横断面进行，自上而下一次成型，注意按设计要求准确放样，不断检查校正，边坡表面削齐拍平。路堑底面，如土质坚实，应尽量不扰动，予以整平压实；如果土质较差、水文条件不良，应根据路面强度设置要求，采取加深边沟、设置地下盲沟以及挖松表层一定深度原土层，重新分层填筑与压实或必要时予以换土和加固，以确保路堑底层土基的强度与稳定性，达到规定标准，这对于修筑沥青类路面尤为重要。

土方路堤应视路基高度及设计要求，先着手清理或加固地基。潮湿地基尽量疏干预压，如果地下水水位较高，因工期紧或其他原因无法疏干，第一层填土适当加厚或填以砂性土后再填土压实完毕，防止间隔期中雨淋或暴晒。分层厚度视压实工具而定，一般压实厚度为20~25cm。路堤加宽或新旧土层搭接处，原土层挖成台阶，逐层填新土，不允许将薄层新填土层贴在原路基的表面。

土方路堤分层填平压实，是确保施工质量的关键，任何填土和施工方法，均应按此要求组织施工。路基填方材料，应有一定的强度。

（二）土方路基的填挖基本方案

1.路堤填筑

稳定斜坡土地基表层的处理，应符合下列要求：地面横坡缓于1：5时，在清除地表草皮、腐殖土后，可直接在天然地面上填筑路堤。地面横坡为1：5~1：2.5时，原地面应挖台阶，台阶宽度不应小于2m。当基岩面上的覆盖层较薄时，宜先清除覆盖层再挖台阶；当覆盖层较厚且稳定时，可予保留。地面横坡陡于1：2.5地段的陡坡路堤，必须验算路堤整体沿基底及基底下软弱层滑动的稳定性，抗滑稳定系数不得小于规定值，否则应采取改善基底条件或设置支挡结构物等防滑措施。

当地下水影响路堤稳定时，应采取拦截引排地下水或在路堤底部填筑渗水性良好的材料等措施。应将地基表层碾压密实，在一般土质地段，高速公路、一级公路和二级公路基底的压实度（重型）不应小于90%；三、四级的公路不应小于85%。

路基填土高度小于路面和路床总厚度时，应将地基表层土进行超挖并分层回填压实,其处理深度不应小于重型汽车荷载作用的工作区深度。在稻田、湖塘等地段,应视具体情况采取排水、清淤、晾晒、换填、加筋、外掺无机结合料等处理措施。当为软土地基时,其处理措施应符合规定土质路堤(包括石质土),按填土顺序可分为分层平铺和竖向填筑两种方案。分层平铺是基本的方案,如符合分层填平和压实的要求,则效果较好,且质量有保证,有条件时应尽量采用。竖向填筑是特定条件下,局部路堤采用的方案。

2.路堑开挖

路堑开挖,按掘进方向可分为纵向全宽掘进和横向通道掘进两种。同时又可在高度上分单层或双层和纵横掘进混合等(以上掘进方向,依路线纵横方向命名)。

纵向全宽掘进是在路线一端或两端,沿路线纵向向前开挖。单层掘进的高度,即等于路堑设计深度。掘进时逐段成型向前推进,土由相反方向送出。单层纵向掘进的高度,受到人工操作安全及机械操作有效因素的限制,如果施工紧迫,对于较深路堑,可采用双层掘进法,上层在前,下层随后,下层施工面上留有上层操作的出土和排水通道。

横向通道掘进,是先在路堑纵向挖出通道,然后分段同时向横向掘进。此法为扩大施工面,加速施工进度,在开挖长而深的路堑时用。施工时可以分层和分段,层高和段长视施工方法而定。该法工作面多,但运土通道有限制,施工的干扰性增大,必须周密安排,以防在混乱中出现质量或安全事故。个别情况下,为了扩大施工面,加快施工进度,对土路堑的开挖,还可以考虑采用双层式纵横通道的混合掘进方案,同时沿纵横的正反方向,多施工面同时掘进。混合掘进方案的干扰性更大,一般仅限于人工施工,对于深路堑,如果挖方工程数量大及工期受到限制时可考虑采用。

(三) 土方路基施工机械化

常用的路基土方机械有松土机、平地机、推土机、铲运机和挖掘机(配以汽车运土),此外还有压实机具及水力机械。各种土方机械可进行单机作业,如平地机、推土机及铲运机等;以挖掘机为代表的主机,需要配以松土、运土、平土及压实等相应机具,相互配套,综合完成路基施工任务。

各种土方机械,按其性能,可以完成路基土方的部分或全部工作。选择机械种类和操作方案,是组织施工的第一步,为能发挥机械的使用效率,必须根据工程性质、施工条件、机械性能及需要与可能,择优选用。

工程实践证明,再多再好的机械设备,如果使用不当,组织管理不善,配合不协调,机械化施工就显示不出其优越性,甚至适得其反,造成浪费。

三、土方路基压实技术

（一）道路路基压实的意义

路基施工破坏土体的天然状态，致使结构松散，颗粒重新组合。为使路基具有足够的强度与稳定性，必须予以压实，以提高其密实程度，所以路基的压实工作，是路基施工过程中的一个重要工序，亦是提高路基强度与稳定性的根本技术措施之一。

土是三相体、土粒为骨架，颗粒之间的孔隙为水分和气体所占据。压实的目的是使土粒重新组合，彼此挤紧，孔隙缩小，土的单位质量提高，形成密实整体，最终使强度增加，稳定性提高，这一点已为无数试验与实践反复证明。

大量试验和工程实践证明：土基压实后，路基的塑性变形、渗透系数、毛细水作用及隔温性能等，均有明显改善。

（二）影响路基压实效果的主要因素

对于细粒土的路基，影响压实效果的因素有内因和外因两方面。内因指土质和湿度；外因指后压实功能（如机械性能、压实时间与速度、土层厚度）及压实时的外界自然和人为的其他因素。

土基压实施工中，控制最佳含水率是首要关键，在此前提下采取分层填土，控制有效土层厚度，必要时适当增大压实功能，是土基压实工作的基本要领。

（三）机具选择与操作

压实机具的选择，以及合理的操作，也是影响土基压实效果的因素。土基压实机具的类型较多，大致分为碾压式、夯击式和振动式三大类型。碾压式（又称静力碾压式），包括光面碾（普通的两轮和三轮压路机）、羊足碾和气胎碾等几种。夯击式中除人工使用的石破、木夯外，机动设备中有夯锤、夯板、风动夯及蛙式夯机等。振动式中有振动器、振动压路机等。此外，运土工具中的汽车、拖拉机以及土方机械等，亦可用于路基压实。

（四）路基压实标准

压实度是工地上路基土实际达到的干密度与该土的最大干密度比值，又称路基压实标准。

正确选定压实度，关系到土路基受力状态、路基路面设计要求、施工条件，必须兼顾需要与可能，讲究实效与经济。

路基受力时，土中应力随深度变化的关系表明路基表层承受行车作用力最大，由顶部向下，受力急剧减小，在一般汽车荷载情况下，其影响深度在1.0~2.0m范围内，因此，路基填土的压实度，应是由下而上逐渐提高标准。

路面等级越高，对路基强度要求相应增大；自然条件越差，对路基的强度与稳定性越不利；路基挖填不同，对于路基的强度与稳定性亦有关系。特殊干旱地区雨水较少，地下水水位也较低，压实度稍有降低不致影响路基的坚固、稳定和耐久性能，加之水量稀少，天然土的含水率大大低于土的压实最佳含水率，要加水到最佳含水率并压实到规定值确有困难，因此，特殊干旱地区的压实度可降低2%~3%。

填石路堤包括分层填筑和倾填爆破石块的路堤，不能用土质路基的压实度来判定路基的密实程度。其判定方法目前国内外各国规范尚无统一规定。国外填石路堤有采用在振动压路机的驾驶台上装设的压实计反映的计数值来判定是否达到要求的紧密程度，但无定量值的规定，且只限于有此种装置的压路机。

《公路路基施工技术规范》（JTG F10—2006）参考了城市道路的方法，但将碾压后轮迹改为零作为密实状态的判定，这是因为石块本身是不能压缩的，若要石块之间大部分缝隙已紧密靠拢，则重型压路机进行压实时，路堤应可达到稳定，不能有下沉轮迹。故可判为密实状态。

土质路基的压实度试验方法可采用灌砂法、环刀法、灌水法（水袋法）或核子密度湿度仪法，采用核子密度湿度仪法时，应先对仪器进行校正并做对比试验。

四、土方路基质量控制与检查

在路基用地和取土坑范围内，应清除地表植被、杂物、积水、淤泥和表土，处理坑塘，并按规范和设计要求对基底进行压实。路基填料应符合相关规范和设计的规定，经认真调查、试验后合理选用。填方路基须分层填筑压实，每层表面平整，路拱合适，排水良好。施工临时排水系统应与设计排水系统结合，避免冲刷边坡，勿使路基附近积水。在设定取土区内合理取土，不得乱开滥挖。完工后应按要求对取土坑和弃土场进行修整，保持合理的几何外形。

第三章　路面施工技术研究

第一节　沥青路面施工技术

沥青混合料面层是指用沥青作结合料铺筑的路面结构。由于使用了黏结力较强的沥青材料，集料间的黏结力大大增强，沥青混合料的强度和稳定性得到了提高，面层的行驶质量和耐久性也得到了提高。与水泥混合料面层相比，沥青混合料面层具有表面平整、无接缝、行车平稳、振动小、噪声低、施工期短、养护方便等优点。

一、沥青路面概述

（一）沥青路面的特点

沥青路面由于使用了黏结力较强的沥青材料，经嵌挤压实的矿料之间的黏结力大大加强，路面的使用质量和耐久性都大为提高。沥青路面表面平整、坚实、无接缝、行车平稳舒适、噪声小。

沥青路面强度可根据矿料的粒径、颗粒级配和沥青用量的不同进行调节，以满足不同的需要。面层透水性弱，特别是密实沥青混凝土面层透水性更弱，能防止地表水进入路面基层和路基，从而使路面强度稳定。同时，土基和基层内水分也难以排出。

在潮湿路段，若路面结构处理不当，易引发土基和基层变软，导致路面破坏。沥青混合料可工厂化生产，质量易得到保证。面层宜采用机械化施工，且施工进度快，摊铺完成后就可开放交通，分期建设和后期修补也较方便。

沥青路面抗弯强度低，温度稳定性差，夏季高温暴晒后路面易变形而破坏；

冬季低温时，沥青材料会变脆而开裂。另外，履带式车辆不能在沥青路面上行驶。

（二）沥青路面的分类

1.按强度构成原理划分

沥青路面按强度构成原理可分为密实类沥青路面和嵌挤类沥青路面。

①密实类沥青路面要求矿料的级配按最大密实原则设计，其强度和稳定性主要取决于混合料的黏聚力和内摩阻力。密实类沥青路面按其空隙率的大小可分为闭式和开式两种：闭式混合料中含有较多的粒径小于0.6mm的矿料颗粒，空隙率小于6%，混合料致密、耐久，但热稳定性较差；开式混合料中粒径小于0.6mm的矿料颗粒含量较少，空隙率大于6%，其热稳定性较好。

②嵌挤类沥青路面要求采用颗粒尺寸较为均一的矿料，路面的强度和稳定性主要依靠集料颗粒之间相互嵌挤所产生的内摩阻力，而黏聚力则起着次要的作用。按嵌挤原则修筑的沥青路面，热稳定性较好，但因空隙率较大、易渗水，耐久性较差。

2.按施工工艺划分

沥青路面按施工工艺可分为层铺法沥青路面、路拌法沥青路面和厂拌法沥青路面。

①层铺法是用分层洒布沥青、分层撒铺矿料和碾压的方法修筑沥青路面，其主要优点是工艺和设备简便、工效较高、施工进度快、造价较低；其缺点是路面成型期较长，需要经过炎热季节行车碾压之后方能成型，用这种方法修筑的沥青路面有沥青表面处治路面和沥青贯入式路面两种。

②路拌法是在公路施工现场用机械将矿料和沥青材料就地拌和、摊铺和碾压密实形成沥青面层的方法。

此类面层所用的矿料为碎（砾）石，称为路拌沥青碎（砾）石；所用的矿料为土，则称为路拌沥青稳定土。路拌沥青面层施工采用就地拌和，沥青材料在矿料中的分布比层铺法均匀，可以缩短路面的成型期。但因所用的矿料为冷料，需使用黏稠度较低的沥青材料，故混合料的强度较低。

③厂拌法是把具有一定级配的矿料和沥青材料在工厂用专用设备加热拌和，然后送到工地摊铺碾压而成的沥青路面。

若矿料中细颗粒含量少，不含或含少量矿粉，混合料为开级配（空隙率为10%~15%），则称为厂拌沥青碎石；若矿料中含有矿粉，混合料按最佳密实级配制（空隙率在10%以下），则称为沥青混凝土。厂拌法按混合料铺筑时的温度不同，又可分为热拌热铺和热拌冷铺两种。

3.按沥青路面材料技术特点划分

①沥青混凝土路面。沥青混凝土路面是指按级配原理选配的矿料与适量沥青在严格控制的条件下均匀拌和，经摊铺、碾压成型的沥青路面。沥青混凝土是人工选配具有一定级配的矿料（碎石或轧碎砾石、石屑或砂、矿粉等）与一定比例的路用沥青材料，在严格控制条件下拌制而成的混合料。热拌的沥青混合料宜在集中地点用机械拌制，一般在固定式热拌厂拌制，在线路较长时宜选用移动式热拌机。冷拌的沥青混合料可以集中拌和，也可以就地路拌。沥青混凝土路面根据厚度不同可用于各级公路。

②热拌沥青碎石路面。热拌沥青碎石路面指由一定级配的集料与适量的沥青在要求的控制条件下均匀拌和，经摊铺、碾压成型的沥青路面。热拌沥青碎石路面适合用于三、四级公路。

③乳化沥青碎石路面。乳化沥青碎石路面指用乳化沥青作结合料，与相关集料在要求的控制条件下均匀拌和，经摊铺、碾压而成的沥青路面。乳化沥青是将黏稠沥青加热至热熔状态，经机械的强力搅拌，使沥青以细微液滴状态分布在含有乳化剂的水溶液中，成为水包油状的沥青乳液。乳化沥青碎石路面适合用于三、四级公路。

二、沥青路面施工

（一）沥青材料的选择

1.沥青路面原材料的选择

沥青路面原材料包括沥青、粗集料、细集料、填料等。

①沥青。a.石油沥青。沥青路面一般采用道路石油沥青，或采用经过乳化、稀释、调和、改性等工艺加工处理的石油沥青产品作为结合料，有时也采用煤沥青，但是由于煤沥青对人体健康有害，已很少采用。b.乳化沥青。乳化沥青是石油沥青或煤沥青在乳化剂、稳定剂的作用下经乳化等加工制得的均匀的沥青产品，也称沥青乳液。乳化沥青按使用方法分为喷洒型（用P表示）及拌和型（用B表示）两大类。c.改性沥青。改性沥青是掺加橡胶、树脂、高分子聚合物、磨细的橡胶粉或其他填料等外掺剂（改性剂），或采取对沥青轻度氧化加工等措施，使沥青或沥青混合料的性能得以改善制成的沥青结合料，使用改性沥青通常对改善沥青路面高温及低温稳定性有明显效果。

②粗集料。沥青混合料用粗集料可以采用碎石、破碎砾石、筛选砾石、矿渣等。沥青混合料用粗集料应该洁净、干燥、无风化、不含杂质。在力学性质方面，沥青混合料用粗集料的压碎值和磨耗率应符合相应等级公路的要求。粗集料应具有良好的颗粒形状，用于道路沥青面层的碎石不宜采用颚式破碎机加工。筛选砾

石仅适用于三级及三级以下公路和次干路以下的城市道路的沥青表面，沥青表面处置路面和拌和法施工的沥青面层的下面层，不得用于沥青贯入式路面及拌和法施工的沥青面层的中上面层。对用于抗滑表层的沥青混合料中的粗集料，应该选用坚硬、耐磨、韧性好的碎石或碎砾石，矿渣及软质集料不得用于防滑表层。用于高速公路、一级公路、城市快速路、主干路沥青路面表面层及各类道路抗滑用的粗集料，应符合相关规范对磨耗值和冲击值的要求。在坚硬石料来源缺乏的情况下，允许掺加一定比例的普通集料作为中等或小颗粒的粗集料，但掺加比例不应超过粗集料总质量的40%。

③细集料。细集料是指集料中粒径小于4.75mm（或2.36mm）的材料。沥青面层的细集料可采用机制砂、天然砂、石屑。细集料应洁净、干燥、无风化、无杂质，并有适当的颗粒级配。

④填料。填料的粒径小于0.6mm，沥青与填料混合而成的胶浆是沥青混合料形成强度的重要因素，所以填料必须采用由石灰岩或岩浆岩中的强基性岩石等憎水性石料经磨细生产出来的矿粉。矿粉要求干燥、洁净、能自由地从矿粉仓流出，其质量应符合技术要求。有时为提高沥青混合料的黏结力，也可掺加部分消石灰或水泥作为填料，其用量一般为矿料总质量的1%~3%。

2.沥青混合料的选择

沥青混合料是由矿料（粗集料、细集料和填料）与沥青拌和而成的，包括沥青混凝土混合料和沥青碎石混合料。

①沥青混合料的主要特性

a.良好的力学性能。沥青混合料是一种黏弹塑性材料，采用它修筑的路面，夏季具有一定的高温稳定性，冬季具有一定的低温抗裂性。路面平整、无接缝且有弹性，特别是在高速公路上使用时可使客运快捷、舒适，货运损坏率低。

b.良好的抗滑性。沥青混合料路面既平整又具有一定的粗糙度，有利于高速行车的安全。在潮湿状态下，路面仍具有较高的抗滑性。

c.施工方便。采用沥青混合料修筑路面，施工操作方便。可以采用机械化施工，进度快，养护期短，能及时开放交通。

d.经济耐久。采用沥青混合料修筑路面，造价比水泥混凝土路面低得多，且耐久性较好。

e.便于维修养护、分期改建和再生利用。沥青混合料路面出现坑槽可以补修。随着公路交通量的增加，原有道路可分期改建，在旧路面上拓宽和加厚。对旧有的沥青混合料还可再生利用，节约能源、节约投资，社会效益和经济效益较高。此外，路面的噪声小，晴天无尘，雨天不泞，易于清洁，路面无强烈反光，便于汽车高速、安全行驶。

此外，沥青路面具有易老化、感温性大等缺点。

②选择沥青混合料时的注意要点

a.沥青面层集料的最大粒径宜从上至下逐渐增大，并与压实层厚度相匹配；沥青面层一般应采用双层或三层式结构，各层之间应连接成为整体，在沥青层下必须浇洒透层油，沥青层之间必须喷洒黏层油。

b.沥青路面应满足耐久性、抗车辙性能、抗裂性、密水性、抗滑性等多方面的要求，便于施工，并应根据施工机械、工程造价等实际情况选择沥青混合料的种类；可对上面层或中面层沥青结合料采取改性措施，或采用SMA等特殊的矿料级配；保证各层的组合不致发生早期破坏，并在此基础上优先或侧重考虑各层的服务功能，从而做出选择；高速公路的紧急停车带（硬路肩）沥青面层应采用与车行道相同的结构，但表面层一般应采用密级配沥青混凝土混合料铺筑；各层沥青混合料应满足所在层位的功能性要求，便于施工，不容易离析。

c.各层应连续施工并连接成一个整体。当发现混合料结构组合及级配类型的设计不合理时，应进行修改、调整，以确保沥青路面的使用性能。

（二）沥青混合料路面施工

1.施工准备

①材料准备：做好配合比设计，报送监理工程师审批，对各种原材料进行符合性检验。选购经调查、试验合格的材料进行备料，矿粉应分类堆放且不得受潮，必要时做好矿粉堆放场地的硬化处理和场地四周排水，搭设库房或储存罐。

②测量放样：沥青混合料路面施工前，应在下承层上重新恢复公路中线，放样边桩根据摊铺机的宽度和摊铺方案控制纵向摊铺条带的划分。

③机械准备：检查、调试沥青混合料路面施工机械的工作状态，确保机械性能正常，摊铺机、压路机组合、运料车及其他机械设备准备就绪。

④下承层准备：铺筑沥青层前，应检查基层或下卧沥青层的质量，检查下承层的高程、路拱、平整度等参数，不符合要求的不得铺筑沥青面层。旧沥青路面或下承层被污染时，必须清洗或经铣刨处理后方可铺筑沥青混合料。仔细清扫下承层，待干燥后洒布黏层油。

⑤试验段：各层开工前，在监理工程师批准的现场备齐全部机械设备进行试验段铺筑，以确定松铺系数、施工工艺、机械配备、人员组织、压实遍数，并检查压实度、沥青含量、矿粉级配、沥青混合料马歇尔试验的各项技术指标等。

注意气象预报，加强工地现场、沥青拌和厂及气象台（站）之间的联系，待天气条件合适，其他准备工作均已就绪后，即可开始混合料的摊铺作业。

2.沥青混合料配合比设计

沥青混合料配合比设计的主要任务就是确定粗集料、细集料、矿粉和沥青材料相互配合的最佳比例，使之既能满足沥青混合料的技术要求又符合经济的原则。连续级配的沥青混合料配合比设计，通常按下列两个步骤进行。

①根据沥青混合料的矿料最佳级配范围，计算各组成矿料的配合比。矿料的最佳级配范围可以通过理论计算的方法并结合生产实践经验予以确定。实际施工时，往往人工轧制的各种矿料的级配很难完全符合某一级配的要求。这就要求必须采用两种或两种以上符合质量要求的矿料，分别进行筛分析试验，并测定各种矿料的相对密实度。根据各种矿料的颗粒组成，确定达到级配曲线要求时各种矿料的配合比，以满足级配要求。矿料配合比确定方法有试算法、正规方程法、图解法等。

②确定最佳沥青用量。现行规范采用马歇尔试验确定沥青混合料的最佳沥青用量，以 OAC（optimum asphalt content）表示。沥青掺量可以采用油石比或沥青用量两种方式表达。

油石比是指沥青占矿料总量的百分比；沥青用量是指沥青占沥青混合料总量的百分比。

确定最佳沥青用量，应根据当地的实践经验选择适宜的沥青用量，分别制作几组级配的马歇尔试件，初选一组满足或接近设计要求的级配作为设计级配，再进行马歇尔试验确定最佳沥青用量。

3.沥青混合料的拌制与运输

沥青混合料必须在拌和厂采用拌和机械拌制。拌和机械分为连续式和间歇式两种，前者的单位时间生产能力大于后者。拌和设备的选型应根据工程量和工期综合考虑，并且拌和设备的生产能力应与摊铺能力相匹配，最好略高于摊铺能力。拌和机可以是固定式的或移动式的。

热拌沥青混合料采用较大吨位的自卸卡车运输到铺筑工地。运输车的运输能力应略大于拌和能力和摊铺能力。运送途中，应在混合料上覆盖篷布，防止雨淋或污染环境。车厢内侧板表面应涂薄层掺水柴油（柴油与水的配合比为1∶3），以此来防止沥青黏结到车厢体上。运送到工地时，已经呈团块状、温度不符合要求或遭受雨淋的沥青混合料不得使用。

4.沥青混合料的摊铺

热拌沥青混合料使用沥青摊铺机械进行摊铺，事先要在摊铺机械的受料斗上涂一层薄薄的隔离剂，或者涂防黏结剂。

在高速公路、一级公路、城市快速路或者主干道铺筑沥青混合料的过程中，如果是双车道，那么一台摊铺机进行铺筑的宽度需要在6m以内；如果是三车道或者大于三车道，那么一台摊铺机进行铺筑的宽度需要在7.5m以内。

一般情况下，铺筑作业最少使用两台机械，摊铺机之间错开10~20m的距离同时进行铺筑工作。在两幅之间需要进行搭接，搭接的宽度应该控制在30~60mm。搭接部分需要避开车轮印迹，上下层的搭接位置最少需要错开200mm。在施工前的0.5~1.0h，摊铺机就要开始进行预热，在施工过程中，熨平板的温度应该在100℃以上。

铺筑时，要调整好熨平板的振捣振幅或压实装置的振动频率和振幅，保证路面初始压实度符合标准要求。熨平板加宽连接时应仔细调节至摊铺的混合料没有明显的离析痕迹。摊铺机运行速度不需要过快，但是必须保证摊铺机能够匀速行驶，以确保能够均匀摊铺混合料，并且摊铺作业是一个连续的过程，尽量避免在摊铺过程中出现停顿。

一般情况下，摊铺机的摊铺速度为2~6m/min。如果在摊铺过程中混合料出现了离析、龟裂或者拖痕等问题，施工人员应该马上分析出现这些问题的原因，并且在最短的时间内解决问题。

摊铺机应采用自动找平方式，下面层或基层宜采用钢丝绳或路缘石、平石引导的高程控制方式，上面层宜采用平衡梁或雪橇式摊铺厚度控制方式，中面层根据情况选用找平方式，直接接触平衡梁的轮子不得黏附沥青。铺筑改性沥青或SMA路面时宜采用非接触式平衡梁，沥青混合料的松铺系数应根据混合料类型确定，机械和施工工艺等应通过试验段确定，试验段长度不宜小于100m。摊铺过程中应随时检查摊铺层厚度及路拱、横坡。

摊铺机螺旋布料器的转动应均衡、稳定。一般情况下，摊铺机螺旋布料器的转动速度与摊铺机的摊铺速度相适应。在摊铺机的两侧有大于或者等于送料器高度2/3的混合料，这是为了避免混合料在摊铺作业中出现离析。

使用摊铺机进行作业时，最好不要频繁进行人工修正。如果出于某些原因必须使用人工进行局部摊铺或者进行混合料的更换工作，那么施工必须小心仔细。如果出现特别严重的问题，那么应该将整层全部清理干净，并重新进行摊铺。

在路面狭窄部分、平曲线半径过小的匝道或加宽部分，以及小规模工程不能采用摊铺机铺筑时可用人工摊铺沥青混合料。人工摊铺沥青混合料应符合下列要求。

半幅施工时，路中一侧宜事先设置挡板；沥青混合料宜卸在铁板上，摊铺时应扣锹布料，不得扬锹远甩。铁锹等工具宜涂防黏结剂或加热使用；边摊铺边用刮板整平，刮平时应轻重一致，控制次数，严防集料离析；摊铺不得中途停顿，并加快碾压。

如因故不能及时碾压，应立即停止摊铺，并对已卸下的沥青混合料覆盖苫布保温；低温施工时，每次卸下的混合料应覆盖苫布保温；在雨季铺筑沥青路面时，应加强与气象部门的联系，已摊铺的沥青面层因遇雨未行压实的应予以铲除。

5. 碾压成型

在施工过程中压路机的速度需要与上一阶段摊铺机的工作速度相适应。压路机每次应由两端折回的位置呈阶梯形随摊铺机向前推进，使每一次折回的位置最终都不在同一个横断面上。摊铺机如果一直在正常工作，没有出现停顿，那么压路机也应该持续进行作业，保证碾压温度始终在正常的范围内波动。

在实际作业过程中，如果是较为平缓的路段，那么压路机的驱动轮可以适当靠近摊铺机，这样可以减少波纹或者热裂缝的出现。在碾压过程中，压路机的轮子可能会黏附沥青混合料，影响路面的平整度和压实度，此时绝对不能向碾压轮喷洒柴油，只需要喷洒少量的水或者洗衣粉溶液。

在碾压的末尾处，如果压路机能够稍微转动方向，就可以将摊铺机后面的压痕减至最小。在作业过程中，压路机不允许在没有经过碾压成型的路段上进行停顿、停车及掉头。在已成型的路面上，振动压路机在行驶时必须要将振动装置关闭。

压路机的体积较大，桥梁、挡土墙等构造物拐角、加宽及公路边缘等位置无法使用压路机进行压实，这样的位置可以使用振动夯板进行压实处理。雨水井或者其他检查井的边缘还应用人工夯锤、热熔铁补充压实。

在完成碾压并且沥青的温度依旧很高的混合料上，任何车辆及机械设备都不得停放，矿料、油料等也不得洒于表面。待路面温度在50℃以下时，才能够允许通车。如果有紧急事件需要尽早恢复通车，可以在沥青路面洒水，加快路面的降温速度。

6. 接缝处理

沥青路面的各种施工缝（包括纵缝及横缝）都必须密实、平顺。

①纵向接缝施工：摊铺时采用梯队作业产生的纵缝应采用热接缝；半幅施工不能采用热接缝时，宜加设挡板或采用切刀切齐，铺另半幅前必须将缝边缘清扫干净，并涂洒少量黏层沥青，摊铺时应重叠在已铺层上5~10cm宽。

②横向接缝施工：对高速公路和一级公路，中、下层的横向接缝可采用斜接缝，在上层应采用垂直的平接缝。其他等级公路的各层均可采用斜接缝。平接缝应做到紧密黏结、充分压实、连接平顺。

第二节　水泥混凝土路面施工技术

水泥混凝土路面也称刚性路面，具有强度高、刚度大、稳定性好、养护维修费用低、使用寿命长等优点，在道路工程特别是高等级、交通量大的道路中已得到广泛应用。水泥混凝土路面是由普通混凝土、钢筋混凝土、连续配筋混凝土、预应力混凝土、装配式混凝土和钢纤维混凝土等面层板和基层、垫层所组成的路面。普通混凝土路面是指除接缝区和局部范围（边缘和角隅）外不配置钢筋的混凝土路面。与沥青路面相比，水泥混凝土路面具有对水泥和水的需要量大、开放交通迟、有接缝和修复困难等缺点。

一、水泥混凝土路面材料组成

（一）水泥

公路、城市道路、厂矿道路应采用硅酸盐水泥或普通硅酸盐水泥（简称普通水泥），水泥强度等级不应低于42.5级。

当条件受限制时，可采用矿渣水泥，其强度等级不应低于42.5级；中轻交通量等级公路所用水泥的强度等级不宜低于32.5级，并严格控制用水量，适当延长搅拌时间，加强养护工作；也可采用32.5级的普通水泥，但应采取掺外加剂、干硬性混凝土或真空吸水措施。

民航机场公路和高速公路，必须采用强度等级不低于42.5级的硅酸盐水泥，水泥应有出厂合格证（标示化学成分、物理指标等），并经复验合格，方可使用。不同强度等级、厂牌、品种、出厂日期的水泥，不得混合堆放，严禁混合使用。出厂时间超过三个月或受潮的水泥，必须经过试验，按其试验结果决定正常使用或降级使用。已经结块的水泥不得使用。

（二）粗集料

对于粗集料的最大公称粒径，碎砾石不应大于26.5mm，碎石不应大于31.5mm，砾石不宜大于19.0mm。钢纤维混凝土粗集料最大粒径不宜大于19.0mm。混凝土所用的集料应坚硬耐磨、表面粗糙、有棱角，并符合规定级配。

（三）砂（细集料）

混凝土的细集料是指细度模数在2.5左右的天然砂、机制砂或混合砂。海砂不得直接用于面层混凝土。淡化海砂不应用于城市快速路、主干道和次干道，但可用于支路。砂应质地坚硬、耐久、洁净。其技术指标与级配符合规范要求。

（四）水

饮用水可直接作为混凝土搅拌和养护用水。非饮用水应进行水质检验，并应符合有关规定，还应与蒸馏水进行水泥凝结时间和水泥胶砂强度的对比试验。

（五）外加剂

1.流变剂

流变剂是改善新拌混凝土流变性能的外加剂，工程中常用的流变剂为减水剂。工程中常用的减水剂有木质素系减水剂（简称 M 剂）、萘系减水剂（简称 NF、MF 剂等）、水溶性树脂类减水剂等。

2.调凝剂

调凝剂是调节水泥混凝土凝结时间的外加剂，通常有早强剂、促凝剂、速凝剂和缓凝剂。早强剂常用的有氯化钙和三乙醇胺复合早强剂。促凝剂常用的有水玻璃、铝酸钠、碳酸钠、氟化钠、氯化钙和三乙醇胺等。速凝剂是使水泥混凝土迅速凝结和硬化的外加剂，可用于冬季施工，通常掺入量为水泥用量的 2.5%~4.0%，初凝时间可在 5min 之内，终凝时间在 10min 之内。缓凝剂常在气温较高时拌制混凝土使用，目前，主要有羟基羧酸盐类（酒石酸等）、多羟基碳水化合物和无机化合物类等。

3.引气剂

引气剂能在混凝土中形成细小的、均匀分布的空气微泡，对于新拌混凝土，可改善其工作性能，减少泌水和离析，对于硬化后的混凝土，可起到弱化其水分结冰膨胀的作用。目前，常用的有松香热聚物、烷基磺酸钠等。

二、水泥混凝土面层施工技术

（一）施工准备

1.施工机械选择

常见的水泥混凝土路面摊铺机械有滑模摊铺机、轨道摊铺机、三辊轴机组、小型机具和碾压混凝土摊铺机械等。

2.技术准备

当采用自拌混凝土时，应选择合适的拌和场地，要求运送混合料的运距尽量短，水、电供应条件较好，有足够面积的场地，能合理布置拌和机械以及砂、石堆放点，并能搭建水泥库房等；有碍施工的建筑物、灌溉渠道和地下管线等，均应在施工前拆迁完毕；混凝土摊铺前，对基层进行整修，基层的宽度、路拱、标高、平整度、强度和压实度等各项指标，应达到设计和规范要求，并经监理工程师同意；混凝土摊铺前，基层表面应洒水润湿，以免混凝土底部水分被干燥基层吸收。

（二）模板与钢筋

①模板安装应符合下列规定：支模前应核对路面标高、面板分块、胀缝和构造物位置；模板应安装稳固、顺直、平整，无扭曲，相邻模板连接应紧密、平顺，不错位；严禁在基层上挖槽嵌入模板；使用轨道摊铺机应采用专用钢制轨模。

②钢筋安装应符合下列规定：钢筋安装前应检查原材料品种、规格与加工质量，确认符合设计规定；钢筋网、角隅钢筋等安装应牢固、位置准确；钢筋安装后应进行检查，合格后方可使用；传力杆安装应牢固、位置准确；胀缝传力杆应与胀缝板、提缝板一起安装。

（三）混凝土搅拌

混凝土的最佳搅拌时间应按配合比要求与施工对其工作性能的要求，经试拌确定，每盘总搅拌时间宜为80~120s；外加剂宜稀释成溶液，均匀加入进行搅拌；混凝土应搅拌均匀，出仓温度应符合施工要求。

搅拌钢纤维混凝土，除应满足上述要求外，还应满足下列要求：当钢纤维体积率较高、搅拌物较干时，搅拌设备一次搅拌量不宜大于其额定搅拌量的80%；钢纤维混凝土的投料次序、方法和搅拌时间，应以搅拌过程中钢纤维不产生结团和满足使用要求为前提，并通过试拌确定；钢纤维混凝土严禁用人工搅拌。

（四）混凝土拌和物的运输

1.机动车运送

在路面施工中，为了便于混凝土的摊铺，一般采用自卸车运送混凝土拌和物（工程量一般，现场条件有一定限制时，也可以使用机动翻斗车）。机动车运送混凝土拌和物主要的风险类型是车辆伤害，其风险控制的重点如下：杜绝超载、超速行驶的不安全行为；遇视线不良天气（大雾、沙尘暴等）时，严防快速行驶的不安全行为；卸料前，严防不确认车厢上方有无电线或障碍物（尤其是乡村道路）的不安全行为；车厢处于举升状态时，杜绝作业人员上车厢清除残料的不安全行为；卸料后，杜绝在车厢倾斜情况下行驶的不安全行为。

除要严防车辆伤害外，还应加强现场指挥，防止机动车与其他施工机械之间发生碰撞而导致各种意外伤害事故，防止造成地面作业人员的意外伤亡。

2.手推车运送

在工程量很小或现场条件不适合使用大中型运输车时，可使用现场拌和混凝土，采用手推车将混凝土运送到摊铺现场。手推车运送混凝土拌和物的风险控制重点为：杜绝猛跑、撒把溜车的不安全行为，以免手推车倾翻而导致机械伤害（很可能是伤害他人）；严防车斗内载人的不安全行为，以免造成机械伤害；多车推送混凝土时，防止前后车之间距离过近（一旦后车控制不住，很可能造成前车的推车人受到挤压伤害）。

（五）混凝土拌和物的摊铺

1.人工小型机具施工

人工小型机具施工水泥混凝土面层，应符合下列规定：混凝土松铺系数宜控制在 1.10~1.25；摊铺厚度达到混凝土板厚度的 2/3 时，应拔出模内钢钎，并填实钎洞；混凝土面层分两次摊铺时，上层混凝土的摊铺应在次下层混凝土初凝前完成，且下层厚度宜为总厚度的 3/5；混凝土摊铺应与钢筋网、传力杆及边缘角隅钢筋的安放相配合；一块混凝土板应一次连续浇筑完毕；混凝土采用插入式振捣器振捣时，不应过振，且振动时间不宜少于 30s，移动间距不宜大于 50cm，使用平板振捣器振捣时应重叠 10~20cm，振捣器行进速度应均匀。

2. 三辊轴机组铺筑

三辊轴机组铺筑应符合下列规定：三辊轴机组铺筑混凝土面层时，辊轴直径应与摊铺层厚度匹配，且必须同时配备一台安装插入式振捣器组的排式振捣机，振捣器的直径宜为 50~100mm，间距不应大于其有效作用半径的 1.5 倍，且不得大于 50cm；当面层铺装厚度小于 15cm 时，可采用振捣梁，其振捣频率宜为 50~100Hz，振捣加速度宜为（4~5）（g 为重力加速度）；当双车道面层一次摊铺成型时，应配备纵缝拉杆插入机，并配有插入深度控制和拉杆间距调整装置。

铺筑作业应符合下列要求：卸料应均匀，布料应与摊铺速度相适应；设有接缝拉杆的混凝土面层，应在面层施工中及时安设拉杆；三辊轴整平机分段整平的作业单元长度宜为 20~30m，振捣机振实与三辊轴整平工序之间的时间间隔不宜超过 15min；在一个作业单元长度内，应采用前进振动、后退静滚方式作业，最佳滚压遍数应通过试铺确定。

（六）表面修整

1. 抹平作业

采用抹平机抹平表面时，其风险控制的重点为：杜绝抹平机带病使用的不安全行为，以免造成机械伤害；作业时，严防无专人收放电缆的不安全行为，以免造成触电伤害；杜绝抹平机带负荷启动的不安全行为，以免造成设备损坏。

2. 吸水作业

路面混凝土摊铺、振捣、抹平后，在混凝土表面铺上吸垫，启动真空设备，从混凝土中吸出游离水，可降低混凝土水灰比，从而提高混凝土路面的质量。真空吸水装置作业时，其风险控制的重点如下：杜绝真空泵绝缘不良而导致触电伤害；吸水作业时，严防操作人员在吸垫上行走或压其他物件，以免造成吸垫损坏或者影响工程质量；冬期施工时，严防真空泵存有冷却水，以免造成真空泵损坏；严防掀起盖垫前未断电，以免造成触电伤害。

三、滑模式摊铺机施工

滑模摊铺的特点是不需要轨模，由四个液压缸支承腿控制的履带行走机构行走。它可以通过控制机构上下移动，调整摊铺层厚度。在摊铺机两侧安装固定的滑模板。因此，不需要另设轨模，这种摊铺机一次通过就可以完成摊铺、捣实、整平等多道工序。滑模摊铺机械化程度高，施工工艺较为复杂，每一个流程都要求做到充分、精确。

滑模摊铺的施工工艺为：施工前准备→混凝土拌和→混凝土运输→滑模摊铺及整修养护→灌缝填料→验收及开放交通。

（一）施工前的准备

铺筑前需要保证基层平整，设有砂垫层的，垫层表面应平整、密实；模板尺寸、位置、高程等应满足设计要求，支撑牢固稳定，隔离剂涂刷均匀，模板接缝严密、模内洁净；预埋胀缝板的位置正确；边缘、角隅及其他部位的钢筋安装牢固，位置准确，传力杆与胀缝垂直，绑扎牢固，套筒安装齐全、位置准确；各种检查井井盖、井座以及雨水箅子等应预先安装完成，且安装牢固，位置准确，标高与路面标高协调一致；水泥混凝土运输应确保及时、连续；设有纵缝的水泥混凝土面层，在成型水泥混凝土板块侧立面应按要求涂刷隔离剂。

（二）正确设置滑模摊铺机各项工作参数

1.振捣棒位置

振捣棒的下缘位置应在挤压底板最低点以上，振捣棒的横向间距大于450mm，均匀排列，两侧最边缘振捣棒与摊铺边缘的距离不宜大于250mm。振捣棒位置正确是保证面板不产生纵向收缩裂缝的关键。振捣棒随滑模摊铺机拖行时，将粗集料推开，会形成无粗集料的砂浆暗沟，由于砂浆的干缩量比混凝土高得多，摊铺后的路面会留有发亮的砂浆条带，路面必然会纵向开裂。在道路路面摊铺时，振捣棒的最低点位置必须设置在路表面以上。也有很厚的道路面板，如广州白云国际机场，道路面板厚度达42cm。除缩窄振捣棒的横向间距外，一半振捣棒安装在表面，另一半插入板中。一般道路没有这么厚的面板，振捣棒必须设置在路表面以上，防止面板开裂。

2.前倾角

挤压底板的前倾角宜设置为30°左右，提浆夯板的位置宜在挤压底板前缘以下5~10mm，这是防止横向拉裂的要素。

3.超铺高程及搓平梁

设超铺角的滑模摊铺机两边缘超铺高程，根据混合料的稠度应为3~8mm。搓平梁前沿调整到与挤压底板后沿同高，搓平梁的后沿比挤压底板后沿低1~2mm，并与路面同高。

4.位置校准

滑模摊铺机首次摊铺路面，应对挂线、铺筑位置、几何参数和机架水平度进行校准，正确无误后，方可开始摊铺。

5.复核测量

在开始摊铺的5min内，应在铺筑中对摊铺出的路面标高、边缘厚度、中线、横坡等参数进行复核测量，并应控制在规范规定的范围内。

（三）混凝土搅拌与运输

混凝土搅拌前应先检查搅拌设备的各机构是否运转正常，并根据实验室提供的配料单将各材料数据输入搅拌设备微机里，接到前方通知后，进行搅拌。

混凝土搅拌时应根据搅拌物的黏聚性、均质性及强度稳定性试拌，确定最佳拌和时间。所生产的拌和物应色泽一致，如有生料、干料、离析或外加剂成团的非均质混合物，严禁用于铺筑路面。

把搅拌好的混凝土拌和物运到摊铺现场，在运输过程中要保证不漏浆、不变干、不离析，卸料时尽量不要堆积太高。卸料高度不应超过1.5m。远距离运输或运输桥面、钢筋混凝土路面混凝土拌和物时，宜采用混凝土运输车。机前布料尽量使混凝土在全宽方向厚度均匀，中间可高一点，布料高度一般比成型后的路面高出6~10cm。

（四）铺筑作业技术要领

1.摊铺速度

滑模摊铺机应缓慢、匀速、连续作业。摊铺速度应根据拌和物稠度、供料情况和设备性能控制在0.5~3.0m/min，一般宜控制在1m/min左右。拌和物稠度发生变化时，应先调整振捣频率，后改变摊铺速度。

2.松方控制

应随时调整松方高度板，以控制进料位置，开始时宜略设高一些，以保证进料。正常摊铺时应保持振捣仓内料位高于振捣棒100mm左右，料位高度上下波动宜控制在30mm之内。为了摊铺高平整度的路面，挤压底板的料与振捣仓内的混凝土之间，应始终维持压力的均衡，才不会因挤压力忽大忽小而影响平整度。

3.振捣频率控制

正常摊铺时，振捣频率可在6000~11000r/min之间调整，宜采用9000r/min左右的频率。应防止混凝土过振、欠振或调振。应根据混凝土的稠度大小，随时调整摊铺的振捣频率或速度。摊铺机起步时，应先开启振捣棒振捣2~3min，再缓慢平稳推进。摊铺机脱离混凝土后，应立即关闭振捣棒组。

4.纵坡施工

滑模摊铺机满负荷时可铺筑的路面最大纵坡为：上坡5%、下坡6%。

铺筑上坡时，挤压底板前仰角宜适当调小，并适当调小抹平板压力，坡度较大时，为了防止摊铺机过载，推不动，宜适当调整挤压底板前仰角；铺筑下坡时，前仰角宜适当调大，并适当调大抹平板压力。板底不小于3/4的长度接触路表面时表示抹平板压力适宜。

5.纵缝拉杆安置。

摊铺单车道时，必须根据路面设计配置单侧或双侧打拉杆机械装置，打拉杆机械装置的正确插入位置应为挤压底板下的中部或偏后部，无论采用何种方式打入拉杆，其压力应满足一次打到位的要求。打入拉杆的位置必须在板厚中间，中间和侧向拉杆的高低和左右误差不得大于±2mm。

（五）路面修整

滑模摊铺过程中应采用自动抹平板装置进行抹面。对少量局部麻面和明显缺料部位，应在挤压底板后或梁前补充拌和物，采用搓平梁或抹平板机械修整。

滑模摊铺的混凝土面板在下列三种情况下，可用人工进行局部修整：用人工操作抹面抄平器，精整摊铺后的表面小缺陷，但不得在整个表面加薄层修补路面标高；对纵缝边缘出现的倒边、塌边、溜肩现象，应顶侧模或在上部支方铝管边缘处补料修整；对起步和纵向施工接头处，应使用水准仪抄平并采用大于3m的靠尺边测边修整。

滑模摊铺结束后，必须及时做好以下工作：要清洗滑模摊铺机，进行保养、加油、加水、打润滑油等；应丢弃端部的混凝土和摊铺机振捣仓内遗留下的纯砂浆；设置施工缝端模，并用水准仪测量面板高程和横坡。

为使下次摊铺能紧接着施工缝开始，两侧模板应各向内收进20~40mm，收口长度宜比滑模摊铺机侧模板略长；施工缝部位应设置传力杆，并应满足路面平整度、高程、横坡和板长要求；在开始摊铺和施工接头时，应保证端头和接合部位的平整度，防止工作缝接合部位出现低洼现象，接头部位宁高勿低。

第四章　道路附属工程施工技术研究

第一节　路缘石施工技术

路缘石是设在路面边缘的界石，也称道牙或缘石。它在路面上是区分车行道、人行道、绿地、隔离带和道路其他部分的界线，起到保障行人、车辆交通安全和保证路面边缘齐整的作用，有助于路面排水，延长道路的使用寿命。

一、路缘石的种类

路缘石主要有立缘石（侧石）、平缘石（平石）、专用路缘石（包括弯道路缘石、隔离带路缘石、反光路缘石、减速路缘石）等。路缘石宜用石材或混凝土制作。

路缘石可根据使用要求和条件选用水泥混凝土预制块、条石、砖等材料制作，最常用的是工厂化生产的水泥混凝土预制块。

水泥混凝土预制块平石截面呈矩形，长30~100cm，宽7~15cm；侧石截面大多呈矩形，长30~100cm，高30~35cm，厚8~13cm；只有小半径曲线用特制弧形块。城市道路路缘石采用立缘石，路缘石宜高出路面边缘10~20cm。隧道内、重要桥梁、道路线形弯曲路段或陡峭路段等处的路缘石可高出路面边缘25~40cm，并应有足够的埋深，以保证稳定和行车安全。斜式路缘石便于儿童车、轮椅及残疾人通行，而在分隔带端头或交叉口的小半径处，路缘石宜做成曲线式。另外，考虑无障碍设计，道路上人行道出入口多采用牛腿式出入口，平石沿人行道边向前延伸，侧石向下降至1~2cm，或侧石向出入口转弯。总之，应使人行道的路面连续无障碍、无高低，便于老、幼行走和童车滚动。

二、路缘石施工

（一）施工材料

1.水泥

水泥应选用强度等级不低于42.5级的硅酸盐水泥、矿渣水泥，并应有出厂合格证。散装水泥及袋装水泥出厂日期不明或已超过3个月时，经复验合格后方能使用。已受潮或结块的水泥不得使用。

散装水泥应按牌号、批号分仓储存；袋装水泥应按牌号、批号架高堆存，离地至少30cm，并苫盖，以免混杂和受潮。使用时按出厂日期择先使用。如掺用外加剂，应经试验合格后方能使用。

2.砂（细集料）

砂应清洁、坚硬，不宜含团块、片状颗粒，土及云母等有害物质，含量不超过总干重的5%；必要时应过筛清洗。粗砂平均粒径不得小于0.5mm；中砂平均粒径应为0.35~0.5mm。

3.石料（粗集料）

石料中不得含有煤、煤渣、石灰、碎砖或其他杂物；如料堆中的粗颗粒呈分离状态，必须重新混合以得到符合要求的级配；石料最大粒径不得超过25mm，最好不大于20mm。

4.拌和水

一般可饮用的水均可作为拌和水。如使用其他水，pH值应大于4，硫酸盐含量不大于1%。

（二）施工工艺

1.测量放线。

柔性路面路缘石应在路面基层完成后，未铺筑沥青面层前施工；水泥混凝土路面路缘石，应在路面完成后施工。

路缘石可以在铺筑路面基层后，沿路面边线刨槽、打基础安装；也可在修建路面基层时，在基础部位加宽路面基层作为基础；还可利用路面基层施工中基层两侧自然宽出的多余部分作为基础，基础厚度及标高应符合设计要求。

校核路面中线后，在路面边缘与路缘石交界处放出侧石线，直线部位每10m设一个桩；曲线部位每5~10m设一个桩；路口、分隔带、安全岛等圆弧处每1~5m设一个桩，也可用皮尺画圆并在桩上标明侧石顶面标高。

2.刨槽与处理

人工刨槽：按桩的位置拉线或用白灰画线，以线为准，按要求的宽度向外刨槽，一般为30cm。靠近路面一侧，比线位宽出少许（水泥混凝土路面刨至路面边缘），一般不大于5cm，不要太宽，以免影响回填夯实，造成路边塌陷。刨槽深度可比设计深度大1~2cm，以保证基础厚度，槽底要修理平整。

机械刨槽：使用路缘石刨槽机，刀具宽度应较路缘石宽出1~2cm，按线准确开槽，深度可比设计深度大1~2cm，以保证基础厚度，槽底应修理平整。

如在路面基层加宽部分安装路缘石，则将基层平整即可，免去刨槽工序。如铺筑石灰土基层，路缘石下石灰土基础通常在修建路面基层加宽部分时一起完成，如不能一起完成而需另外刨槽修筑石灰土基础，必须用3:7（体积比）的石灰土铺筑夯实，厚度至少为15cm，压实度要求不大于95%（轻型击实）。

3.路缘石的选用和施工

在直线段中采用长80~100cm的路缘石；曲线半径大于15m时采用长度为100cm或60cm的路缘石；曲线半径小于15m或圆角部分，可视曲线半径大小采用长度为60cm或30cm的路缘石。路缘石施工应根据施工图确定的平面位置和顶面标高测量所放出的样线执行。

4.安装路缘石

安装路缘石前应按路缘石顶面宽度误差的分类分段铺砌，以获得美观的效果。安装时先拌制1:3（体积比）石灰砂浆铺底，砂浆厚度为1~2cm，路缘石可不用石灰砂浆铺底，可用过筛的松散石灰土代替找平基础。

按桩橛线及路缘石顶面测量标高拉线绷紧（水泥混凝土路面路缘石，可靠板边安装，必要处适当调整），按线码砌路缘石。需事先算好路口间的路缘石块数，切忌中间用断路缘石加楔。

安装曲线处路缘石时应注意，外形圆滑的相邻路缘石间缝隙用0.8cm厚木条或塑料条控制宽度。路缘石安装尽量不留缝，路缘石铺砌长度不是路缘石长度的整数倍时，剩余部分可用调整缝宽的办法解决，但缝宽应不大于1cm。不得已必须断开路缘石时，应将断处磨平。

路缘石要安正，切忌前倾后仰，路缘石顶线应顺直圆滑，无凹进凸出、前高后低、错牙现象。缘石线要求顺直圆滑、顶面平整，符合标高要求。

5.回填石灰土

①侧石。在侧石安装前要按照侧石宽度的误差分类分段砌筑，使顶面宽度统一，效果美观。安装后，按线调整至顺直圆滑。侧石外侧后背用体积比为2:8的石灰土，也可以利用修建路面基层时剩余的石灰土回填夯实，里侧缝隙用体积比为2:8的石灰土夯填。侧石两侧同时分层回填，在回填夯实过程中，要不断调整侧石线，使之达到顺直圆滑和平整的要求。夯实灰土，外侧宽度不小于30cm，里侧与路面基层接上。夯实工具可采用小型夯实机具，每层夯实厚度不大于15cm。

若侧石里侧缝隙太小，可用铺底砂浆填实。如果侧石埋入路面基层太浅，夯填后背时易使侧石倾斜，此时靠路一侧可用体积比为1：3的石灰炉渣加水拌和、拍实，呈三角形，使侧石临时稳固。设计采用混凝土时，要按照设计要求的强度等级，现场浇筑捣实，要求表面平整。

②平石。在平石安装后，人工刨槽的槽外一侧沟槽用体积比为2：8的石灰土分层填实，宽度不小于30cm，层厚不大于15cm，也可利用修建路面基层时剩余的路拌石灰土填实。外侧经夯实后与路缘石顶面齐平，内侧也用上述材料分层夯实，夯实后要比路缘石顶面低一个路面层厚度，待路面铺筑后与缘石顶面齐平。可以使用洋镐头、铁扁夯等工具进行夯实作业。灰土含水量不足时，要加水夯实。在夯实两侧石灰土过程中，要不断调整路缘石线形，保证顺直圆滑。机械刨槽时，两侧用过筛体积比为2：8的石灰土夯实或石灰土灌浆填塞密实。

6.勾缝

路面完工后，安排路缘石勾缝。勾缝前必须进行挂线，调整路缘石至顺直、圆滑、平整，方可进行勾缝。先把路缘石缝内的土及杂物清除干净，并用水润湿，然后用体积比为1：2.5的水泥砂浆灌缝、填实、勾平，用弯面压子压成凹形，并不得在路面上拌制砂浆。砂浆初凝后，用软扫帚扫除多余灰浆，并应适当洒水养护，养护时间不少于3d，最后达到整齐美观的效果。

第二节　人行道施工技术

人行道为道路两侧、公园等地供人行走的设施，机动车横过地段或机动车停放地段的人行道，应做加固处理。道路两侧人行道为道路的组成部分，人行道与绿化带或土路肩相邻时，应按设计要求埋设路缘石、水泥步砖或大理石砖等。

人行道按材料分为沥青混凝土人行道、水泥混凝土人行道和各类预制步砖人行道等。其中，水泥混凝土人行道又可分为一般预制块人行道、连锁砌块人行道和现场浇筑人行道三种。工业废渣压制的锚口步砖、地砖现已基本上取代了混凝土预制块。建筑材料贴面有大理石贴面、瓷砖面、陶土地面砖贴面（古代所谓的"金砖铺地"，用的就是陶土地砖）等。

一、人行道施工准备

（一）材料要求

沥青混凝土人行道应采用细粒或微粒式沥青混凝土。沥青混凝土铺装层厚度不应小于3cm，沥青石屑、沥青砂铺装层厚度不应小于2cm。压实度不应小于

95%。表面应平整，无明显轮迹。

现浇混凝土人行道，混凝土的抗折强度应不低于设计要求，如设计未规定，不宜低于3.5MPa。同时，抗压强度不应低于规范规定；如设计未规定，不宜低于30MPa。粗集料尺寸不得大于人行道厚度的1/2。表面制花纹分格，以利排水和防滑，其规格、尺寸按设计要求确定。步砖要求大小均匀、颜色一致，无蜂窝、露石、脱皮、裂缝等现象，无缺边掉角，顶面均匀细密，其尺寸允许偏差要符合检验规范的要求。现在的水泥步砖，多用细粒干硬混凝土压制，表面为有色水泥砂浆。

水泥混凝土预制砌块必须整齐统一，抗压强度应符合设计规定；设计未规定时，不宜低于30MPa，要求各面平整，无缺边掉角，表面光泽一致，无蜂窝、麻面；若利用多种异形砖，在铺砌时应满足相互连锁的要求，以保证稳定性。

建筑材料贴面，尺寸、形状按设计要求确定，做到表面平整、色泽一致，无缺边掉角。料石、预制砌块宜由预制厂生产，并提供强度、耐磨性能试验报告及产品合格证。进场后应检验合格后方可使用。料石应表面平整、粗糙；色泽、规格、尺寸应符合设计要求，抗压强度不宜小于80MPa。

（二）作业条件

1.地面下的暗管、沟槽和附属构筑物等工程已验收合格，场地已平整；原材料经见证取样并检验合格；方案已获监理工程师批准；根据现场与周边环境条件、交通状况，与道路交通管理部门研究制定交通疏导或导行方案，并实施完毕。

2.施工时影响或阻断既有人行交通时，在施工前应采取措施，保障人行交通畅通、安全。

3.设置排水沟、集水坑，及时将路基里的积水或地下水排走，确保路基上无积水。

4.施工用水、用电已经接通。根据工程规模、环境条件，修筑临时施工道路。临时施工道路应满足施工机械调运和车辆安全通行的要求，且不得妨碍施工。

5.对作业队伍进行全面技术、安全、质量、环境保护内容的交底。

6.在非雨、雪天气施工：采用干铺时，环境温度不应低于0℃；采用掺有水泥的砂浆铺设时，环境温度不应低于5℃。

（三）人行道施工准备注意事项

1.地下管线的保护

在基槽开挖之前，应全面掌握人行道下的管线种类、结构、水平位置、埋深等情况。在地下管线埋深较浅处，采用人工开挖基槽，人工或小型机具夯实，以免损伤地下管线。

2.与相邻构筑物的协调

人行道上常有树穴、绿带、各种检查井、电线杆等构筑物，因此，在人行道施工时，必须与有关部门互相协作配合，避免在工序上发生冲突，并应保护好测量标志，保证人行道的标高和横坡。

3.环境保护

在喷洒乳化沥青或涂沥青漆和摊铺沥青混凝土时，路缘石及相邻构筑物应用旧报纸、牛皮纸等加以覆盖，以防止污染。

4.盲道设置

按设计及规范规定确定施工步骤与施工工艺；行进盲道砌块与提示盲道砌块不得混用；盲道应避开树池、检查井、电线杆等障碍物；路口处盲道应进行无障碍设计。

面层铺砌完成后，必须封闭交通，并应洒水湿润、养护。当水泥砂浆强度达到设计强度后，方可开放交通。

二、人行道施工

（一）基槽施工

按设计图样实地测高程桩与放线，人行道直线段，一般每10m设一个桩，曲线段适当加密，并在桩上标出面层设计标高，或在建筑物上画线表明设计标高。若人行道外侧已按标高安装路缘石，则以路缘石顶面标高为准，按设计横坡放样。

新建道路，可将土路床施工至人行道基槽标高，不必反开挖；路堑开挖接近基槽标高时，适当停留，待找平、碾压达到设计压实度后再进行检查、平整。草地软土应换填或用石灰稳定处理。开挖基槽前要对地下管网进行全面检查，并采取相应的保护措施。雨、冬期施工，必须做好相应的排水、防冻措施。

（二）基层施工

人行道基层有石灰土基层、石灰水泥稳定石屑基层、水泥稳定碎石基层、素混凝土基层等。

沥青混凝土人行道一般采用石灰水泥稳定石屑、水泥稳定碎石等半刚性基层材料，以减少反射裂缝；水泥混凝土人行道多采用石灰土、石灰水泥稳定石屑、水泥稳定碎石等基层材料；建筑材料贴面的人行道一般采用素混凝土基层。

（三）面层施工

1.沥青混凝土面层施工

①铺筑面层。检查送至工地的沥青混凝土种类、温度及拌和质量等，冬季运输沥青混凝土必须注意保温。人工摊铺时要计算用量，分段卸料，卸料要卸在钢

板上，松铺系数为1.2~1.3，摊铺时不要踩在新铺混合料上，注意轻拉慢推，搂平时注意粗细均匀，避免大料集中。

②碾压。用平碾纵向错半轴碾压，随时用3m直尺检查平整度，不平处及粗麻处要及时修整或筛补，趁热压实。碾压不到处要用热夯或热烙铁拍平，或用振动夯板夯实。

③接槎。采用立槎涂油、热料温边方法。低温施工应适当采取喷油、铺热砂措施，以保护人行道面层，防止掉渣。要求表面坚实，无松散、裂纹、掉渣、积水、粗细料集中等，接槎紧密平顺。

2.现浇水泥混凝土面层施工。

①摊铺面层。现浇水泥混凝土面层铺筑厚度应不小于10cm。水泥混凝土拌和物应摊铺均匀。布料的松铺系数取1.10~1.25。摊铺后表面应大致平整，不得有明显的凹陷。一块混凝土板应一次连续摊铺完毕。

②振捣。当混凝土摊铺长度大于10m时，可以使用平板振捣器进行振捣作业，振捣时间不宜少于30s，振捣应重叠10~20cm，振捣器行进速度应均匀一致。振捣速度宜匀速、缓慢，振捣应连续不间断地进行，其作业速度以水泥混凝土拌和物表面不露出集料，泛出水泥浆为准。

③收面。透水水泥混凝土振捣后，宜使用抹平机对水泥混凝土面层进行收面，收面时必须保持模板顶面整洁，接缝处板面平整。抹面不宜少于4次，先找平、抹平，待混凝土表面不泌水时再抹面，并依据水泥品种与气温来控制抹面间隔时间。

④切缝。根据环境温度，在水泥混凝土面层成活后，按设计要求的间距采用切缝法施工横向缩缝。缩缝应垂直于板面，宽度宜为4~6mm。设传力杆时，切缝深度不应小于面层厚度的1/3。切缝完成后，立即用高压水枪将残余砂浆冲洗干净。待缩缝干燥后，按设计要求进行填缝处理。

3.路面砖铺砌面层施工

①复测标高。按照设计图纸复核放线，用测量仪器打方格，并以对角线检验方正，然后在桩橛上标注该点所在面层的设计标高。

②水泥砖装卸。预制方块砖的规格为200mm×200mm×18，装运花砖时要注意强度和外观质量，要求颜色一致、无裂缝、不缺棱掉角。要轻装、轻卸，以免损坏。卸车前应先确定卸车地点和数量，尽量减少搬运。砖间缝隙为2mm，用经纬仪和钢尺测量放线，打方格时要把缝宽计算在内。

③拌制砂浆。采用1∶3石灰砂浆或1∶3水泥砂浆，石灰、粗砂要过筛，配合比要准确，砂浆的和易性要好。

④修整基层。挂线或用测量仪器检查基层竣工高程，对面积小于或等于2m²

的凹凸不平处，当低处高差小于等于1cm时，可填实，可填1：3石灰砂浆或1：3水泥砂浆；当低处高差大于1cm时，将基层刨除5cm，用与基层相同的混合料填平拍实，填补前应把坑槽修理平整、清理干净，表面适当湿润，高处应铲平，但若铲后厚度低于设计厚度的90%，应进行返修。

⑤铺筑砂浆。在清理干净的基层上洒一遍水使之湿润，然后铺筑砂浆，厚度为2cm，用刮板找平。铺筑砂浆应随砌砖同时进行。

⑥铺砌水泥砖。铺砖时，按控制桩高程在方格内由第一行砖纵横挂线，根据标线按标准缝宽铺筑第一行样砖，然后纵线不动，横线平移，依次依据样砖铺砌。铺步砖缝的直线要通，曲线要顺。在扇形平面上铺步砖，要用电锯切割异形步砖，以便与平面相配，也可按直线顺延铺筑，然后用与预制步砖颜色相同的水泥砂浆补齐并刻缝。砌筑时，步砖要轻拿轻放，用木槌或橡胶锤轻捶击实砌稳，如砌不平，应将步砖拿起，用砂浆调整后重新铺筑，不准在砖底塞灰或用硬料支垫，必须使步砖平铺在密实的砂浆上并稳定，无动摇、无空隙。

⑦灌缝。灌缝一般采用1：3水泥细砂干浆，首先在步砖表面均匀撒铺一层砂浆，然后用扫帚或板刷将砂浆扫入缝中，最后可用小型振动碾压机振实或浇水灌实。灌缝要反复进行几道，直到缝隙饱满为止。施工完毕后，面上的砂浆要清扫干净，用扫帚清扫，直至露出步砖本色。灌缝完毕后应及时洒水养护，在铺砌过程中，质检员应跟踪检查，发现不符合检验规范要求的部位，及时督促修整。

4.其他形式的人行道面层施工

①彩色板（砖）和触感板（砖）人行道的施工。彩色人行道方砖要采用刚性或半刚性基层及干拌水泥砂浆黏结层。基层和黏结层的材料、厚度、强度应符合设计要求。基层的施工可按照有关规程的规定执行。彩色道板（砖）在铺砌之前要浇水湿润。将彩色道板（砖）按照定位线逐块坐实于黏结层上，使其连接成整体。相邻板块贴紧，表面平整，线形顺直，铺砌后应浇水湿润、养护。艺术花样和触感板的导向、停步块材铺砌时，要按照设计图形进行施工。

②水泥混凝土连锁砌块铺装。由于连锁砌块条块狭小，因而对平整度的要求更高，块与块的连接必须紧密、齐平，不得有错落现象。铺砌不留缝，垫层用粗砂，使用专用的振平板振实，灌缝用细砂，其余操作均同铺水泥砖。完工后需要表面平整光洁、图案排列整齐、颜色一致，无麻面或者掉面、缺边现象，纵、横坡要符合设计要求。

③曲线段人行道板（砖）的施工。曲线段人行道的道面铺砌，可采用直铺法或扇形铺法进行铺砌，其中彩色人行道板（砖）应采用直铺法进行施工。铺板（砖）后所形成的楔形空缺和边、角空缺可采用同标号水泥混合料就地浇筑。彩色人行道板（砖）应按所需形状切割后拼砌，与预制道板（砖）面齐平，并进行

养护。

（四）特殊部位的施工

1.各种井的周边施工

按设计标高、纵坡、横坡，调整井圈高程；对已破坏或跳动的井盖、井圈进行更换；检查井周围，不得使用锯割的步砖嵌砌，步砖与井周之间的空缺应及时用细石混凝土填补好；建筑材料贴面可使用切割后的材料与检查井平顺相接。

2.树穴施工

按设计要求的间隔和尺寸留出树穴；树穴与路缘石等要方正衔接；树穴边缘按设计要求用水泥混凝土预制件、水泥混凝土路缘石或大理石等围砌，尺寸、高程按设计要求确定；人行横道线、公共汽车站处不设树穴。

3.无路缘石部位施工

对于人行道、广场等无路缘石的人行道边缘，应采用混凝土止挡法或步砖砂浆黏结法固定。

4.与建筑物衔接处施工

当人行道面层高于建筑物地面时，应调整人行道横坡，使二者接平，或将建筑通行范围降低，使二者接顺；当建筑物地面与人行道高差较大时，应设置踏步或挡土墙。

（五）人行道的保养与修理

1.人行道的保养

应经常保持人行道整洁，及时清除人行道上的尘土、污泥和杂物；两侧建筑物的管道排水不得浸流到人行道上；禁止机动车辆在人行道上行驶或停放；经常保持块料铺装人行道块体的稳定，发现松动及时补充嵌缝材料，并填充稳固；若垫层不平引起人行道砌块松动，应将砌块挖出，整修垫层后重新铺筑；应保养好整体铺装人行道的伸缩缝和施工缝及人行道同检查井口的接缝，发现损坏应及时修补；侧石及平石的接缝要定期清缝及勾缝；对损坏及歪斜的侧石及平石，应及时调整或更换；因树根挤坏人行道及侧石而影响行人通行及排水时，应同有关部门联系解决。

2.人行道的修理

应针对破损原因（如排水不良、路面树根部的发育、集中堆放重型物资或机动车辆驶入等）采取相应措施进行人行道的修理。修理时应符合下列规定。

处理部分要比损坏边缘扩大10cm以上，开挖前应清理尘土、杂物；要按照修理时画出的轮廓开挖，边缘应垂直、整齐；如果修理砌块面层，则应在砌块接缝线前10cm进行画线、开挖；人行道路面损坏需要修整并更换侧石和平石时，必须在更换侧石和平石后再修整路面；修理结构组合人行道应按原人行道结构恢复，回填土及基层压实度应符合规范要求；修理部分要使四周边缘结合密实、平整，检查井的周围要细致地修复，黑色混合料铺筑的人行道结构，槽壁要涂黏结剂、浇沥青，水泥混凝土人行道按原规格、原花纹恢复；新建人行道根据道路宽度、侧石设置、转弯半径等采用不同形式，并要考虑便于行人行走。

第三节 其他附属工程施工技术

一、交通安全设施施工技术

交通安全设施工程是现代交通运输中不可缺少的安全保障设施。交通安全设施工程主要包括护栏工程、标志工程、标线工程、中间带工程等。

（一）护栏工程施工

1.护栏的种类

（1）按护栏构造形式划分

根据造型不同，护栏可以分为半刚性护栏、刚性护栏和柔性护栏。

①半刚性护栏。半刚性护栏是一种连续的梁柱结构。它是通过车辆与护栏间的摩擦，车辆与地面间的摩擦，以及车辆、土基和护栏本身产生一定量的弹塑性变形（以护栏系统的变形为主）来吸收碰撞能量，延长碰撞过程的作用时间来降低车辆速度，并迫使失控车辆改变行驶方向，恢复正常的行驶方向，从而确保乘员安全，减少车辆损坏。半刚性护栏主要设置在需要着重保护乘员安全的路段。

②刚性护栏。刚性护栏是一种基本不变形的护栏结构。刚性护栏通过车轮转动角的改变，车体变位、变形和车辆与护栏、车辆与地面的摩擦来吸收碰撞能量。在碰撞过程中，车辆变形程度取决于自身的刚度、碰撞能量和碰撞作用时间。当车辆的碰撞角度较大时，往往造成比较严重的后果。刚性护栏主要设置在需严格阻止车辆越出路外，以免引起二次事故的路段。

③柔性护栏。柔性护栏是一种具有较强缓冲能力的韧性护栏结构。缆索护栏是柔性护栏的主要代表形式，它是以数根具有初张力的缆索固定于立柱上所形成的结构，完全依靠缆索的拉应力来抵抗车辆碰撞的冲击力，吸收能量。

（2）按护栏设置的位置划分

根据设置位置的不同，护栏可以分为路侧护栏、中央分隔带护栏、桥梁护栏、过渡段护栏、端部护栏及防撞垫等。

①路侧护栏。路侧护栏主要用于防止失控车辆越出路外或碰撞路侧构造物和

其他设施。决定路侧护栏设置的关键因素是路堤高度和边坡坡度。路侧护栏防撞等级的选取则需综合考虑以下因素：车辆驶出路外可能造成的交通事故等级、路侧安全等级、路堤高度、道路线形、交通量及车辆构成。

②中央分隔带护栏。中央分隔带护栏是指设置于道路中间带内的护栏，作用是防止失控车辆穿越分隔带闯入对向车道，并保护分隔带内的构造物和其他设施。当整体式断面中间带宽度小于12m时，必须设置中央分隔带护栏；当整体式断面中间带宽度大于12m时，应分路段确定是否设置中央分隔带护栏。作为干线道路的一级、二级公路桥梁必须设置路侧护栏，作为干线道路的一级公路桥梁必须设置中央分隔带护栏；作为集散道路的一级、二级公路桥梁应设置路侧护栏，作为集散道路的一级公路桥梁宜设置中央分隔带护栏。

③桥梁护栏。为了避免机动车辆碰撞行人和严重机动车辆碰撞事故的发生，对于高速公路、一级公路上的特大桥、大桥、中桥，必须根据其防撞等级在人行道与行车道间设置桥梁护栏。一般道路的特大桥、大桥、中桥在条件许可的情况下也应设置桥梁护栏。在有人行道的桥梁上，应按实际需要在人行道和行车道分界处设置汽车、行人分隔护栏。选择桥梁护栏的形式，先要根据防撞等级要求，避免在相应设计条件下失控车辆跃出。同时，还应综合考虑道路等级、桥梁护栏外侧危险物的特征、美观性、经济性及养护维修便利性等因素。例如，在有美观性要求的情况下或积雪严重的地区，宜采用梁柱式护栏组合结构。钢桥为了减轻恒载，宜采用金属制成的护栏。组合式护栏兼有钢筋混凝土墙式护栏的坚固和金属制梁柱式护栏的美观，在我国高速公路的桥梁上普遍被采用。它的优点是：当汽车车轮与之相撞且碰撞角小于10°时，能校正汽车运行轨迹，不会出现较大的损伤。

④其他护栏。除以上三种护栏之外，还有过渡段护栏、端部护栏及防撞垫等。过渡段护栏是指在不同护栏断面结构形式之间平滑连接并进行刚度过渡的结构段。端部护栏是指在护栏开始端或结束端所设置的专门结构。防撞垫是通过吸能系统使正面、侧面碰撞的车辆平稳地停住或改变行驶方向的设施，一般设置在互通立交出口三角区、未保护的桥墩、结构支撑柱和护栏端头等处。

2.安全护栏的功能

道路上的安全护栏，需要进行正确的设计才有可能实现以下功能。

（1）绊阻车辆，防止车辆越出路外，保护路外建筑物的安全，确保行人不致受到重大伤害，确保相交道路、铁路的安全，阻止失控车辆穿越中央分隔带闯入对向车道。

（2）能使车辆恢复正常行驶方向。车辆碰撞护栏的运动轨迹应能圆滑过渡，以较小的驶离角和较小的回弹量停留在不影响车辆正常行驶的地方，不致发生二次事故。

（3）一旦失控车辆与护栏发生碰撞，为了使驾驶人和乘客的损伤降到最小，要求护栏具有良好的吸收碰撞能量的功能。

（4）能诱导驾驶人的视线。安全护栏应使驾驶人清晰地看到道路的轮廓及前方道路的线形，增加行车的安全性；使道路更加美观。

3.护栏的施工工艺

（1）立柱位置放样

立柱位置放样应以道路固定设施（如桥梁、通道、涵洞、隧道、中央分隔带开口、紧急电话开门、路线交叉等）为主要控制点（即控制立柱的位置）。应在两控制点之间量距，如出现零头数，可通过调整段适当调整。立柱间距可能有不大于25cm的零头数，可通过分配法将其调整至多根立柱的间距。为准确放样和保证护栏的线形，在条件允许时可使用全站仪、经纬仪、水准仪等测量仪器。放样后，应确认立柱施工不会对地下设施造成损坏，否则应调整立柱的位置。

（2）立柱安装

立柱安装应与设计文件相符，并与道路线形相协调。位于土基中的立柱，可采用打入法、挖埋法或钻孔法施工。立柱标高应符合设计要求，不得损坏立柱端部。采用打入法打入过深时，不得将立柱部分拔出加以矫正，必须将其全部拔出，将基础压实后再重新打入。采用挖埋法施工时，回填土应采用良好的材料并分层夯实，回填土的压实度不应小于设计规定值。填石路基中的柱坑，应用粒料回填并夯实。采用钻孔法施工时，立柱定位后应用与路基相同的材料回填，并分层夯填密实。

在铺有路面的路段设置立柱时，柱坑从路基至面层以下5cm处应采用与路基相同的材料回填并分层夯实，余下部分应采用与路面相同的材料回填并压实；位于石方区的立柱，应根据设计要求设置混凝土基础；位于小桥、通道、明涵等混凝土基础中的立柱，可设置在预埋的套筒内，通过灌注砂浆或混凝土固定，或通过地脚螺栓与桥梁护轮带基础相连。

立柱安装就位后，其水平方向和竖直方向应形成平顺的线形。护栏渐变段及端部的立柱，应按设计规定进行安装。

（3）波形梁安装

波形梁通过拼接螺栓相互拼接，并由连接螺栓固定于立柱或横梁上。波形梁的搭接方向是安装的关键，搭接方向应与行车方向一致。如果搭接方向与行车方向相反，即使是轻微的擦碰，也会造成较大的损失。波形梁在安装过程中要不断进行调整，不应过早拧紧其连接螺栓和拼接螺栓，否则将无法发挥板上长圆孔的调节作用。

（4）防阻块及端头的安装

防阻块能防止立柱阻绊车轮，避免护栏局部受力、减小碰撞时车辆的冲击。托架适用于路肩较窄或护栏设置防阻块受限的情况。在安装时，应保证准确就位。在调整好立柱后，即可安装防阻块，最后安装波形梁板并进行统一调整。防撞等级为 SA、SAm 和 SS 的波形梁护栏在安装防阻块时，应根据设计文件要求，同时安装上层立柱。

设有横隔梁的护栏，把梁与横隔梁连为一体形成组合型护栏。横隔梁应平行于路面（即垂直于立柱）安装。在安装波形梁板之前不应拧紧横隔梁与立柱的连接螺栓，否则不易进行总体调节。

中央分隔带护栏的端头梁与两侧梁相连，端头附近的立柱应按设计文件的要求进行加强处理。路侧护栏的端部结构由端柱、端头梁、混凝土基础等组成。在端部基础混凝土强度达到设计强度的 70% 后，方可安装端部结构。如因土基压实度不足等原因需要对端部结构进行进一步加强，经论证，可根据设计文件的要求在端头梁附近设置钢丝绳锚固件。

4.施工质量要求

护栏立柱的埋深、基础规格、土基压实度、端部和过渡段处理应符合规范和设计文件的规定；立柱位置、立柱中距、垂直度、横梁中心高度（从路面到波形梁横梁中心点的垂直距离）应符合设计要求；所有构件不应因运输、施工造成防腐层的损伤；直线段护栏不得有明显的凹凸、起伏现象；曲线段护栏应圆滑顺畅，与线形协调一致；中央分隔带开口端头护栏的线形应与设计文件相符；波形梁板搭接应方向正确、搭接平顺、垫圈齐备、螺栓紧固；防阻块、托架、横隔梁、端头的安装应与设计文件相符，安装到位，不得有明显变形、扭转、倾斜；波形梁板和立柱不得现场焊割和钻孔；立柱及柱帽安装牢固，其顶部应无明显塌边、变形、开裂等缺陷。

5.施工验收

护栏立柱的埋深、基础规格、土基压实度、端部和过渡段处理应符合设计规范和设计文件的规定；立柱的位置、中距、垂直度和横梁中心高度均应符合设计要求，这是护栏发挥功能的基本保证。

（二）交通标志、标线施工

1.交通标志

交通标志是用图形符号、颜色和文字向交通参与者传递特定信息，用于交通运行管理的设施。交通标志一般设在路旁或悬挂在道路上方，使交通参与者获得确切的道路交通信息，从而达到保障运行安全和高效的目的。交通标志应使交通参与者在很短的时间内就能看到、认识并完全明白它的含义，从而采取正确的措施。因此，交通标志必须具有较高的显示性、良好的易读性和广泛的公认性。

（1）交通标志三要素

不同的颜色具有不同的光学特性，会引起不同的心理感受和不同的联想。研究表明，交通标志的视认性、显示性与标志形状有重要关系，面积相同时不同形状的标志按易识别程度从大到小排序，依次为：三角形、菱形、正方形、正五边形、圆形等。交通标志的具体含义应简单明了，易为公众所理解，力求易认直观。

（2）交通标志的分类

①按功能分。a.主标志，包含警告车辆、行人注意危险地点的标志；禁止或限制车辆、行人交通行为的标志；指示标志，即指示车辆、行人行进的标志；指路标志，即传递道路方向、地点、距离信息的标志；旅游区标志，即提供旅游景点方向、距离的标志；道路施工安全标志，即通告道路施工区通行的标志。b.辅助标志，即附设在主标志下，起辅助说明作用的标志。

②按支撑方式分。a.柱式标志，以立柱支撑立在路侧、交通岛或中央分隔带等处。b.单柱式标志，安装在一根立柱上；双柱式标志，安装在两根立柱上。c.悬臂式标志，安装在悬臂支架结构上方。d.门架式标志，安装在门式支架结构上方。e.附着式标志，安装在上跨桥和附近构造物上。

③按反光方式分。a.不反光标志，即无定向反射功能的一般油漆标志、搪瓷标志等。b.反光标志，即标志面采用反光材料制作的标志。c.照明标志，即利用照明设备使标志面发亮的标志。d.内部照明标志，即标志板内装照明装置的标志，一般采用半透明材料制作标志面板，有单面显示和两面显示两种。e.外部照明标志，即采用外部光源照明标志板面的标志。f.自发光标志，即白天吸收太阳光，晚上发亮的标志。

2.交通标线

交通标线是标画于路面上的各种线条、箭头、文字、立面标记、突起路标和路边轮廓标等交通安全设施。它的作用是确保车流分道行驶，导流交通行驶方向，加强车辆行驶纪律和秩序，增强道路通行能力，有助于组织交通，引导用路者视线，是管制用路者驾驶行为的重要手段，可以有效地指引车辆在汇合或分流前进入合适的车道。

交通标线按设置方式可分为以下三类：纵向标线，即沿道路行车方向设置的标线；横向标线，即与道路行车方向成一定角度设置的标线；其他标线，即字符标记或其他形式的标线。

交通标线按功能可分为以下三类：指示标线，即指示车行道、行车方向、路面边缘、人行道等设施的标线；禁止标线，即告示道路交通的遵行、禁止、限制等特殊规定，车辆驾驶人及行人需严格遵守的标线；警告标线，即促使车辆驾驶员及行人了解道路上的特殊情况，提高警觉，准备防范应变措施的标线。

交通标线按形式可分为以下四类：线条，即标画于路面、路缘石或立面上的实线或虚线；字符标记，即标画于路面上的文字、数字及各种图形符号；突起路标，即安装于路面上用于标示车道分界、边缘、分合流、弯道、危险路段、路宽变化、路面障碍物的反光或不反光体；路边线轮廓标，即安装于道路两侧，用以指示道路的方向、车行道边界轮廓的反光柱（或片）。

3.交通标志、标线的施工

（1）交通标志的施工

交通标志在厂内加工，现场安装。标志板材料采用挤压成型异形铝材制作，标志板与滑动槽钢采用铝合金铆钉连接，板面上的铆钉头应打磨平整。标志板边缘应用角钢做加固处理。立柱、抱箍、底衬、柱帽等均应进行热镀锌处理。所有金属构件除特殊说明外均采用 Q235 钢制作。为防止雨水渗入，立柱顶部应加柱帽。标志板与横梁采用抱箍连接。

标志板的反光膜均采用超强级反光膜，安装采用汽车吊配合人工进行。标志板施工需要注意：施工的全过程应顺序作业，标识外观顺直、流线、平滑、垂直；标识朝向、角度与设计一致；标识的防锈层不得破坏；电缆线接头牢固可靠，防水绝缘，不易暴露；标识平面位置准确；吊装时注意交通行人、行车的安全；标识在吊装时，一定要系溜绳，控制起重物的姿态，保持稳定；吊装时要设置警示标志。

在施工过程中，所有标志基础应严格按照设计图纸所示位置施工，若遇树木、路灯等地上或地下构筑物与设计标志基础相矛盾，经与现场监理协商可依据现场实际情况将标志基础沿道路中心线纵向平移0~2m；所有标志基础长边均应平行于相应道路中心线，标志板面长边垂直于相应道路中心线；施工中需与使用方加强联系，紧密配合，必要时应通知使用方人员到场。

（2）交通标线的施工

①路面标线施工。路面应清洁干燥，不得存在松散颗粒、灰尘、沥青渣、油污或其他有碍施工的材料。车行道边缘线的宽度应为15~20cm，车行道分界线的宽度应为10~15cm，路面中心线的宽度应为10~15cm。位于中央分隔带或路侧安全净区内未加护栏防护的桥墩、隧道洞口、交通标志立柱等构造物应设置立面标记，颜色为黄黑相间，线宽及间距均为15cm。立面标记应向车行道方向以45°角倾斜。立面标记宜设置成120cm高。在二级及二级以下等级的公路上设置减速丘设施时，应在距其两侧各30m的范围内设置减速丘预告标线。正式施画前应进行试画，以检验划线车的行驶速度、线宽、标线厚度、玻璃珠撒布量等能否满足要

求。调试合格后才能开始正式施工。施工时，应按设计文件要求留出排水孔，位于禁止超车线处的突起路标应空出安装位置。新铺沥青混凝土路面的交通标线施工，可在路面施工完成一周后开始；新铺水泥混凝土路面的交通标线施工，应在混凝土养护膜老化起皮并清除后开始。对施工中存在的缺陷，应及时修整。成型标线带和防滑彩色路面标线的施工应符合产品使用说明书的规定。

②突起路标施工。隧道的车行道分界线上宜设置突起路标；突起路标可单独设置成车行道边缘线和车行道分界线。根据设计文件的要求确定突起路标的设置位置，反射体应面向行车方向。路面和突起路标底部应清洁、干燥并涂黏结剂。突起路标就位后，应在其顶部施加压力，排除空气，调整就位。

（3）交通标志、标线施工质量控制要点。

①交通标志施工质量控制要点。标志板安装后应平整，夜间在车灯照射下，标志板底色和字符应清晰明亮，颜色均匀，不应出现明暗不均的现象，不能影响标志的认读。在粘贴底膜时，横向不宜有拼接。竖向拼接时，上膜须压下膜，压接宽度不应小于5mm。

②交通标线施工质量控制要点。标线线形应流畅，与道路线形相协调，曲线圆滑，不允许出现折线。

（三）中间带施工

1.中间带概述

（1）中间带的作用

高速公路、一级公路，以及城市道路中的双幅路和四幅路均应设置中间带。中间带由两条左侧路缘带和中央分隔带组成，其作用如下。

①将上、下行机动车流分开，既可防止因车辆驶入对向行车道造成车祸，又能减少道路中心线附近的交通阻力，提高通行能力。

②作为设置交通标志牌及其他交通管理设施的场地。

③种植花草灌木进行绿化或设置防眩网，可防止对向车辆眩光，还可起到美化环境的作用。

④设于分隔带两侧的路缘带，由于有一定宽度且颜色醒目，既可引导驾驶员视线，又增加了行车所必需的侧向余宽，从而可以提高行车的安全性和舒适性。

（2）中间带的组成

中间带由中央分隔带和路缘带组成。中央分隔带以路缘石线等设施分界，在构造上起到分隔往返交通的作用。在分隔带的两侧设置路缘带，既能引导驾驶员的视线，保障行车安全，又能提供行车所必需的余宽，提高车行道的使用效率。

（3）中间带的宽度

中间带宽度有一般值和最小值。正常情况下采用一般值，当遇特殊情况时可采用最小值。中间带的宽度一般情况下应保持等宽，并不得频繁变更宽度。当中间带宽度因受地形条件或其他特殊情况限制而需要减窄或增宽时，应设置过渡段。过渡段以设在回旋线范围内为宜，其长度与回旋线长度相等。宽度大于规定或大于4.5m的中间带的过渡段，以设置在半径较大的平曲线路段为宜。在整体式断面分离为分离式断面后和分离式断面汇合为整体式断面前的一段距离内，当分离式断面两相邻路基边缘之间的距离小于中间带宽度时，应设置不同宽度的中间带。

（4）中间带开口

为了便于养护作业和某些车辆在必要时驶向对向车道，中间带应按一定距离设置开口。

道路上的开口一般情况下按照2km以上的间距设置，太密将会造成交通混乱。城市道路开口（断口）最小间距大于400m，通常要考虑横向交通（车辆和行人）的需要。中间带的开口应设置在通视条件良好的路段，若在曲线段上开口，其曲线半径宜大于700m。在互通式立体交叉、隧道、特大桥、服务区等设施的前后必须设置开口。

开口端部的形状，常用的有两种：半圆形和弹头形。对于窄的分隔带（宽度小于3.0m）可用半圆形，宽的（宽度不小于3.0m）可用弹头形。

2.中间带的施工

（1）埋设横向塑料排水管

路基施工完成后即可开始埋设横向塑料排水管；沟槽开挖的位置、深度、宽度应符合设计要求，沟槽线形应保持直线并与道路中心线垂直，沟槽底部坡度与路面横坡一致；可采用开沟机或人工开挖；铺设垫层时采用粒径小的石料铺设，厚度保持均匀，并具有与路面相同的横坡；埋设塑料排水管时一端插入中央分隔带纵向盲沟范围内，另一端伸出路基边坡，进出口用土工布包裹，防止被碎石堵塞；塑料排水管采用套接时，管口要对齐并靠紧，用短套管套紧两根管并在套管两端用不透水材料扎紧。

（2）中央分隔带开挖

路面基层施工完成后即可进行中央分隔带开挖；先挖集水槽，再挖纵向盲沟；一般采用人工开挖；挖出的土不得堆在施工完成的基层上，防止污染基层；沟槽的深度、宽度及沟底纵坡应符合设计要求；沟底必须平整密实，不得有杂物。

（3）防水层施工

喷涂双层防渗沥青时，要求喷涂厚度均匀，无漏喷，喷涂范围为中央分隔带范围内的路基和路面结构层；采用PVC防水板时，防水板的两端应拉紧、无褶皱，防水板纵横向搭接，并用铁钉固定。

（4）纵向碎石盲沟施工

碎石盲沟要填充密实、表面平整，并在顶面设置反滤层。反滤层可以采用砂石材料或土工合成材料，目前，高等级公路中多采用土工布。土工布的铺设应平整、无褶皱、无重叠并且要避免因过量拉伸而发生破坏。施工现场若发现土工布破损，应进行修补，并且必须在达到原性能时方可使用。土工布采用平行搭接，搭接长度不小于30cm。

（5）路缘石安装

路缘石安装应在路面面层铺设前完成，可以现场浇筑或预制安装；采用预制安装时应铺设在厚度不小于2cm的砂垫层上，砌筑用砂浆的水泥与砂的体积比应为1∶2；路缘石的安装要稳固、线条直顺、曲线圆滑、顶面平整、缝宽均匀、勾缝密实；基底和后背填料必须夯打密实。

（四）安全隔离设施施工

1. 材料表面处理检验。隔离设施的所有金属件原则上都应进行表面处理，一般应采用热浸镀锌处理。其他表面处理方法，如油漆、涂塑等，对其耐久性、经济性、美观性及施工条件进行全面分析并经认可后，也可采用。

2. 检查柱孔深度、基底清理情况、坑底混凝土质量。放入立柱后检查其垂直度。立柱的埋设应分段进行。先埋两端，然后拉线埋设中间立柱。注意立柱纵向线形、柱顶的平整度。

3. 有框架的隔离网宜在工厂集中制作。检查其外框架焊接，钢板网的切割及放入，钢板网的拉紧，与外框的焊接，以及除锈、去油污等工序的质量。

4. 立柱安装要满足牢固和垂直度的要求，基础不得松动，立柱纵向应在一条线上，不得出现参差不齐的现象。柱顶应平顺，不得出现高低不平的情况。立柱基础强度达到设计强度的70%后方可安装隔离栅网片。

5. 编织网隔离栅最好纵向连续铺设，边铺边拉紧，并尽可能在立柱挂钩上扣牢。编织网要求卷网自如，弯勾时保证不变形。隔离栅安装完毕后，纵向高程不应有很大的起伏变化，网面要平整，在任何方向均不得有明显的倾斜。各类隔离栅网片安装完毕后，立柱基础均应进行压实处理。

6. 刺钢丝安装时要求从端头立柱开始。刺钢丝之间要求平行、平直；绷紧后用钢丝与立柱上的铁钩绑扎固定，横向与斜向刺钢丝相交处用钢丝绑扎。

7. 钢板网安装要求网面平整，无明显凹凸现象，框架与立柱应连接牢固，整体连接平顺。

二、路肩施工

(一) 路肩的作用及宽度

各级道路都要设置路肩。路肩的作用主要有以下几个方面：由于路肩紧靠路面的两侧设置，具有保护及支撑路面结构的作用；供发生故障的车辆临时停放之用，有利于防止交通事故和避免交通混乱；作为道路侧向余宽的一部分，能提高驾驶的安全性和舒适性，对保证设计车速是必要的，尤其是在挖方路段，还可以增加弯道视距，减少行车事故；提供道路养护作业、埋设地下管线的场地，对未设人行道的道路，可供行人及非机动车等使用；精心养护的路肩，能增加道路整体的美观性。

路肩根据上述功能，从构造上又可分为硬路肩、土路肩。硬路肩是指进行了铺装的路肩，它可以承受汽车荷载的作用力，在混合交通的道路上便于非机动车、行人通行。在填方路段，为使路肩能汇集路面积水，在路肩边缘应设置路缘石。土路肩是指不加铺装的土质路肩，它起保护硬路肩、路面和路基的作用，并提供侧向余宽。高速公路、一级公路应采用分离式断面。宽度大于4.5m的中间带，行车道左侧也应设硬路肩。平原微丘区的高速公路、一级公路，有条件时硬路肩宽度宜大于2.5m。

城市道路采取边沟排水时，与道路一样，应在路面外侧设置路肩，同样分硬路肩和保护性路肩。城市道路的设计行车速度大于或等于40km/h时，应设置硬路肩。保护性路肩一般为土质路肩或简易铺装路肩，其作用是为城市道路的某些交通设施，如护栏、栏杆、电线杆、交通标志牌等的设置提供场地，最小宽度为0.5m。双幅路或四幅路中间具有排水沟的断面，还应设置左侧路肩。各级公路和城市道路的路肩宽度根据条件可设置为0.75~4m，最窄不得小于0.5m。

(二) 路肩施工

路肩石可以在铺筑路面基层后，沿路面边线刨槽、打基础安装；也可以在修建路面基层时，在基础部位加宽路面基层作为基础；还可以利用路面基层施工中基层两侧宽出的多余部分作为基础，厚度及标高应符合设计要求。

路面中心线校正后，在路面边缘与路缘石交界处放出路肩石线，直线部位每10m设一个桩；曲线部位每5~10m设一个桩；路口及分隔带等圆弧部位每1~5m设一个桩。也可以用皮尺画圆并在桩上标明路肩石顶面高程。

刨槽施工时，按要求的宽度向外刨槽，一般为30cm，靠近路面一侧比线位宽出少许，一般不大于5cm，太宽不便回填夯实，引发路边塌陷。为保证基础厚度，刨槽深度可比设计深度多1~2cm，槽底应修理平整。若在路面基层加宽处安装路肩石，则将基层平整即可，可免去刨槽工序。

三、雨水口施工

（一）雨水口施工工艺

雨水口主要施工步骤如下：根据设计图样，放出雨水口井位，打定位桩，并标定高程；按照定位线开挖基槽，井周每侧留出30cm的余量，控制设计标高，清理槽底，进行夯实；浇筑底板，底板按设计图纸施工，养护达到规定强度时再砌筑井体；砌筑井体前要按墙身位置挂线，先在底板上铺上一层砂浆后，再开始砌筑墙身，要保证墙身垂直，井底应采用水泥砂浆抹出雨水口泛水坡。

墙身砌筑到一定高度时，将内墙用砂浆抹面，随砌随抹，抹面要光滑平整、不起鼓、不开裂；井外用水泥砂浆搓缝，使外墙严密；墙身每砌起30cm应及时回填外槽，一般采用碎砖灌水泥砂浆回填，也可用C10水泥混凝土回填，回填必须密实，防止井周路面产生局部沉陷。

砌至支管顶时，应使井内管头与井壁口齐平，将管口与井壁用水泥砂浆勾抹严密，雨水管端面应露出井壁，其露出长度不应大于2cm。雨水管穿井墙处，管顶应砌砖券；墙身砌至设计标高时，用水泥砂浆坐底，然后安装井框、井箅，安装必须平稳、牢固；立式雨水口在墙身设计标高时，安装立式井箅，并将井身上口加盖盖板；雨水口井身砌筑完毕后，应及时将井内碎砖、砂浆等杂物清理干净，井口临时覆盖。

（二）施工注意事项

施工位置应符合设计要求，不得歪扭；井箅与井墙应吻合；井箅与道路边线相邻边的距离应相等；内壁抹面必须平整，不得起壳、裂缝；井箅必须完整无损、安装平稳；井内严禁有垃圾等杂物，井周回填土必须夯填密实；雨水口与检查井的连接应顺直、无错口；坡度应符合设计规定。

四、检查井施工

（一）检查井的构造

检查井主要有圆形、矩形和扇形三种类型，从构造上看三种类型的检查井基本相似，主要由井基、井身、井盖、盖座、爬梯等几部分组成。

1.井基

井基包括基础和流槽。按照土壤及水文地质条件，采用灰土、碎砖、碎石或卵石作垫层，上铺混凝土或砌砖基础。基础上部按上下游管道管径大小砌成流槽。

2.井身

检查井井身的材料应采用砖、石、混凝土或钢筋混凝土。我国目前多采用砖砌，以水泥砂浆抹面。井身在构造上分为工作室、渐缩部分和井筒三部分。工作室的平面形状有圆形、矩形和扇形。

3.井盖、盖座

井盖盖在井筒上面，井盖置于盖座上，井盖和路面、人行道应安装平整，防止行人、车辆掉入井内和其他物品落入井内。井盖一般用铸铁制作，也有用混凝土制作的。

4.爬梯

爬梯供工作人员上下井用，用铸铁制作，也有用砖砌的脚窝，交错地安装在井壁上。

（二）检查井的施工要点

施工前先熟悉图样，确定检查井的尺寸、样式；砌筑检查井，应在管道安装后立即进行；砌井前检查基础尺寸和高程；基础清理干净后，先铺一层砂浆，再进行墙体砌筑，砌砖时每砌完一层，要灌一次砂浆，使缝隙内砂浆饱满，上下两层砖间竖向要错缝，所用砂浆与砖的强度要求由设计确定；井壁与混凝土管相接部分，必须用砂浆坐满，在混凝土管上砌砖，以防漏水，管外壁接头处要提前洗刷干净；井身上部收口按设计标准图集所要求的坡度砌筑，砌井也应边砌边完成井内砂浆抹面。

支管或预埋管按设计要求的标高、位置、坡度安装好，做法同主管；护底、流槽、爬梯应与井壁同时砌筑；一般污水检查井要求内外抹面，雨水检查井只要求内部抹面，外壁要用砂浆搓缝。应边砌边进行内部抹面。

检查井完成后要将井内杂物清理干净，如还不能立即安装盖座、井盖，应设防护或警示标志，防止杂物落入和发生安全事故。

五、雨水支管施工

（一）挖槽

测量人员按设计图纸所示的雨水支管位置、管底高度定出中心线橛并标记高程。

根据开槽宽度，撒开槽灰线，槽底宽一般为管径外皮之外每边各加宽3.0cm；根据道路结构厚度和支管覆土要求，确定在路槽或一步灰土完成后反开槽，开槽原则是能在路槽开槽就不在一步灰土上反开槽，以免影响结构层整体强度；挖至槽底基础表面设计高程后挂中心线，检查宽度和高程是否平顺，修理合格后再按基础宽度与深度要求，立槎挖土直至槽底，做成基础土模，清底至合格高程即可打混凝土基础。

（二）四合一法施工

四合一法施工即基础、铺管、八字混凝土、抹箍同时施工。

1.基础

浇筑强度为C10的水泥混凝土基础，将混凝土表面做成弧形并进行捣固，混凝土表面要高出弧形槽1~2cm，靠管口部位应铺适量1：2（体积比）的水泥砂浆，以便稳管时挤浆，使管口之间黏结严密，防止接口漏水。

2.铺管

在管子外皮一侧挂边线，以控制下管高程、顺直度与坡度，要洗刷管子并保持湿润。

将管子稳在混凝土基础表面，轻轻揉动至设计高程，注意保持对口和中心位置的准确。

雨水支管必须顺直，不得错口，管子间留缝宽度不得超过1cm。灰浆挤入管内用弧形刷刮除，如出现基础铺灰过低或揉管时下沉过多，应将管子一头撬起或起出管子，铺垫混凝土及砂浆，且重新揉至设计高程。

支管接入检查井一端，如果预埋支管位置不准确，按正确位置、高程在检查井上凿好孔洞，拆除预埋管，堵密应合格、无空洞。支管接入检查井后，支管口应与检查井内壁齐平，不得有探头和缩口现象，用砂浆堵严管周缝隙，并用砂浆将管口与检查井内壁抹严、抹平、压光，检查井外壁与管子周围的衔接处，如果存在缝隙应用水泥砂浆抹严。

靠近收水井一端在尚未安装收水井时，应用干砖暂时将管口堵塞，以免灌进泥土。

3.八字混凝土

当管子稳定并完成捣固工作之后，按照要求的角度抹出八字形。

4.抹箍

管座八字混凝土灌好后，立即用1：2水泥砂浆抹箍。

抹箍的材料规格：水泥用强度等级在32.5级以上的水泥，砂用中砂，含泥量不大于5%。接口工序是保证质量的关键，不能有丝毫马虎。抹箍前先将管口洗刷干净，保持湿润，砂浆应随拌随用。

抹箍时先用砂浆填管缝、压实至略低于管外皮，如砂浆挤入管内，用弧形刷随时刷净，然后刷水泥素浆一层，宽8~10cm，再抹管箍、压实，并用管箍弧形抹子赶光、压实；为确保管箍和管基座八字连接为一体，在接口管座八字顶部预留小坑。抹完八字混凝土立即抹箍，管箍灰浆要挤入坑内，使砂浆与管壁黏结牢固；

管箍抹完初凝后，要盖草袋、洒水养护，注意勿损坏管箍。

（三）包管加固

凡支管上覆土厚度不足40cm，需上大碾碾压者，应做360°包管加固。在前一天浇筑基础下管，用砂浆填管缝并压实至略低于管外皮，做好平管箍后，于次日按设计要求做水泥混凝土包管，水泥混凝土必须插捣振实，注意养护期内的养护，完工后支管内要清理干净。

（四）支管沟槽回填

回填应在管座混凝土强度达到设计强度的50%以上后进行；应在管子两侧用8%灰土同时进行雨水支管回填，管顶40cm范围内用人工夯实，夯实度要与道路结构层相同。

（五）升降检查井

城市道路上有雨水检查井、污水检查井等各种检查井，在道路施工中，为了保护原有检查井井身强度，一般不准采用砍掉井筒的施工方法。

开槽前在井位插上明显标记（用竹竿等物），堆土时要离开检查井0.6~1.0m，不准推土机正对井筒直推，以免将井筒挤坏。井周土方采取人工挖除，井周填石灰土基层时，要采用火力夯分层夯实。

凡升降检查井取下井圈后，应按要求的高程升降井筒，如升降量较大，要考虑重新收口，使检查井结构符合设计要求。

按设计高程挂线：在顺路方向井两侧各2m，垂直于路线方向井每侧各1m，挂十字线稳定井圈、井盖。

检查井升降完毕后，立即将井内用砂浆抹面，在井内与管头相接部位用1:2.5砂浆抹平、压光，最后把井内泥土、杂物清除干净。

井周除按原路面设计分层夯实外，在基层部位距检查井外墙皮30cm之间，浇筑一圈厚20~22cm的C30混凝土加固。顶面在路面之下以便铺筑沥青混凝土面层。在井圈外仍用基层材料回填，注意夯实。

第五章　桥梁上部结构施工技术研究

第一节　混凝土简支梁施工技术

简支梁桥属于静定结构，它受力明确、构造简单、施工方便，是中小跨度桥梁中应用最广泛的桥型之一。简支梁桥的结构尺寸设计系列化、标准化，有利于在工厂内或工地上广泛采用工业化制造，组织大规模预制生产，并利用起重设备或架桥机进行架设。

采用预制装配式的施工方法，可以节约模板及支架材料、降低劳动强度、提高质量、缩短工期，显著加快建桥速度。因此，国内外中小跨径的桥梁，绝大部分采用装配式的简支混凝土梁桥、钢梁桥或结合梁桥。

一、简支梁桥的分类

从梁的截面形式来区分，混凝土简支梁桥可以分为三种类型：板桥、肋板式桥和箱梁桥。其中，肋板式桥的横截面形式又主要有Ⅱ形和 T 形两种。

（一）板桥

板桥的承重结构就是矩形截面的钢筋混凝土或预应力混凝土板，其主要特点是构造简单、施工方便、建筑高度较小。板桥通常有三种结构形式，即整体式板桥、装配式板桥、组合式板桥。这三种结构形式的板式梁因结构上的差异而导致使用中受力与变形方面的不同，从而导致承载力的不同，因而适用的场合和跨径也不同。

1.整体式板桥

整体式板桥是小跨径桥梁中常用的形式，因具有结构整体性强、刚度大、成桥后桥面状况好等优势而得到广泛应用。但整体式板桥的施工存在如下不便之处：需要现场浇筑，机械化程度低，施工速度慢，支架和模板使用量大，在架空太高或深水环境中难以施工等。

整体式板桥梁的截面形式主要有实心式、空心式、矮肋式。整体式板桥的梁通常在桥位处现场浇筑；当具有充分的吊装条件时，也可以先在桥下预制整体式板桥梁，然后吊装就位。整体式板桥在车辆荷载等的作用下，其变形和内力分布均表现为空间板结构的空间受力状态。受力时，其不但绕受力方向产生双向弯矩，而且由于弯曲曲率逐点不同，还将导致产生围绕法线的扭矩。因此，整体式板桥的承载力优于装配式板桥。

2.装配式板桥

装配式板桥一般由数块一定宽度的实心或空心预制板组成。各板利用在板间企口缝填充混凝土相连接。在荷载作用下，每块板相当于单向受力的梁式窄板，除在主跨径方向承受弯曲外，还承受通过板间接缝（铰缝）传递剪力而引起的扭转。因此，每块预制板除承受板内荷载外，还承受相邻板作用而引起的竖向剪力和其他内力作用。由于其他内力与竖向剪力相比，对确定板的内力影响很小，所以设计中多采用铰接板（梁）法确定板中内力。板中主要受力钢筋的数量由计算得到的内力确定。此外，还应在板中布置适量的构造钢筋以承受计算时忽略的某些内力。装配式板桥的截面形式有实心板、空心板两种。

3.组合式板桥

组合式板桥通常采用"装配+整体现浇"的方式成型，因而也称为叠合桥。施工中，通常在桥下将梁的底层分片预制成构件，然后在墩顶进行装配，最后以装配构件为底模，整体浇筑梁体，从而完成组合式板桥的施工。

组合式板桥在荷载作用下变形和受力情况与整体式板桥类似，属于双向受力弹性薄板。其刚度介于整体式板桥和装配式板桥之间。从梁的施工过程和成桥后的受力特点中可以看出，组合式板梁在施工过程中可以充分利用装配式板梁成桥的优点，先将部分梁体在桥下预制成构件，然后将预制构件安装于墩顶，作为上部梁体浇筑时的底模，从而大大减少了施工时所需的支撑和模板数量。组合式板梁在成桥之后又具有整体式板梁的承载力，因此，在小跨度简支梁桥的建设中得到了广泛应用。

（二）肋板式桥

在横截面内形成明显肋形结构的梁桥称为肋板式桥，或简称肋梁桥。在此种桥上，梁肋（或称腹板）与顶部的钢筋混凝土桥面板结合在一起作为承重结构。由于肋与肋之间处于受拉区域的混凝土得到很大程度的挖空，显著减小了结构自重。特别是对于仅承受正弯矩作用的简支梁来说，既充分利用了扩展的混凝土桥面板的抗压能力，又有效地发挥了集中布置在梁肋下部的受力钢筋的抗拉作用，从而使结构构造与受力性能的组合达到理想的状态。与板桥相比，对于梁肋较高的肋梁桥来说，由于混凝土抗压和钢筋受拉所形成的力偶臂较大，因而也具有更大的抵抗弯矩的能力。目前，中等跨径（25m以上）的简支梁桥通常采用肋梁桥。

1.Ⅱ形梁桥

Ⅱ形截面的特点是截面形状稳定，横向抗弯刚度大，梁的堆放、装卸和安装都较方便，各Ⅱ形梁之间用穿过腹板的螺栓连接，但这种构件的制造较复杂。梁肋被分成两片薄腹板，通常用钢筋网来配筋，难以做成刚度较大的钢筋骨架。设计经验证明，跨度较大时，Ⅱ形梁桥的混凝土和钢筋用量都比T形梁桥大，而且构件也重。故Ⅱ形梁桥一般只用于跨径为6~12m的小跨径桥梁，应用范围有限。

2.T形梁桥

由若干个T形截面梁组成的桥，统称为T形梁桥，也称T梁桥。在设计整体式T梁桥时，鉴于梁肋尺寸不受起重、安装机具的限制，故可以根据钢筋混凝土体积最小的经济原则来确定截面尺寸。对于桥面不宽的双车道道路桥梁，只要建筑高度不受限制，往往建造双主梁桥较为合理，主梁的间距可按桥梁全宽的55%~60%布置。有时为减小桥面板的跨径，还可在两主梁之间增设内小纵梁。

（三）箱梁桥

箱梁桥是指桥横截面形式为箱形的桥。箱形截面具有闭合性，当荷载作用于梁上任何位置时，箱形梁桥结构的所有组成部分（包括顶板、腹板、底板和翼板）将同时参与受力，使其具有较大的抗扭刚度和抗弯刚度，因而其可制作成薄壁结构，从而节省大量建造材料。同时，因为箱形梁桥顶板、底板具有较大的面积，能有效地抵抗正、负弯矩的作用，所以满足较大跨度简支桥梁建设的需要。

此外，对于曲线半径较大的弯桥和变宽度的桥梁，采用小箱梁布置有较好的适应性。在设计中，通常根据现场条件，考虑技术、经济等多种因素经方案比选来确定最适宜的梁型。

一般来说，整体现浇的梁桥具有整体性好、刚度大、易于做成复杂形状（如曲线桥、斜交桥、宽度变化的异形桥）等优点，但其施工速度慢，工业化程度较低，又要耗费大量支架、模板等材料。

二、混凝土简支梁桥施工

（一）支架与模板

1.支架

就地浇筑简支梁桥的上部结构时，应在桥孔位置搭设支架，以支承模板和钢筋混凝土及其他施工荷载。

①支架的主要类型

a.满布式木支架。满布式木支架常用于陆地、不通航的河道、桥墩不高或桥位处水位不深的桥梁。其形式可采用排架式、人字撑式或八字撑式。排架式支架是最简单的满布式支架，主要由排架和纵梁等部件组成，纵梁为抗弯构件，跨径一般不大于4m。人字撑式和八字撑式支架构造较复杂，纵梁需加设可变形的人字撑或八字撑。因此，在浇筑混凝土时应适当安排浇筑程序，均匀、对称地进行浇筑，以防发生较大变形。此类支架的跨径可达8m。满布式木支架的排架可设置在枕木或桩基上，基础需坚实可靠，以保证排架的沉陷值不超过规定要求。当排架较高时，为保证支架横向稳定，除在排架上设置撑木外，还需在排架两端外侧设置斜撑木或斜立柱。满布式支架的卸落设备一般采用木楔、木马或砂筒等，可设置在纵梁支点处或桩顶帽木上面。

b.钢木混合支架。为加大支架跨径、减少排架数量，钢木混合支架的纵梁可采用工字钢，其跨径可达10m。但在这种情况下，支架多采用木框架结构，以提高支架的承载力及稳定性，其各项参考数值可查看相关规定。

c.万能杆件拼装支架。用万能杆件可拼装成各种跨度和高度的支架，其跨度需是杆件本身长度的整数倍。用万能杆件拼装的支架的高度，可超过6m。当高度为2m时，腹杆拼为三角形；高度为4m时，腹杆拼为菱形；高度超过6m时，则拼成多斜杆的形式。用万能杆件拼装墩架时，柱之间的距离应与桁架之间的距离相同，柱高除柱头及柱脚外应为2m的倍数。用万能杆件拼装的支架，在荷载作用下的变形较大，而且难以预计其数值。因此，必要时应考虑预压。预压质量相当于浇筑的混凝土及其模板和支架上机具、人员的质量。

d.装配式道路钢桥桁架节拼装支架。用装配式道路钢桥桁架节可拼装成桁架梁和支架，为加大桁架梁孔径和利用墩台作支承，也可拼成八字斜撑以支撑桁架梁。桁架梁之间应用抗风拉杆和木斜撑等进行横向联结，以保证桁架梁的稳定。用装配式道路钢桥桁架节拼装的支架，在荷载作用下的变形很大，因此应进行预压。

e.轻型钢支架。若桥下地面较平坦，有一定承载力的梁桥，为节省木料，宜采用轻型钢支架。轻型钢支架的梁和柱，以工字钢、槽钢或钢管为主要材料，斜撑、联结系等可采用角钢；构件应按统一规格和标准制作；排架应预先拼装成片或组，并以混凝土、钢筋混凝土枕木或木板作为支承基底。为了防止冲刷，支承基底须埋入地面以下适当深度。为适应桥下高度，排架下应垫以一定厚度的枕木或木楔等。为便于支架和模板的拆卸，纵梁支点处应设置木楔。

f.墩台自承式支架。在墩台上留承台式预埋件，上面安装横梁及架设适宜长度的工字钢或槽钢，即构成模板的支架。这种支架适用于跨径不大的梁桥，但支立时仍须考虑梁的预拱度、支架梁的伸缩，以及支架和模板的卸落等所需条件。

g.模板车式支架。这种支架适用于跨径不大、桥墩为立桩式的多跨梁桥的施工。在墩柱施工完毕后即可铺设轨道，拖进孔间，进行模板的安装。这种方法可简化安装工序、节省安装时间。当上部构造混凝土浇筑完毕，且强度达到要求后，模板车即可整体向前移动，但移动时须将斜撑取下，将插入式钢梁节段推入中间钢梁节段内，并将千斤顶放松。

②支架的制作及安装要求

支架的制作要求主要有：支架宜采用标准化、系列化、通用化的钢构件制作拼装；制作木支架时，两相邻立柱的连接接头宜分设在不同的水平面上，并应减少长杆件接头。主要压力杆的接长连接，宜使用对接法，采用木夹板或铁夹板夹紧；次要构件的连接可采用搭接法。

支架的安装要求主要有：支架应按施工图设计的要求进行安装。立柱应垂直，节点连接应可靠。支架在纵桥向和横桥向均应加强水平、斜向连接，增强整体稳定性。高支架应设置足够的斜向连接、扣件或缆风绳，并应采取措施保证横向稳定。对此，应通过预压的方式，消除支架地基的不均匀沉降和支架的非弹性变形，并获取弹性变形参数，或检验支架的安全性。预压荷载宜为支架需承受的全部荷载的1.05~1.10倍，预压荷载的分布应模拟需承受的结构荷载及施工荷载。

在支架安装完成后，应对其平面位置、顶部高程、节点连接及纵横向稳定性进行全面检查。检查符合要求后，方可进行下一工序。

③设置支架的预拱度和卸落装置的要点。

a.设置的预拱度值，应包括结构本身需要的预拱度和施工需要的预拱度两部分。

b.设置施工预拱度应考虑下列因素：模板、支架承受施工荷载产生的弹性变形；受载后由于杆件接头的挤压和卸落装置压缩而产生的非弹性变形；支架地基在受载后产生的沉降变形。

c.专用支架应按其产品的要求进行模板的卸落；自行设计的普通支架应在适当部位设置相应的木楔、木马、砂筒或千斤顶等卸落装置，并应根据结构形式、承受的荷载大小确定卸落量。支架制作、安装质量应分别符合模板、支架的制作、安装质量标准。

2.模板

就地浇筑的桥梁模板主要有木模和钢模。模板形式的选择主要取决于同类桥跨结构的数量和模板材料的供应。

当建造单跨或跨度不等的多跨桥梁结构时，一般采用木模；而对于多跨相同跨径的桥梁，可采用大型模板块件组装或采用钢模。模板制造宜选用机械化的方法，以保证模板形状正确和尺寸精度高。模板制作尺寸偏差、表面平整度和安装偏差均应符合有关规定，尤其要保证模板具有足够的强度、刚度和稳定性。

木模包括用胶合板制成的大型整体定型的块件模板，以及局部构造较复杂部位采用的模板。大型整体定型的块件模板可按结构要求预先制作，然后在支架上用连接件迅速拼装。钢模大多做成块件，由钢板和加劲骨架焊接而成，钢板厚度通常为4~8mm。骨架由水平肋和竖向肋组成，肋由钢板或角钢做成。大型钢模块件用螺栓或销钉连接。对于多次周转使用的钢模，在使用前应用化学方法或机械方法清扫，在浇筑混凝土前，应在模板内壁涂脱模剂，以利脱模。

模板虽然是施工中的临时性结构，但对于梁体的制作十分重要。模板不仅控制着梁体尺寸的精度，直接影响施工进度和混凝土的灌注质量，而且关系到施工安全。因此模板应符合下列要求。模板应具有足够的强度、刚度和稳定性，能安全可靠地承担施工中可能出现的各种荷载。保证结构的设计形状、尺寸及各部分相互之间位置的准确性。模板的接缝必须密合，确保混凝土浇筑过程中不漏浆。构造简单，拆装方便，便于周转使用，应尽量做成装配式组件或块件。

3.预拱度的设置

在简支梁就地浇筑施工过程中，模板和支架因承受巨大的混凝土荷载作用而产生弹性和非弹性变形。如果不加以控制，势必导致现浇梁成型后跨中起拱。为避免这种情况的发生，保证桥梁竣工后线形准确，在进行模板与支架安装时须设置一定的预拱度。设置预拱度时应考虑下列因素。

卸架后上部构造自重及1/2活荷载产生的竖向挠度 δ_1；支架在荷载作用下的弹性压缩量 δ_2；支架在荷载作用下的非弹性变形量 δ_3；支架基础在荷载作用下的非弹性沉陷量 δ_4；由混凝土收缩及温度变化引起的挠度。

根据梁的挠度和支架变形所计算出来的变形值之和，为支架体系预拱度的最大值。预拱度设置的位置在梁的跨径中点，其余各点的预拱度以中间点为最高值，以梁的两端为0，呈直线或二次抛物线形式分布。

4.预拱度的计算

①如上所述，上部构造和支架的各项变形值之和即为应设置的预拱度。各项变形值可按下列方法计算。针对恒荷载和活荷载设置预拱度，其值等于恒荷载加1/2活荷载所产生的竖向挠度，当恒荷载和活荷载产生的挠度不超过跨径的1/1600时，可不设置相应的预拱度。

②满布式支架的弹性变形量。当支架杆件的长度为L，压力分布为p时，其弹性变形量 $\delta_2=pL/E$（E为弹性模量，MPa）。当支架为桁架等形式时，应按具体情况

计算其弹性变形量、支架在每个接缝处的非弹性变形量。在一般情况下，横纹木料与顺纹木料的非弹性变形量均为3mm，木料与金属或木料与坊工接缝处的非弹性变形量为1~2mm，顺纹与横纹木料相接处的非弹性变形量为2.5mm。

③卸落设备的压缩量。砂筒内砂粒压缩量和金属筒变形的弹性压缩量应根据压力大小、砂子细度模量、筒径、筒高确定。一般情况下，20t压力砂筒的压缩量为4mm，40t压力砂筒的压缩量为6mm；砂子未预先压紧时的压缩量为10mm。

④支架基底的沉陷量。支架基底的沉陷量可通过试验确定或参考相关规定估算。

（二）钢筋的制作与安装

1.准备工作

①钢筋的外观检查和力学性能检查。进场钢筋应具有出厂质量证明书和试验报告单。进场时除应检查外观和标志外，还应按不同的钢种、等级、牌号、规格及生产厂家分批抽取试样进行力学性能检验，检验试验方法应符合现行国家标准的规定。钢筋经进场检验合格后方可使用。

②钢筋的保管。钢筋进场后，应妥善保管，具体应做到以下几点：钢筋堆放选择在地势较高处，上用料棚遮盖，下设垫块，不能直接置于地面；钢筋应按不同钢种、等级、牌号、规格及生产厂家等分类挂牌堆放，并标明数量；钢筋在运输过程中应避免锈蚀、污染或被压弯。

③钢筋的调直。直径10mm以下的细钢筋多卷成盘形，粗钢筋常弯成发卡形，以便运输和储存。因此，运到工地的钢筋应先调直。采用冷拉方法调直钢筋时，应注意各级钢筋的冷拉率，如HRB400级钢筋的冷拉率不宜大于1%。钢筋的形状、尺寸应按照设计的规定进行加工，加工后的钢筋，其表面不应有削弱钢筋截面的痕迹。

④钢筋的除锈。钢筋表面应洁净、无损伤，使用前应将表面的油渍、漆皮、鳞锈等清除干净，保证钢筋与混凝土间的黏结力得以充分发挥。可用钢丝刷或喷枪喷砂进行除锈、去污。带有颗粒状或片状老锈的钢筋不得使用；当除锈后钢筋表面有严重的麻坑、斑点，已伤蚀截面时，应降级使用或剔除不用。

2.钢筋的连接

①钢筋的焊接

钢筋的焊接接头宜采用闪光对焊，或采用电弧焊、电渣压力焊或气压焊，但电渣压力焊仅可用于竖向钢筋的连接，不得用于水平钢筋和斜筋的连接。钢筋焊接接头形式、焊接的方法和材料应符合现行行业标准《钢筋焊接及验收规程》（JGJ18-2012）的规定。

每批钢筋焊接前，应先选定焊接工艺和焊接参数，按实际条件进行试焊，并检验接头外观质量及力学性能，试焊质量经检验合格后方可正式施焊。焊接时，施焊场地应有适当的防风、防雨、防雪、防严寒的设施。

电弧焊宜采用双面焊缝，仅在双面焊缝无法施焊时，方可采用单面焊缝。

采用搭接电弧焊时，两钢筋搭接端部应预先折向一侧，两接合钢筋的轴线应保持一致；采用焊条电弧焊时，焊条应采用与主筋相同的钢筋，其总截面面积不应小于被焊接钢筋的截面面积。电弧焊接头的焊缝长度，双面焊缝不应小于 5d（d 为钢筋直径），单面焊缝不应小于 10d。电弧焊接与钢筋弯曲处的距离不应小于 10d，且不宜位于构件的最大弯矩处。

②钢筋的机械连接

a.锥螺纹连接。钢筋锥螺纹连接是利用锥形螺纹套筒将两根钢筋端头对接在一起，利用螺纹的机械咬合力传递拉力或压力。锥螺纹连接套筒是在工厂专用机床上加工制成的，钢筋套丝的加工是在钢筋套丝机上进行的。

b.直螺纹连接。直螺纹连接是将钢筋待连接的端头辊压成规整的直螺纹，再用相配套的直螺纹套筒将两钢筋相对拧紧，实现连接。该技术的优点在于无虚拟螺纹，力学性能好，连接安全可靠，接头能达到与钢筋母材同等的强度。

c.套筒挤压连接。钢筋套筒挤压连接改变了电弧焊、电渣焊、闪光焊、气压焊等传统焊接工艺的热操作方法，是在常温下采用钢筋连接机将钢套筒和两根待接钢筋压接成一体，使套筒塑性变形后与钢筋上的横肋纹紧密地咬合在一起，从而实现连接的一种机械连接方式。冷轧接头具有性能可靠、操作简便、施工速度快、施工不受气候影响、省电等优点。

③钢筋的绑扎

a.当没有焊接条件时，接头可用铁丝绑扎搭接，但钢筋直径不能超过 25mm，其搭接长度参考相关规定。在轴心受拉和小偏心受拉构件中，主钢筋均应焊接，不得采用绑扎接头。

b.当混凝土在凝固过程中受力钢筋易受扰动时，其搭接长度宜适当增加。

c.在任何情况下，纵向受拉钢筋的搭接长度不应小于 300m；受压钢筋的搭接长度不宜小于 200mm。

d.当混凝土强度等级低于 C20 时，I 级钢筋的搭接长度相应增加 10d；HRB500 钢筋不宜采用绑扎接长。

e.有抗震要求的受力钢筋的搭接长度，当抗震设防烈度为 7 度及以上时，应增加 5d；两根不同直径的钢筋的搭接长度，以较细的钢筋直径计算。

f.接头的绑扎要求如下。受拉区 I 级钢筋的绑扎接头的末端应做弯钩，HRB4000 钢筋的绑扎接头末端可不做弯钩；直径等于或小于 12mm 的受压 I 级钢筋的末端可不做弯钩，但搭接长度不应小于钢筋直径的30倍；钢筋搭接处，应在中心和两端用铁丝扎牢。

3.钢筋的安装

①钢筋的级别、直径和根数等应符合设计的规定；对于多层多排钢筋，宜根据安装需要在其间隔外设立一定数量的架立钢筋或短钢筋，但架立钢筋或短钢筋端头不得伸入混凝土的保护层内；当钢筋过密影响到混凝土质量时，应及时与设计人员协商解决。

②钢筋与模板之间应设置垫块，垫块应与钢筋绑扎牢固，其绑丝的丝头不应伸入混凝土保护层内。混凝土浇筑前，应对垫块的位置、数量和紧固程度进行检查，不符合要求时应及时处理，保证钢筋混凝土保护层的厚度满足设计要求和规范的规定。

③钢筋骨架的焊接、拼装应在坚固的工作台上进行。拼装前应按设计图纸放样，放样时应考虑焊接变形量的预留。拼装时，需要焊接的位置宜采用楔形卡卡紧，防止焊接时局部变形。

④骨架焊接时，不同直径钢筋的中心线应在同一平面上，较小直径的钢筋在焊接时，下面宜垫以厚度适当的钢板。施焊宜由中心到两边对称地进行，先焊骨架下部，后焊骨架上部，相邻的焊缝应分区对称跳焊，不得顺方向一次焊成。

⑤绑扎或焊接的钢筋网和钢筋骨架不得有变形、松脱和开焊。

（三）混凝土工程

1.混凝土的配合比

在试验室中计算配合比是以干燥材料为基准的，而施工现场存放的砂、石材料都含有一定水分，所以要将试验室配合比换算为施工配合比。下面介绍混凝土施工配合比的确定方法。施工时，每立方米混凝土中水、砂和石的实际称量为：①水的称量=用水量-砂、石材料中含水的质量；②砂的称量=砂的用量+砂中含水的质量；③石的称量=石的用量+石料中含水的质量。水泥称量不变。

2.混凝土拌制

混凝土应采用机械拌制，人工拌制仅用于小量的辅助或修补工程。混凝土的配料宜采用自动计量装置，各种衡器的精度应符合要求，计量应准确。计量器具应定期标定，迁移后应重新进行标定。拌制混凝土所用的各项材料应按质量投料，允许偏差应符合规定。

混凝土拌制时，将全部材料加入搅拌筒。从开始搅拌至开始出料的最短拌制时间，应按搅拌机产品说明书的要求并经试验确定。混凝土拌和物应搅拌均匀，颜色一致，不得有离析和泌水现象。混凝土搅拌完毕后，应检测混凝土拌和物的坍落度及损失。必要时，还应对工作性能、泌水率及含气量等指标进行检测。

3.混凝土的运输

混凝土运输能力应与混凝土的凝结速度和浇筑速度相适应，应使浇筑工作不间断且混凝土运到浇筑地点时仍能保持其均匀性和规定的坍落度。

混凝土的运输宜采用搅拌运输车，或在条件允许时采用泵送方式输送；采用吊斗或其他方式运输时，运距不宜超过100m且不得使混凝土产生离析。

采用搅拌运输车运输混凝土时，途中应以2~4r/min的速度缓慢进行搅动，卸料前应以常速再次搅拌。混凝土运至浇筑地点后发生离析、泌水或坍落度不符合要求时，应进行二次搅拌。

二次搅拌时不宜任意加水，确有必要时，可同时加水、相应的胶凝材料和外加剂，并保持其原水胶比不变；二次搅拌仍不符合要求时，则不得使用。

混凝土采用泵送方式输送时，混凝土的供应宜使输送混凝土的泵能连续工作，泵送的间歇时间不宜超过15min。在泵送过程中，受料斗内应具有足够的混凝土，应防止吸入空气产生阻塞；输送管应顺直，转弯处应圆缓，接头应严密不漏气。向低处泵送混凝土时，应采取必要的措施，防止混凝土离析或堵塞输送管。

4.混凝土的浇筑

为了保证浇筑混凝土的整体性，防止混凝土在浇筑过程中受到破坏性扰动，浇筑混凝土时必须具有一定的速度，上层混凝土应当在下层已浇筑混凝土开始初凝之前完成浇筑。因此，混凝土浇筑层的增长速度应按h≥s/t控制。其中，h为混凝土浇筑面的上升速度，s为振捣棒的振捣深度，t为混凝土的初凝时间。

一般来说，混凝土浇筑需要遵循以下顺序。

①水平分层浇筑。对于跨径不大的简支梁，可以采用该方法。具体操作时，可以从梁体两端向跨中水平分层浇筑并在跨中合龙，然后掉头再向梁端浇筑。分层厚度视振捣器的能力而定，一般为15~30cm。当采用人工捣实时，分层厚度可为15~20cm。为避免振捣导致支架产生不均匀沉降，浇筑时应保持合理的速度，以便在混凝土失去塑性之前完成浇筑工作。

②斜层浇筑。采用斜层浇筑时，简支梁的混凝土应从主梁两端斜向跨中浇筑并在跨中合龙。因为箱形梁底板顶面没有模板，所以T梁和箱形梁所采用的斜层浇筑法在细节上是有差异的。当梁的跨度较大而采用梁式支架且在内部设置支点时，应先在支架下沉量最大的部位浇筑混凝土，使应该发生的支架变形及早完成，以使先期浇筑的混凝土初凝后不再发生更大的变形，避免混凝土内部产生微裂隙。

③单元浇筑。当桥面较宽且混凝土数量较大时，可分成若干纵向单元，分别浇筑每个单元。可沿其长度分层浇筑，在纵梁间的横梁上设置连接缝，并在纵横梁浇筑完成后填缝连接，之后桥面板可沿桥全宽一次浇筑完成，桥面与纵横梁间

设置水平工作缝。

5.混凝土的养护

新浇筑混凝土的养护，应满足其对温度、湿度和时间的要求。应根据施工对象、环境条件、水泥品种、外加剂或掺合料及混凝土性能等因素，制定具体的养护方案，严格实施。混凝土浇筑完成后，应在其收浆后尽快予以覆盖并洒水保湿养护。

对于硬性混凝土、高强度混凝土、高性能混凝土、炎热天气浇筑的混凝土及桥面等大面积裸露的混凝土，应加强初始保湿养护，具备条件的可在浇筑完成后立即加设棚罩，待收浆后再予以覆盖和洒水养护。覆盖时不得损伤或污染混凝土的表面。混凝土面有模板覆盖时，应在养护期间使模板保持湿润。

混凝土的养护不得采用海水或含有害物质的水。混凝土的洒水保湿养护时间应不少于7d。对重要工程或有特殊要求的混凝土，应根据环境的湿度、温度，水泥品种及掺用的外加剂和掺合料等情况，酌情延长养护时间，并应使混凝土表面始终保持湿润状态。当气温低于5℃时，应采取保温养护的措施，不得向混凝土的表面洒水。当采用喷洒养护剂对混凝土进行养护时，所使用的养护剂应不会对混凝土产生不利影响，且应通过试验验证其养护效果。

新浇筑的混凝土与流动的地表水或地下水接触时，应采取临时防护措施，保证混凝土在7d以内且强度达到设计强度的50%以前，不受水的冲刷侵袭；当环境水具有侵蚀作用时，应保证混凝土在10d以内且强度达到设计强度的70%以前，不受水的侵袭；混凝土处于冻融循环作用的环境时，宜在结冰期到来4周前完成浇筑施工，且在混凝土强度未达到设计强度的80%前不得受冻，否则应采取技术措施防止发生冻害。

（四）构件的安装

1.陆地架梁法

①自行式吊车架梁。在桥不高，场内又可设置行车便道的情况下，用自行式吊车（汽车吊车或履带吊车）架设中小跨径的桥梁十分方便。自行式吊机本身有动力，因而架设迅速，可缩短工期。不需要架设桥梁用的临时动力设备，不必进行任何架设设备的准备工作，不需要采用其他架梁方法时所要求配备的技术工种。因此，一般中小跨径的预制梁（板）的架设安装越来越多地采用自行式吊机。

②移动式支架架梁法。陆地架梁法是在架设孔的地面上，顺桥轴线方向铺设轨道，其上设置可移动支架。预制梁的前端搭在支架上，通过移动支架将梁移运到要求的位置后，再用龙门架或人字扒杆吊装；或者在桥墩上设枕木垛，用千斤顶卸下，再将梁横移就位。

③摆动式支架架梁法。摆动式支架架梁法通常是将预制梁（板）沿路基牵引到桥台上并稍悬出一段（悬出距离根据梁的截面尺寸和配筋确定），然后在桥孔中心处河床上悬出的梁（板）端底下设置人字扒杆或木支架。

④跨墩或墩侧龙门架架梁法。对于桥不太高，架桥孔数又多，沿桥墩两侧铺设轨道不困难的情况，可以采用跨墩或墩侧龙门吊车来架梁。通过运梁轨道或者用拖车将梁运到相应位置后，就用门式吊车起吊、横移，并安装在预定位置。当一孔架完后，吊车前移，再架设下一孔。本方法的优点是架设安装速度较快，河滩无水时也较经济，而且架设时不需要特别复杂的技术工艺，作业人员较少。

但龙门吊机的设备费用一般较高，尤其是在桥墩较高的情况下。

2.浮吊架设法

①浮吊船架梁法。在海上和水较深的大河上修建桥梁时，用可回转的伸臂式浮吊架梁法比较方便。这种架梁方法高空作业少、施工比较安全、吊装能力大、工效高，但需要大型浮吊。鉴于浮吊船来回运梁航行时间长，要增加费用，故一般采取用装梁船装梁后成批架设的方法。浮吊架梁时需在岸边设置临时码头用于移运预制梁。架梁时，浮吊要认真锚固。如水流流速不大则可用预先抛入河中的混凝土锚作为锚固点。

②固定式悬臂浮吊架梁法。在缺乏大型伸臂式浮吊时，也可用钢制万能杆件或贝雷钢架拼装固定式的悬臂浮吊进行架梁。

3.高空架梁法

①联合架桥机架梁法。此法适用于架设安装跨度在30m以下的多孔桥梁，其优点是完全不设桥下支架，不受水深流急影响，架设过程中不影响桥下通航、通车。预制梁的纵移、起吊、横移、就位都较方便。其缺点是架设设备用钢量较多。

②双导梁架桥机架梁法。本法是在架设孔间设置两组导梁，导梁上安设配有悬吊预制梁设备的轨道平车和起重行车或移动式龙门吊机，将预制梁在双导梁内吊着运到规定位置后，再落梁、横移就位。横移时，一种方法是用两组导梁吊着预制梁整体横移；另一种方法是导梁设在桥面宽度以外，预制梁在龙门吊机上横移，导梁不横移，这比第一种横移方法安全。双导梁架桥机架梁法的优点与联合架桥机架梁法相同，适用于在墩高、水深的情况下架设多孔中小跨径的装配式梁桥，但不需要蝴蝶架。因配备两组导梁，故可架设跨径较大，可吊装的预制梁较重。

③自行式吊车桥上架梁法。在预制梁跨径不大、重量较轻且梁能运抵桥头引道上时，可直接用自行式伸臂吊车（汽车吊车或履带吊车）来架梁。但是，对于架桥孔的主梁，当横向尚未连成整体时，必须核算吊车通行和架梁工作时的承载力。此种架梁方法简单方便，几乎不需要任何辅助设备。

第二节 预应力混凝土桥梁施工技术

普通钢筋混凝土结构受弯构件在正常使用条件下，其受拉区是开裂的，影响构件的正常使用和耐久性，并限制了高强材料的应用。另外，普通钢筋混凝土结构的自重大，增加了施工的难度，大大地限制了桥梁的跨越能力。随着桥梁跨度的增大，预应力混凝土结构将更具有优势。

一、预应力混凝土结构的特点

预应力混凝土结构除具有普通钢筋混凝土结构的优点外，还有下述重要特点：能有效地利用高强钢筋、高强混凝土，减小截面，降低自重，增大跨越能力；与普通钢筋混凝土桥梁相比，一般可节省钢材30%~40%，跨径越大，节省越多；预应力混凝土梁在正常使用条件下不出现裂缝，鉴于其能全截面参与工作，故可显著减小建筑高度，使大跨径桥梁可以做得轻柔美观，扩大了对各种桥型的适应性，提高了结构的耐久性；预应力技术为现代装配式结构提供了有效的装配、拼装手段；根据需要，可在纵向、横向及竖向施加预应力，使装配式结构集整成理想的整体，扩大了装配式桥梁的使用范围。

当然，采用预应力混凝土结构要有作为预应力筋的优质高强钢材，保证高强混凝土的制备质量，同时，要有一整套专门的预应力张拉设备和材质好、精度高的锚具，并要掌握复杂的施工工艺。

二、预应力混凝土桥梁施工

（一）固定支架就地浇筑法

固定支架就地浇筑法是在固定支架上安装模板，绑扎及安装钢筋骨架，预留孔道，并在现场浇筑混凝土与施加预应力的施工方法。由于采用此种方法施工需用大量的支架，故其一般在桥墩较低的中小跨径桥梁或交通不便的边远地区采用。

近年来，随着桥梁结构形式的发展，出现了一些变宽的异形桥、弯桥等复杂的预应力混凝土结构。由于临时钢构件、万能杆件、贝雷梁等大量应用，采用其他施工方法都比较困难；或经过比较发现采用固定支架就地浇筑法施工较方便、费用较低时，在大跨径桥梁中也可以采用这种施工方法。为了完成现浇梁桥的就地浇筑施工，应根据桥孔跨径、桥孔下面覆盖土层的地质条件、水的深浅等因素，合理地选择支架形式。

1.支架

支架类型选择是就地浇筑施工的关键。就地浇筑连续梁桥施工所用支架与钢筋混凝土简支梁桥就地浇筑所用支架基本相同，此处不再赘述。

2.浇筑

①采用碗扣式钢管支架时，其支架搭设应符合的要求

a.模板支架应根据所承受的荷载选择立杆的间距和步距，底层纵、横向水平杆作为扫地杆，距地面高度应小于或等于350mm，立杆底部应设置可调底座或固定底座；立杆上端包括可调螺杆伸出顶层水平杆的长度不得大于0.7m。

b.可调底座及可调托撑丝杆与调节螺母的啮合长度不得少于6扣，插入立杆内的长度不得小于150mm。

②模板支架的斜杆设置要求

a.当立杆间距大于1.5m时，应在拐角处设置通高的专用斜杆，中间每排、每列应设置通高的八字斜杆或剪刀撑；当立杆间距小于或等于1.5m时，模板支架四周应从底到顶连续设置竖向剪刀撑；中间纵横向应由底至顶连续设置竖向剪刀撑，其间距应小于或等于4.5m；剪刀撑的斜杆与地面间的夹角应为60°，斜杆应每步与立杆扣接。

b.当模板支架高度大于4.8m时，顶端和底部必须设置水平剪刀撑，中间水平剪刀撑设置间距应小于或等于4.8m。

c.必须严格控制支架的垂直度，以免影响整体稳定性。垂直度偏差应小于或等于H/500（H为支架搭设高度），且不得大于50mm。

d.当模板支架周围有桥梁墩台结构时，应建立与墩台的水平连接，以加强架体的安全可靠度。

e.模板支架高宽比应小于或等于2；当高宽比大于2时，可扩大下部架体尺寸或采取其他构造措施（如设置缆风绳加固）。

③混凝土的浇筑顺序

在浇筑混凝土时支架会产生不均匀沉降。为避免因支架不均匀沉降而导致混凝土在浇筑过程中出现损伤，要求混凝土的浇筑从跨中向两侧墩台逐步推进，整跨梁体浇筑完成后再浇筑跨越梁段。跨越梁段的浇筑应呈斜面逐层推进，浇筑完成时应保持混凝土顶面为斜面，以便与下一梁跨混凝土建立更好的连接。

④模板拆除及卸架的主要施工内容

当混凝土的强度达到设计强度的25%以后可拆除侧模，当混凝土强度大于设计强度的75%以后可拆除梁体的各项模板。对于预应力混凝土梁，应在预应力钢丝束张拉完毕或张拉到一定数量后再拆除模板，以免梁体混凝土受拉。卸架应从梁体挠度最大处的支架节点开始，逐步卸落相邻两侧的节点。落梁要对称、均匀、有序。同时，要求各节点的卸落分级、多次进行，以使梁的沉落曲线逐步加大。

3.固定支架就地浇筑法的特点

①混凝土能整体浇筑，预应力筋整体张拉，桥梁的整体性较好。施工中不需要进行体系转换。对机具和起重能力要求不高，不需要大型起重设备，施工较简便、平稳、可靠。

②需要使用大量的施工支架，施工周期长，周转次数少，费用高；跨河桥梁搭设支架影响河道的通航与排洪，施工期间支架可能会受到洪水和漂流物的威胁。

③需要有较大的施工场地进行支架组拼、钢筋加工、模板制作、预应力筋加工等，因此施工管理较复杂。

（二）悬臂施工法

悬臂施工法是大跨度桥梁常采用的施工方法，也是桥梁施工中难度较大的施工工艺，需要专门的施工设备和熟悉悬臂施工工艺的技术队伍。

采用该方法建造桥梁时，不需要在桥下搭设大量的支架，而是利用挂篮施工设备从墩顶已建梁段向两侧对称悬出接长，直至合龙。梁体延伸时，通过预应力钢筋将当前梁段与梁体连成一体。按照节段梁体的制作方法方式的不同，悬臂施工法可以分为悬臂浇筑法和悬臂拼装法。

悬臂浇筑法是在桥墩两侧对称逐段就地浇筑混凝土，待混凝土达到一定强度时，张拉预应力钢筋，移动机具、模板继续施工。

悬臂拼装法是将预制节段块件从桥墩两侧依次对称安装，张拉预应力钢筋，使悬臂不断接长，直至合龙。

1.悬臂浇筑施工

①施工挂篮。挂篮是能够沿轨道行走的活动脚手架，悬挂在已经张拉锚固的梁段上。挂篮的承重结构可用万能杆件或采用专门设计的结构。挂篮除要能承受梁段自重和施工荷载外，还要求自重轻、刚度大、变形小、稳定性好、行走方便等。用梁式挂篮浇筑墩侧初始几对梁段时，由于墩顶位置受限，往往需要将两侧挂篮的承重结构临时联结在一起。待梁段浇筑到一定长度后，再将两侧承重结构分开。如果墩顶位置过于窄小，开始用挂篮浇筑困难时，可以设立局部支架。墩顶梁段（即0号块）或墩顶附近的梁段在支架上浇筑，施工挂篮就在已浇筑的梁段上拼装。

②悬臂浇筑施工工艺流程。当挂篮安装就位后，即可在其上进行梁段悬臂浇筑的各项作业，其工艺流程是按每一梁段的混凝土分两次浇筑排列的，即先浇筑底板混凝土，后浇筑肋板及顶板混凝土。当一次浇筑成型时，将浇筑底板混凝土的工序与浇筑肋板及顶板混凝土的工序合并，其他工序不变。混凝土浇筑前，须用硬方木支垫于台车前轮分配梁上，以分布荷载，减小轮轴压力。在浇筑混凝土

的过程中，要注意观测挂篮由于受荷而产生的变形。挂篮负荷后，还可能引起新旧梁段接缝处混凝土开裂。尤其是采用两次浇筑法施工时，第二次浇筑混凝土时，第一次浇筑的底板混凝土已经凝结，由于挂篮的第二次变形，底板混凝土就会在新旧梁段接缝处开裂。为了避免产生这种裂缝，可对挂篮采取预加变形的方法，如采用活动模板梁等。

2.悬臂拼装施工

①梁段预制。悬臂拼装施工是将梁沿纵轴根据起吊能力分成适当长度的节段，在工厂或桥位附近的预制场进行预制，然后运到桥位处用吊机进行拼装。节段预制的质量直接关系着梁段悬臂拼装施工的质量和速度，因此预制时应严格控制梁段断面和形体的精确度，充分注意预制场地的选择与布置、台座和模板支架的制作、工艺流程的拟订及养护和储运的每个环节。梁段预制的方法通常有长线预制法或短线预制法。

②梁段运输。梁段运输有水、陆、栈桥及缆吊等各种形式。梁体节段自预制底座上出坑后，一般先存放于存梁场，节段拼装时由存梁场运至桥位处，预制块件的运输方式一般可分为场内运输、装船和浮运三个阶段。

③悬臂拼装方法。a.浮吊拼装法。重型的起重机械装配在船舶上，全套设备在水上作业，在40m的吊高范围内起重能力强，所用辅助设备少。b.悬臂吊机拼装法。悬臂吊机由纵向主桁架、横向起重桁架、锚固装置、平衡重、起重系统、行走系统和工作吊篮等部分组成。c.连续桁架拼装法。连续桁架拼装法可分移动式和固定式两类。移动式连续桁架的长度大于桥的最大跨径，桁架支承在已拼装完成的梁段和待拼装墩顶上，由吊车在桁架上移运节段进行悬臂拼装。固定式连续桁架的支点均设在桥墩上，而不增加梁段的施工荷载。

④接缝处理及拼装程序。梁段拼装的接缝有湿接缝、干接缝和胶接缝等几种。不同的施工阶段和不同的部位，应采用不同的接缝形式。a.湿接缝。1号块和调整块用湿接缝拼装。悬臂拼装施工时，防止梁体上翘和下挠的关键是1号块的准确定位。1号块是基准块件，一般1号块与墩顶0号块以湿接缝相接。1号块定位后，可由起重机悬吊支承，也可用下面的临时托架支承。为便于接缝处管道接头操作、接头钢筋的焊接和混凝土振捣作业，湿接缝宽度一般为0.1~0.2m。b.干接缝或胶接缝拼装。除上述块件之间采用湿接缝外，一般块件之间采用干接缝或胶接缝。其他预制梁段拼装包括以下几个步骤：预制梁段提升，内移就位，试拼；预制梁段移开，与已拼装梁段保持约0.4m的间距；穿束；涂胶（双面涂胶，干接缝无此工序）；梁段就位，检查位置、高程及吻合情况；预应力钢丝束张拉，观察预制梁段是否滑移，锚固。

⑤穿束。T形刚构桥纵向预应力钢筋的布置有两个特点：一是较多集中于顶

板部位；二是钢丝束对称于桥墩布置。因此，拼装每一对对称于桥墩块件的预应力钢丝束须按锚固这一对块件所需的长度下料。明槽钢丝束通常按等间距排列，锚固在顶板加厚的部分（这种板俗称"锯齿板"），加厚部分预制时留有管道。穿束时先将钢丝束在明槽内摆放平顺，然后再分别将钢丝束穿入两端管道之内，钢丝束在管道两头伸出的长度要相等。暗管穿束比明槽难度大。经验表明，60m以下的钢丝束穿束一般均可采用人工推送。较长钢丝束穿入端，可点焊成箭头状，缠裹黑胶布。60m以上的钢丝束穿束时，可先从孔道中插入一根钢丝，与钢丝束引丝连接，然后一端以卷扬机牵引，一端以人工送入。

⑥张拉。钢丝束张拉前，先要确定合理的张拉次序，保证在张拉过程中每批张拉合力都接近于该断面钢丝束总拉力重心处。钢丝束张拉次序的确定与梁横断面形式、同时工作的千斤顶数量、是否设置临时张拉系统等因素有关。一般情况下，纵向钢丝束的张拉次序按下述原则确定：a.对称于箱梁中轴线，钢丝束两端同时成对张拉；b.先张拉肋束，后张拉板束；c.肋束的张拉次序是先张拉边肋，后张拉中肋（若横断面为三根肋，仅有两对千斤顶时）；d.同一肋上的钢丝束先张拉下边的，后张拉上边的；e.板束的张拉次序是先张拉顶板中部的，后张拉边部的。

⑦压浆。管道压浆的目的是保证预应力筋不受腐蚀。目前的工艺是先用高压水检查管道的畅通、匹配面的密贴情况及封端情况后再进行正式压浆，直到出浆口出浓浆。封闭出浆口持压3~5min，以保证水泥浆尽量充满管道。压浆是在局部封锚后进行的，除保证封端质量外，还须在水泥浆中加入适量微膨胀剂，选取合适的配合比，既能使压浆工作顺利进行，又能使凝固后的水泥浆尽量充满管道，尽可能地排出管道内的水和空气，避免钢筋受腐蚀。

⑧合龙段施工。用悬臂施工法建造的连续刚构桥、连续梁桥需在跨中将悬臂端刚性连接、整体合龙。合龙段施工有现浇和拼装两种方法，现浇方法与悬浇中跨合龙段施工方法相同，拼装方法与简支梁板的安装方法相同。

第三节　桥面及附属工程施工技术

桥面是桥梁服务车辆、行人，实现其功能的最直接部分，主要包括支座、桥面铺装层等。其施工质量不仅影响桥梁的外形，而且关系到桥梁的使用寿命、行车安全及舒适性等。因此，对于桥面及附属设施的施工必须给予足够的重视。

一、桥梁支座的施工

（一）桥梁支座概述

桥梁支座是桥梁结构的一个重要组成部分。但是由于它在桥梁工程造价中所占比例很小，往往未引起工程技术人员的重视。

20世纪60年代以前，我国的道路、铁路桥梁上常不设支座或仅设传统的钢支座。随着桥梁建设事业的发展，各种形式的桥梁陆续建成，对桥梁支座的承载力、支座适应线位移和转角能力的要求也不断提高，随之各种新型桥梁支座应运而生。

桥梁支座是连接桥梁上部结构和下部结构的重要结构部件。它能将桥梁上部结构的反力和变形（线位移和转角）可靠地传递给桥梁下部结构。同时，保证上部结构在荷载、温度变化、混凝土收缩徐变等因素作用下的自由变形，以使结构的实际受力情况与理论计算图式相符合，保护梁端、墩台帽不受损伤。

桥梁支座必须满足以下功能要求：一是桥梁支座必须具有足够的承载力，以保证安全可靠地传递支座反力；二是支座对桥梁变形（位移和转角）的约束应尽可能小，以适应梁体自由伸缩及转动的需要。此外，支座应便于安装、养护和维修，必要时可进行更换。

梁式桥一般采用固定支座和活动支座。固定支座允许梁截面自由转动而不能移动，活动支座允许梁在挠曲和伸缩时转动与移动。针对桥梁跨径、支座反力、支座允许转动与位移不同，支座选用的材料不同，支座防振、减振要求不同，桥梁支座分为许多类型。

随着桥梁结构体系的发展，设计模式也相应地更新换代，过去针对小跨径桥梁设计的支座或加工较烦琐的支座，如简易垫层支座、钢板支座、钢筋混凝土摆柱式支座等已不常使用，而代之以板式橡胶支座、球形支座、盆式橡胶支座、聚四氟乙烯滑板支座及圆形板式橡胶支座等。

（二）不同桥梁支座的施工

1.板式橡胶支座安设

板式橡胶支座由多层橡胶片与薄壁板镶嵌、黏合、压制而成。安装前，应将垫块顶面清理干净，采用干硬性水泥砂浆抹平，且检查顶面标高是否满足设计要求。板式橡胶支座安装前还应对支座的长、宽、厚、硬度、容许荷载、容许最大温差及外观等进行全面检查，如不符合设计要求，则不得使用。

板式橡胶支座安装时，支座中心尽可能对准梁的计算支点，必须使整个橡胶支座的承压面上受力均匀。就位不准或与支座不密贴时，必须重新起吊，采取垫钢板等措施，并应使支座位置偏差控制在允许范围内，不得用撬棍移动梁、板。

为保证板式橡胶支座安装位置准确，支座安装尽可能安排在接近年平均气温的季节里进行，以减小由于温差过大而引起的剪切变形。梁、板安装时，必须细致稳妥，使梁、板就位准确且与支座密贴，勿使支座产生剪切变形；就位不准时，必须吊起重放，不得用撬棍移动梁、板。

当墩台两端标高不同，顺桥向或横桥向有坡度时，支座安装必须严格按设计规定处理。

支座周围应设排水坡，防止积水，并注意及时清除支座附近的灰尘、油脂与污垢等。

2.球形支座安设

球形支座各向转动性能一致，适用于弯桥、坡桥、斜桥、宽桥及大跨径桥梁。球形支座无承重橡胶块，特别适合用于低温地区。

支座出厂时，应由生产厂家将支座调平，并拧紧连接螺栓，防止支座在安装过程中发生转动和倾覆。支座可根据设计需要预设转角及位移，但施工单位应在订货前提出预设转角及位移量的要求，由生产厂家在装配时预先调整好。

支座在安装前方可开箱，并检查装箱清单，包括配件清单、检验报告复印件、支座产品合格证书及支座安装养护细则。施工单位开箱后，不得任意转动连接螺栓，并不得任意拆卸支座。支座安装高度应符合设计要求，保证支座平面的水平及平整。支座支承面四角高差不得大于2mm。当下支座板与墩台采用螺栓连接时，应先用钢楔块将下支座板四角调平，高程、位置应符合设计要求，用环氧砂浆灌注地脚螺栓孔及支座底面垫层。环氧砂浆硬化后，方可拆除四角钢楔块，并用环氧砂浆填满楔块位置。当下支座板与墩台采用焊接连接时，应对称、间断地将下支座板与墩台上的预埋钢板焊接。焊接时应采取防止烧伤支座和混凝土的措施。

当梁体安装完毕，或现浇混凝土梁体强度达到设计强度后，在梁体预应力张拉之前，应拆除上、下支座板连接板。

3.盆式橡胶支座

盆式橡胶支座是钢构件与橡胶组合而成的新型桥梁支座，具有承载力大、水平位移量大、转动灵活等特点，适用于支座承载力为1000N以上的大跨径桥梁，也适用于城市、林区、矿区的桥梁。

盆式橡胶支座构造简单、结构紧凑、滑动摩擦系数小、转动灵活。与一般铸钢辊轴支座相比，具有重量轻、建筑高度低、加工制造方便、节省钢材、造价低等优点。与板式橡胶支座相比，具有承载力大、容许支座位移量大、转动灵活等优点。因此，盆式橡胶支座特别适宜在大跨径桥梁上使用。

支座规格和质量应符合设计要求，支座组装时其底面与顶面（埋置于墩顶和梁底面）的钢垫板必须埋置稳固。垫板与支座间应平整密贴，支座四周不得有0.3mm以上的缝隙，严格保持清洁。活动支座的聚四氟乙烯板和不锈钢板不得有刮伤、撞伤。氯丁橡胶板块密封在钢盆内，要排除空气。

安装前，将支座各相对滑移面用清洁剂仔细擦洗，擦净后在四氟滑板的储油槽内注满硅脂类润滑剂并保持清洁。盆式橡胶支座的顶面和底板可用焊接或锚固螺栓连接在梁体底面和垫石顶面的预埋钢板上。

焊接时，应防止烧坏混凝土；焊接完成后，应在焊接部位做防锈处理。安装锚固螺栓时其外露螺杆的高度不得大于螺母的厚度。支座安装的顺序：宜先将上支座板固定在大梁上，然后根据其位置确定底盘在墩台上的位置，最后固定。

支座的安装标高应符合设计要求，中心线与梁的轴线重合，水平最大位移差符合规范要求。安装固定支座时，上下各部件的纵轴线必须对正；安装活动支座时，上下纵轴线必须对正，横轴线应当根据安装时的温度与年平均温度的差，由计算确定其错位的距离；支座上的上下导向挡块必须平行，最大偏心的交叉角不得大于5°。

二、桥面铺装层施工

（一）水泥混凝土桥面铺装层施工

水泥混凝土桥面铺装层的施工工艺为：施工准备工作→安装模板→桥面钢筋绑扎→混凝土制备→混凝土运输→桥面混凝土浇筑→接缝施工→表面修整→养护。下面将对部分施工要点进行介绍。

1.梁顶标高的测定和调整

预应力混凝土空心板或大梁在预制后的存梁期间，由于预应力作用，往往会产生反拱。如果反拱过大，就会影响桥面铺装层的施工。因此，设计中对存梁时间、存梁方法都做了一定要求。

如果架梁前已发现反拱过大，则应采取降低墩顶标高、减少垫石厚度等方法来保证铺装层厚度。架梁后应对梁顶标高进行测量，测定各跨中线、边线，以及跨中和墩顶处的标高，分析评价其是否满足规范要求。若偏差过大，则应采取调整桥面标高、改变引线纵坡等方法，以保证铺装层厚度，使桥梁上部结构形成整体。

2.绑扎、布设桥面钢筋网

桥面钢筋网应根据设计要求和相关规定进行绑扎。正交桥必须注意放正钢筋，斜交桥桥面钢筋应按图纸规定的方向放置。所有钢筋均应正确留设保护层厚度。采用双层钢筋网时，两层钢筋之间应有足够数量的定位撑筋，以保证两层钢筋的位置正确。

在两跨连接处，若桥面为连续构造，应再布设桥面构造钢筋；若有伸缩缝，要注意布置好伸缩缝处的预埋钢筋。

3.混凝土浇筑

对板顶处理情况、钢筋布设情况进行检查。当其满足设计和规范要求后，即可浇筑混凝土。若设计采用防水混凝土，其配合比及施工工艺应满足规范要求。

浇筑铺装层时，为防止钢筋变位，不得在钢筋上搁置重物，不得让运料小车在钢筋网上推运，不得让人员在钢筋网上行走踩踏。若必须在钢筋网上通行，可搭设支架架空走道。在浇筑过程中，应随时注意纠正钢筋位置。

浇筑混凝土时，宜从下坡向上坡进行，注意要连续施工，防止产生施工缝。混凝土振捣时，先用插入式振捣器沿模板边角均匀插捣，然后用平板振捣器对中间部分混凝土进行振捣，直至混凝土不再下沉，最后用振动梁进行粗平。

水泥混凝土桥面施工可采用真空脱水工艺，脱水后还应进行表面平整和提浆。如不采用真空脱水工艺，应采用抹子反复抹面直至表面平整、无泌水为止。如果桥面纵坡较大，则必须采取防滑措施。第二次抹平后，应沿横坡方向拉毛或采用机具压槽，拉毛和压槽深度应为1~2mm。浇筑完后待表面有一定硬度时即可开始养护。常用的养护方法为覆盖草袋、草帘、塑料薄膜、土工布等并洒水。

（二）沥青混凝土桥面铺装层施工

1.准备工作

铺装沥青混凝土面层以前，须对混凝土桥面的平整度、粗糙度等进行检查，桥面应平整、粗糙、干燥、整洁，并应符合规定及设计要求。测设中线和边线的高程，根据所需铺筑沥青混凝土的最小、最大及平均厚度计算沥青混凝土的数量，做好用料计划。清扫桥梁混凝土面层，保持清洁、干燥，并喷洒黏层油，黏层沥青宜采用快裂的洒布型乳化沥青，也可采用快、中凝液体石油沥青或煤沥青，并采用机械喷布工艺，用量一般控制在0.3~0.4kg/m²，要求洒布均匀。

2.浇洒黏层

黏层沥青应均匀洒布（也可涂刷），浇洒过量的局部地段或沥青积聚较多时应予以刮除。当气温低于10℃或水泥混凝土桥面层潮湿（或不洁）时，不得浇洒黏层沥青。浇洒黏层沥青后，严禁除沥青混合料运输车以外的其他车辆、行人通过。黏层沥青洒布后，应紧接着铺筑沥青混凝土面层，但乳化沥青应等待破乳、水分蒸发完后铺筑。洒布沥青黏层前宜在路缘石上方涂刷石灰水或粘贴保护纸张，以免沥青黏附于路缘石。

3.伸缩缝

铺筑沥青面层时，伸缩缝处理宜用黄沙等松散材料临时铺垫，与水泥混凝土顶面相平，沥青混凝土面层可连续铺筑，铺筑完成后再按所用伸缩缝装置的宽度画线切割，挖除伸缩缝部分的沥青混凝土后再安装伸缩缝装置。

4.热拌沥青混合料的运输

沥青混凝土面层铺筑用热拌沥青混合料应采用较大吨位的自卸汽车运输，车厢应清扫干净。为防止沥青与车厢板黏结，车厢侧板和底板可涂一薄层油水混合液（柴油与水的比例可为1∶3），不得有余液积聚在车厢底部。运料车应用篷布覆盖，用以保温、防雨、防污染，夏季运输时间短于0.5h时，也可不覆盖。

在连续摊铺过程中，运料车应在摊铺机前10~30cm处停住，不得撞击摊铺机；卸料过程中运料车应挂空挡，靠摊铺机推动前进。沥青混合料运至摊铺地点后应凭运料单接收并检查拌和质量及温度，已经结成团块或遭雨淋湿的混合料不得铺筑在桥面、路面上。

5.沥青混凝土面层的铺筑

沥青混凝土面层应采用机械摊铺，应以伸缩缝的间距确定一次铺筑长度，要求在相邻两个伸缩缝之间尽量不设施工缝。桥面的宽度宜在1d内铺筑完成，每次铺筑段的纵向接缝宜在上次铺筑的沥青混凝土的实际温度未降至100℃时予以铺筑并碾压。

根据混凝土桥面层的平整度、沥青混凝土面层的厚度和结构层次决定采用一次铺筑或两次铺筑。沥青混凝土面层厚度大于6cm时，宜采用两次铺筑，以提高沥青混凝土面层的平整度。

沥青混合料必须缓慢、均匀、连续不断地摊铺，摊铺过程中不得随意变换速度或中途停顿。

摊铺速度一般控制在2~6m/min，可根据沥青混合料供应及机械配套情况及摊铺层厚度、宽度确定。

摊铺好的沥青混合料应随即碾压（碾压方法、要求可参照沥青路面施工的有关规定）。如因故不能及时碾压或遇雨，应停止摊铺，并对卸下的沥青混合料覆盖保温。

当先铺筑的沥青混凝土的实际温度降至80℃以下时，与后铺筑的沥青混凝土的接缝应按冷接缝处理，即铣刨接缝处的沥青混凝土，要求接缝顺直。

纵缝的铣刨宽度宜为20~30cm，横缝的铣刨宽度应用直尺测量后确定，一般不宜小于100cm。如无铣刨机，可画线，用切缝机切割后再凿除。

沥青混凝土面层的铺筑和碾压宜从下坡向上坡进行。施工车辆和施工机械不允许停留在新铺装的沥青混凝土面层上，也不允许柴油之类的油料滴漏在沥青混凝土面层上，以免引起沥青混凝土软化、壅包。当采用刻槽方式增加沥青混凝土铺装层与混凝土桥面的啮合度，提高抗滑能力时，刻槽的宽度宜为20mm，槽间距宜为20m，槽深宜为3~5mm。

第六章 桥梁下部结构施工技术研究

第一节 明挖基础施工

一、一般基础开挖的规定

明挖基础施工的顺序和主要工作包括基础定位放样、基坑的开挖、坑壁支撑、基坑排水、基坑检验和基底土的处理、基础砌筑及基坑的回填等工序。基础开挖的规定如下：

①承包人应在基础开挖开始之前通知监理工程师，以便检查、测量基础平面位置和现有地面标高。在未完成检查测量及监理工程师批准之前不得开挖。为便于开挖后的检查校核，基础轴线控制桩应延长至基坑外加以固定。

②开挖应进行到图纸所示或监理工程师所指定的标高，最终的开挖深度要依设计期间所进行的钻探和土工试验，并结合基础开挖的实际调查资料来确定。在开挖的基坑未经监理工程师批准之前，不得浇筑混凝土或砌筑圬工。

③在原有建筑物附近开挖基坑时，应按《公路工程施工安全技术规程》的规定，采取有效防护措施，使开挖工作不致危及附近建筑物的安全，所采用的防护措施须经监理工程师同意。基坑周围不得堆放建筑材料、设备和危及基坑安全的杂物。

④所有从挖方中挖出的材料，如果监理工程师认为适用，可用作回填或铺筑路堤，或按监理工程师批示的其他方法处理。

⑤在基桩处的基坑开挖，应在打桩之前完成。

⑥必要时，挖方的各侧面应始终予以可靠的支撑，并使监理工程师认可。

⑦所有基础挖方都应始终保持良好的排水，在挖方的整个施工期间都不致遭

受水的危害。凡是低于已知地下水位的地方进行开挖并构成基础时，承包人必须提交一份建议用于每个基础的排水方法以及为此而采取的各项措施的报告，并取得监理工程师的批准。

⑧在施工期间，承包人应维护天然水道并使地面排水畅通。

⑨基坑开挖至图纸规定基底标高后，如发现基底承载力达不到图纸规定的承载力要求时，承包人应根据实际钻探（或挖探）及土壤实验资料提出地基处理的方案，报告监理工程师审查，并按监理工程师的批示处理。

二、基础的定位放样及施工

基础定位放样，就是将设计图纸上的墩、台位置和尺寸标定到实际工地上去，这主要是测量问题，定位工作可分为垂直定位和水平定位两个方面。垂直定位是定出墩台基础各部分的标高，可借助于施工现场的水准基点进行；水平定位是定出基础在平面上的位置。由于定位桩随着基坑的开挖必将被挖去，所以还必须在基坑位置以外不受施工影响的地方，订立定位桩的护桩，以备在施工中能随时检查基坑和基础位置是否正确，而基坑外围通常可用龙门板固定，或在地面上以石灰线标出。为避免雨水冲坏坑壁，基坑顶四周应做好排水，截住地表水，基坑下口开挖的大小应满足基础施工的要求，渗水的土质，基底平面尺寸可适当加宽50~100cm，便于设置排水沟和安装模板，其他情况可放小加宽尺寸，不设基础模板时，按设计平面尺寸开挖。

三、基础的排水

基础工程必须防止地下水和地表水的渗透和浸湿、由于各种水流经基础有侵蚀、解体等作用，会导致构筑物质量受到较大的影响，以致破坏。此外，在施工中将会遇到很多困难，特别是深水区操作，既影响工期，又不能保证质量。因此，基础施工的防水和排水极为重要：现在应用最多的有表面排水和井点法降低地下水位两种。

（一）表面排水法

它是基坑整个开挖过程及基础砌筑和养护期间，在基坑四周开挖集水沟汇集坑壁和基底的渗水，并引向一个或多个比集水沟挖得更深一些的集水坑。集水沟和集水坑应在基础范围以外，在基坑每次下挖以前，必须先挖沟与坑，集水坑的深度要大于抽水机吸水龙头的高度，在吸水龙头上罩竹筐围护，以防土体塞入龙头。这种排水方法设备简单、费用低，一般土质条件下均可以采用。当地基土为饱和粉细砂土等黏聚力较小的细料土层时，由于抽水会引起流沙现象，造成基坑的破坏与坍塌，因此应避免采用表面排水法。

（二）井点法降低地下水位

井点降水是人工降低地下水位的一种方法，故又称井点降水法，在基坑开挖前，在基坑四周埋设一定数量的滤水管（井），利用抽水设备抽水使所挖的土始终保持干燥状态的方法。所采用的井点类型有轻型井点、喷射井点、电渗井点、管井井点、深井井点等。

一般该方法用于地下水位比较高的施工环境中，是土方工程、地基与基础工程施工中的一项重要技术措施，能疏于基土中的水分，促使土体固结，提高地基强度，同时可以减少土坡土体侧向位移与沉降，稳定边坡，消除流沙，减少基底土的隆起，使位于天然地下水以下的地基与基础工程施工能避免地下水的影响，提供比较干的施工条件，还可以减少土方量、缩短工期、提高工程质量和保证施工安全。

四、水中围堰的修建

围堰是指在水力工程建设中，为建造永久性水力设施，修建的临时性围护结构。其作用是防止水和土进入建筑物的修建位置，以便在围堰内排水，开挖基坑，修筑建筑物。一般主要用于水工建筑中，除作为正式建筑物的一部分外，围堰一般在用完后拆除。在桥梁基础施工中，当桥梁墩、台基础位于地表水位以下时，根据当地材料修筑成各种形式的土堰；在水较深且流速较大的河流，可采用木板桩或钢板桩（单层或双层）围堰，目前多使用双层薄壁钢围堰。围堰既可以防水、围水，又可以支撑基坑的坑壁。

（一）围堰分类

围堰应符合以下要求：在材料强度、结构稳定性及防止冲刷等方面应有足够的可靠性；尽量减少渗漏水；水中围堰的堰顶标高一般要求在施工水位 $0.5\sim0.7m$ 以上围堰可用土、石、木、钢、混凝土等材料或预制件修建，在基础工程中并冠以材料命名，也有以结构形式命名的。例如利用下沉沉井作为防水围堰，称沉井围堰。中国江西九江长江大桥使用的双壁钢围堰即属此类。常用的围堰有下列几种：

1.土围堰

用土堆筑成梯形截面的土堤，迎水面的边坡不宜陡于 $1:2$（竖横比，下同），基坑侧边坡不宜陡于 $1:1.5$，通常用砂质黏土填筑。土围堰仅适用于浅水、流速缓慢及围堰底为不透水土层处。为防止迎水面边坡受冲刷，常用片石、草皮或草袋填土围护。在产石地区还可做堆石围堰，但外坡用土层盖面，以防渗漏水。

2.木板桩围堰

深度不大，面积较小的基坑可采用木板桩围堰。为了防渗漏，板桩间应有棒槽相接。当水不深时，可用单层木板桩，内部加支撑以平衡外部压力；水较深时，可用双壁木板桩，双壁之间用铁拉条或横木拉紧，中间填土。其高度通常不超过6~7m。

3.木笼围堰

在河床不能打桩、流速较大，同时盛产木材和石料的地区，可用木笼做围堰的堰壁。最常用的形式是用方木做成透空式木笼，迎水面设多层木板防水，就位后，在笼内填石。为减少与河床接触处的漏水，一般用麻袋盛土或混凝土堆置在木笼堰壁外侧。近代也有用钢筋混凝土预制构件装配的笼式围堰。

4.钢板桩围堰

钢板桩围堰是最常用的一种板桩围堰。钢板桩是带有锁口的一种型钢，其截面有直板形、槽形及Z形等，有各种大小尺寸及连锁形式，常见的有拉尔森式、拉克万纳式等。其优点为：强度高，容易打入坚硬土层；可在深水中施工，防水性能好；能按需要组成各种外形的围堰，并可多次重复使用。因此，它的用途广泛。在桥梁施工中常用于沉井顶的围堰，管柱基础、桩基础及明挖基础的围堰等。这些围堰多采用单臂封闭式围堰内有纵横向支撑，必要时加斜支撑成为一个围笼。如中国南京长江大桥的管柱基础，曾使用钢板桩圆形围堰，其直径21.9m，钢板桩长36m，待水下混凝土封底达到强度要求后，抽水筑承台及墩身，抽水设计深度达20m。在水工建筑中，一般施工面积很大，则常用以做成构体围堰。它是由许多互相连接的单体所构成，每个单体又由许多钢板桩组成，单体中间用土填实。围堰所围护的范围很大，不能用支撑支持堰壁，因此每个单体都能独自抵抗倾覆、滑动和防止连锁处的拉裂。常用的有圆形及隔壁形等形式。

5.锁口管柱围堰

我国1957年在湖北省明山水库，将有锁口的直径1.55m的钢筋混凝土管柱连成一排，作为防渗墙。20世纪60年代以后，日本发展的钢锁口管柱围堰是将钢管柱连锁成为一个整体，可建成任何形状。若将它作为永久基础使用，则称钢锁口管柱沉井基础，如1978年开始建造的大和川斜张桥，水中三个主墩就是用锁口钢管柱围成直径30~33m、入土深40~50m的这种基础。

钢筋混凝土（或预应力混凝土）板桩围堰，一般在围堰建成后仍需长期保留时才使用板桩截面两侧用柠槽或钢件连接，桩底部向一面倾斜，便于打入地内，同时易使两相邻桩密合。主要用于港湾码头的驳岸及水工建筑的截水墙等。

6.混凝土围堰

一般在河床无覆盖层的岩面，且水压较高处使用。它的主要特点是耐冲刷、安全性大、防透水性好，可以考虑作为永久性结构物的一部分，但施工较困难。一般主要用于水工建筑中，其他土木工程中较少采用。

（二）其他分类

按围堰与水流方向的相对位置分为横向围堰和纵向围堰；按导流期间基坑是否允许淹没分为过水围堰和不过水围堰。

围堰施工应严格按照施工方法和施工工艺流程组织施工，尚应注意以下几点：堰底内侧坡脚距基坑顶缘距离不应小于1.0m；围堰填筑前应清理堰底处的树根、草皮、石块等杂物、如有冰块必须彻底清除，填筑时应自上游开始至下游合拢；应先在顶部支撑，才可抽水逐层安设支撑；应防止锁口损坏和由于自重而引起变形，在堆存期间应防止变形和锁口内积水，并采用坚固夹具；应在锁口内填充防水混合料，再用油灰和棉絮填塞接缝。

五、基底检验规定与处理

（一）基底检验

基底检验的主要内容包括检查基底平面位置、尺寸大小、基底标高；检查基底土质均匀性、地基稳定性及承载力等；检查基底处理和排水情况；检查施工日志及有关试验资料等。按《桥涵施工技术规范》的要求，基底平面周线位置允许偏差不得大于20cm，基底标高不得超过+5cm（土质）、+520cm（石质）。

基底检验根据桥涵大小、地基土质复杂情况（如溶洞、断层、软弱夹层、易熔岩等）及结构对地基有无特殊要求等，按以下方法进行：

①小桥涵的地基，一般采用直观或触探方法，必要时进行土质试验，特殊设计的小桥涵对地基沉陷有严格要求，且土质不良时，宜进行荷载试验。对经加固处理后的特殊地基，一般采用触探或做密实度检验等。

②大、中桥和填土12m以上涵洞的地基，一般由检验人员用直观、触探、挖试坑或钻探（钻深至少4m）试验等方法，确定土质容许承载力是否符合设计要求。对地质特别复杂，或在设计文件中有特殊要求，或虽经加固处理又经触探、密实度检验后尚有疑问时，需进行荷载试验，确认符合设计要求后，方可进行基础结构物施工。

（二）基底处理

基底处理的主要方法有：换填土法、桩体挤密法、砂井法、袋装砂井法、预压法加固地基、强夯法、电渗法、振动水冲法、深层搅拌桩法、高压喷射注浆法、化学固化剂法等。对于一般软弱地基土层加固处理方法可归纳为以下4种类型：

①换填土法：将基础下软弱土层全部或部分挖除，换填力学物理性质较好

的土。

②挤密土法：用重锤夯实或砂桩、石灰桩、砂井、塑料排水板等方法，使软弱土层挤压密实或排水固结。

③胶结土法：用化学浆液灌入或粉体喷射搅拌等方法，使土壤颗粒胶结硬化，改善土的性质。

④土工聚合物法：用土工膜、土工织物、土工格栅与土工合成物等加筋土体，以限制土体的侧向变形，增加土的周压力，有效提高地基承载力。

六、基础的施工

桥梁基础的作用是承受上部结构传来的全部荷载，并把它们和下部结构荷载传递给地基。

因此，为了全桥的安全和正常使用，要求地基和基础要有足够的强度、刚度和整体稳定性，使其不产生过大的水平变位或不均匀沉降。

与一般建筑物基础相比，桥梁基础埋置较深，由于作用在基础上的荷载集中而强大，加之浅层土一般比较松软，很难承受住这种荷载，故有必要把基础向下延伸，使其置于承载力较高的地基上；对于水中墩台基础，由于河床受到水流的冲刷，桥梁基础必须有足够的埋深，以防冲刷基础底面（简称基底）而造成桥梁沉陷或倾覆事故。一般规定桥梁的明挖、沉井、沉箱等基础的基底按其重要性和维修加固难易，应埋置在河床最低冲刷线以下至少 2~5m。对于冻胀土地基，基底应在冻结线以下至少 0.25m。对于陆地墩台基础，除考虑地基冻胀要求外，还要考虑生物和人类活动及其他自然因素对表土的破坏，基底应在地面以下不小于10m。对于城市桥梁，常把基础顶置于最低水位或地面以下，以免影响市容。基顶平面尺寸应较墩台底的截面尺寸大，以利施工。在水中修建基础，不仅场地狭窄、施工不便，还经常遇到汛期威胁及漂流物的撞击。在施工过程中如遇到水下障碍，还需进行潜水作业。因此，修建水中基础，一般工期长、技术复杂、易出事故、工程量大，造价常常占到整个桥梁造价的一半，故桥梁基础的修建在整个桥梁工程中占有很重要的地位。

为建造基础而开挖的基坑，其形状和开挖面的大小可视墩台基础及下部结构的形式、施工条件的要求，挖成方形、矩形或长条形的坑槽，基坑的深度而基础埋置深度而定。基坑开挖的断面是否设置坑壁围护结构，可视土的类别性质、基坑暴露时间长短、地下水位的高低以及施工场地大小等因素而定。开挖基坑时常采用机械与人工相结合的施工方法，它不需要复杂的机具，技术条件较简单易操作，常用的机具多为位于坑顶由起吊机操纵的挖土斗和抓土斗，大方量的特大基坑也可用铲式挖土机、铲运机和自卸车等。基坑采用机械挖土，挖至距设计标高约0.3m时，应采用人工补控修整，以保证地基土结构不被扰动破坏。具体工序如下：

（一）准备工作

在开挖基坑前，应做好复核基坑中心线、方向和高程，并应按地质水文资料，结合现场情况，决定开挖坡度、支护方案以及地面的防水、排水措施。放样工作系根据桥梁中心线与墩台的纵横轴线，推算出基础边线的定位点，再放线画出基坑的开挖范围。基坑底部的尺寸较设计平面尺寸每边各增加0.5~1.0m，以便于支撑、排水与立模（坑壁垂直的无水基坑坑底，可不必加宽，直接利用坑壁作基础模板亦可）。

（二）基坑开挖

1.坑壁不加支撑的基坑

对于在干涸河滩、河沟中，或经改河或筑堤能排除地表水的河沟中，在地下水位低于基底，或渗透量少，不影响坑壁稳定，以及基础埋置不深，施工期较短，挖基坑时不影响邻近建筑物安全的场所，可选用坑壁不加支撑的基坑。

黏性土在半干硬或硬塑状态，基坑顶无活荷载，稍松土质，基坑深度不超过0.5m，中等密实（锹挖）土质基坑深度不超过1.25m，密实（镐挖）土质基坑深度不超过2.0m时，均可采用垂直坑壁基坑、基坑深度在5m以内，土的湿度正常时，采用斜坡坑壁开挖或按坡度比值挖成阶梯形坑壁，每梯高度为0.5~1.0m为宜，可作为人工运土出坑的台阶。基坑深度大于5m时，坑壁坡度适当放缓，或加做平台。土的湿度影响坑壁的稳定性时，应采用该湿度下土的天然坡度或采取加固坑壁的措施。当基坑的上层土质适合敞口斜坡坑壁条件时，下层土质为密实黏性土或岩石可用垂直坑壁开挖，在坑壁坡度变换处应保留至少0.5m的平台。

2.坑壁有支撑的基坑

当基坑壁坡不易稳定并有地下水，或放坡开挖场地受到限制，或基坑较深，放坡开挖工程数量较大，不符合技术经济要求时，可根据具体情况，采取加固坑壁措施，如挡板支撑、钢木结合支撑、混凝土护壁及锚杆支护等。混凝土护壁一般采用喷射混凝土。根据经验，一般喷护厚度为5~8cm，一次喷护需1~2h。一次喷护如达不到设计厚度，应等第一次喷层终凝后再补喷，直至要求厚度为止。喷护的基坑深度应按地质条件决定，一般不宜超过10m。

第二节　钻孔灌注桩基础施工

1.开挖桩孔

桩孔一般采用人工开挖，开挖之前应清除现场四周及山坡上的悬石、浮土等，排除一切不安全的因素，设置好孔口四周的临时围护和排水设备。在孔口应采取措施防止土石掉入孔内，并安排好排土提升设备（卷扬机或木绞车等），布置好弃土通道，必要时孔口应搭雨棚。在挖孔过程中要随时检查桩孔尺寸和平面位置，防止产生误差。注意施工安全，下孔人员必须佩戴安全帽和安全绳，必须经常检查提取土渣的机具。孔深超过 10m 时，应经常检查孔内 CO_2 含量，如超过 0.3% 应采取通风措施。孔内如用爆破施工，采用浅眼爆破法，严格控制炸药用量并在炮眼附近加强支护，以防止振坍孔壁。孔深大于 5m 时，应采用电雷管引爆，爆破后应先通风、排烟 15min 并经检查孔内无毒后，施工人员方可下孔继续开挖。

2. 护壁和支撑

在挖孔灌注桩开挖过程中，开挖和护壁两个工序必须连续作业，以确保孔壁不坍塌。应根据水质、水文条件、材料来源等情况因地制宜地选择支撑及护壁方法。桩孔较深、土质较差、出水量较大或遇流沙等情况时，宜就地灌注混凝土护壁，每下挖 1~2m 灌注一次，随挖随支。

护壁厚度一般为 0.15~0.20m，混凝土强度等级为 C15~C20，必要时可配置少量的钢筋，也可下沉预制钢筋混凝土圆管作为护壁。如土质较松散而渗水量不大，可考虑用木料作框架式支撑或在木框架后面铺架木板作支撑。木框架之间或木框架与木板之间应用扒钉钉牢，木板后与土面之间也应塞紧。如土质情况尚好，渗水不大，也可用荆条、竹笆作护壁，随挖随护壁，以保证挖土安全进行。

3. 排水孔

如孔内渗水量不大，可采用人工排水（用手摇木绞车或小卷扬机配合提升）；渗水量较大，可用高扬程抽水机或将抽水机吊入孔内抽水。若同一墩台有几个桩孔同时施工，可以安排一孔超前开挖，使地下水集中在一孔再排除。

4. 吊装钢筋骨架及灌注桩身混凝土。

挖孔达到设计深度后，应进行孔底处理。必须做到孔底表面无松渣、泥、沉淀土，保证桩身混凝土与孔壁及孔底密贴，受力均匀。如地质条件复杂，应进行钎探以了解孔底以下地质情况是否满足设计要求，否则应与监理、设计单位研究处理。吊装钢筋骨架及灌注水下混凝土的有关方法及注意事项与钻孔灌注桩基本相同。

第三节　沉井基础施工

沉井基础是桥梁工程中经常用到的基础形式，因沉井在最初制作时无底无盖，呈筒状，故又称为井筒。

沉井通常采用钢材、混凝土或钢筋混凝土制成，具有强度高、质量大、外形庞大、容易下沉的特点。当采用合适的方式将其沉降到稳定地层中时，沉井将以稳定的状态和较大的支撑截面，为建造在其顶面上的结构物提供强大、稳定的支撑。因此，在软土沉积很厚的地方常选择沉井作为桥墩基础。沉井主要由井壁、刃脚和隔墙等组成。沉井既是基础结构的组成部分，又在下沉过程中起着挡土和挡水的围护作用，不需要另设坑壁支护结构，施工工艺简单，技术稳妥可靠，不需要特殊的专业设备。此外，其可做成补偿性基础，既节省了材料，又简化了施工工序，因而在深基础或地下结构中被广泛应用。

一、沉井的类型

（一）按平面外形划分

按平面外形划分，沉井可分为圆形沉井、矩形沉井和圆端形沉井。

①圆形沉井：易控制下沉方向，取土方便，在水压力作用下，井壁只承受环向压力。

②矩形沉井：制造简单，基础受力有利。其四角一般做成圆角，以减小井壁的摩阻力和取土清底的难度。但其阻水面积大，易造成严重冲刷，井壁承受的挠曲弯矩较大。

③圆端形沉井：介于上述两者之间，在控制下沉、受力状态、阻水冲刷方面相较于矩形沉井更有优势，但制造相对复杂。

（二）按仓室分布分类

当沉井平面尺寸较大时，往往根据井壁侧向承受的弯矩、施工要求及上部结构的需要，在沉井中设置面墙，将沉井平面分成多格，沉井内部空间被分成多个仓室。按照仓室的分布，沉井可分为圆形单仓沉井和矩形三仓沉井。

二、沉井的构成

（一）刃脚

刃脚在沉井的最下端，用钢板做成，形如刀刃。当沉井下沉时，起切入土中的作用。

（二）井壁

井壁是沉井的外壁，用钢筋混凝土逐节现浇而成。在下沉的过程中，除起挡土作用外，还以其自重克服外壁与地基土间的摩阻力和刃脚底部的土阻力，使沉井逐渐下沉直至设计高程。

（三）隔墙

隔墙把沉井分成若干小间，以减小外侧土压力对井壁的弯矩，加强沉井的刚度。此外，隔墙使施工便于挖土和控制沉井下沉的偏差。

（四）井孔

井孔是挖土、排土的工作场所和通道。井孔尺寸应满足施工要求，宽度（直径）不宜小于3m。井孔应沿沉井中心轴对称布置，便于对称挖土，使沉井均匀下沉。

（五）凹槽

凹槽设在井孔下端近刃脚处，其作用是使封底混凝土与井壁有较好的结合，封底混凝土底面的反力更好地传给井壁（如为井孔全部填实的实心沉井也可不设凹槽）。凹槽深0.15~0.25m，高约1.0m。

（六）射水管

当沉井下沉深度大，穿过的土层土质又较好，估计下沉会产生困难时，可在井壁中预埋射水管组。射水管应均匀布置，以利于控制水压和水量，以便于调整下沉方向，一般水压不小于600kPa。

（七）封底和盖板

沉井沉至设计高程并进行清基后，便浇筑封底混凝土。混凝土强度达到设计强度后，可从井孔中抽干水并填满混凝土或其他圬工材料。如井孔中不填料或仅填砂砾，则须在沉井顶面浇筑钢筋混凝土盖板，盖板厚度一般为1.5~2.0m。封底混凝土底面承受地基土和水的反力，这就要求封底混凝土有一定的厚度（可由应力验算确定），其厚度根据经验也可取不小于井孔最小边长的1.5倍。封底混凝土顶面应至少高出刃脚根部0.5m，并浇灌到凹槽上端。封底混凝土强度等级，对岩石地基为C15，一般地基为C20。井孔中充填的混凝土，其强度等级不应低于C10。

三、水中沉井的施工

（一）筑岛法

水流速度不大，水深在4m以内时，可用筑岛法。筑岛材料为砂或砾石，周围用草袋围护，如水深较大可做围堰防护。岛面应比沉井周围宽出2m以上，宽出部分作为护道，并应高出施工最高水位0.5m以上。筑岛地基强度应符合要求，然后在岛上浇筑沉井。如筑岛对水面的压缩较大，可采用钢板桩围堰筑岛。

（二）浮运法

水深较大，如超过 10m，采用筑岛法很不经济，且施工也较困难，可改用浮运法施工。沉井在岸边做成，利用在岸边铺成的滑道滑入水中，然后用绳索引到设计墩位。

沉井井壁可做成空体形式或采用其他措施（如带木底或装上钢气筒）使沉井浮于水上，也可以在船坞内制成，用浮船定位和吊放下沉，或利用潮汐，在水位上涨时浮起，再浮运至设计位置，沉井就位后，用水或混凝土灌入空体，使沉井徐徐下沉直至河底。或依靠在悬浮状态下接长沉井及填充混凝土，使它逐步下沉。每个步骤均需保证沉井本身有足够的稳定性。沉井刃脚切入河床一定深度后，可按前述下沉方法施工。

四、陆地沉井的施工

陆地上的沉井采用在墩台位置处就地制造，然后取土下沉的方法施工。因这种施工方法是在原地制作，故不需要大型设备，且施工方便，成本低。通常情况下，沉井比较高，故可以分段制造、分段下沉。其中，第一节沉井的制作和下沉尤为重要。

（一）第一节沉井的制作

第一节沉井应建造在土质较好的土层上。当土层强度不能满足建造第一节沉井的质量要求时，可对地基进行处理或减小沉井节段的高度。由于沉井自重较大，刃脚底部窄，应力集中，所以应在沉井刃脚下对称地铺垫枕木，再立模，绑扎钢筋，浇筑第一节沉井混凝土，下沉时，应按顺序对称地抽出枕木，以防止沉井出现倾斜和开裂。

（二）沉井下沉

在沉井仓室内不断取土可使沉井下沉。下沉方法可分为排水下沉和不排水下沉两种。

对于水位以上部分或渗水量小的土层，可采取人工和机械挖土；当井内水位上升时，可采用抓土斗或水力吸泥机取土，待沉井顶面高出地面 1~2m 时应停止挖土，接高沉井。

（三）封底、填充填料及浇筑盖板

封底之前应对基底进行检验和处理，一般情况下，采用不排水封底，封底厚度应满足沉井底部不渗水的要求。封底施工完毕后再填充填料、浇筑盖板。

第四节　桥梁墩台施工

桥墩、桥台（桥梁墩台）为桥梁的下部结构，是桥梁的重要组成部分。桥梁墩台的主要作用是承受上部结构传来的荷载，并将荷载及桥梁墩台自重传给地基。桥墩支承相邻的两孔桥跨。桥台居于全桥的两端，它的前端支承桥跨，后端与路基衔接，起着支挡台后路基填土并把桥跨与路基连接起来的作用。

桥梁墩台除承受上部结构的作用力外，桥墩还承受风力、流水压力及可能发生的冰压力、船只和漂流物的撞击力，桥台还需要承受台背填土及填土车辆荷载产生的附加侧压力。因此，桥梁墩台不仅本身应具有足够的强度、刚度和稳定性，而且对地基的承载力、沉降量、地基与基础之间的摩阻力等也都有一定的要求。

一、桥墩

（一）桥墩的分类

桥墩按构造特征分为重力式（实心）桥墩、薄壁空心桥墩、多柱式柔性桥墩、V形桥墩等。

桥墩按变形能力分为刚性桥墩、柔性桥墩。

桥墩按截面形状分为矩形墩、圆形墩、圆端形墩、尖端形墩、组合截面墩。

（二）重力式桥墩

重力式桥墩依靠自身的重量和桥面传来的永久荷载抵抗水平荷载，通常截面尺寸较大。

重力式桥墩在水平荷载作用下将产生弯矩，最大弯矩在墩底截面处。在此弯矩作用下，横截面内将产生弯曲正应力，一部分截面受拉、一部分截面受压；桥墩在自重和桥跨传来的竖向永久荷载作用下，横截面内产生压应力；此压应力完全抵消弯曲拉应力，因而最终横截面上没有拉应力。

重力式桥墩多采用简单的流线型截面形状，如圆端形墩、尖端形墩、圆角形墩等，以便桥下水流顺畅地绕过桥墩，减少阻水及墩旁冲刷。因重力式桥墩横截面内没有拉应力，一般采用抗拉强度很低的砖石材料或混凝土材料建造。

（三）空心桥墩

1.部分镂空实体桥墩

部分镂空实体桥墩仍具有重力式桥墩的基本特点，如较大的轮廓、较大的圬工量、较少的钢筋用量等。镂空的目的是在截面强度和刚度足以承担外荷载的条件下减少圬工量，使桥墩结构更经济。

但镂空部位受到一定的条件限制，如在墩帽下一定高度范围内，为保证上部结构的荷载能安全有效地传递给墩身镂空部分的墩壁，应设置一定的实体过渡段。在镂空部分与实体部分连接处，应设置倒角或配置构造钢筋，以避免在墩身的传力路径中产生局部应力集中。易遭漂浮物撞击或易磨损、需防冰害的墩身部分，一般不宜镂空。

2.薄壁空心桥墩

针对重力式桥墩建筑材料用量多、力学性能利用低的情况，薄壁空心桥墩应运而生。

一般高度的空心墩比实体墩省工20%~30%，钢筋混凝土空心墩则比实体墩省工50%左右。

当墩高小于50m时，混凝土空心墩的壁厚一般要求不小于30cm。有资料表明，跨度为12~26m的多跨连续梁桥，桥墩壁厚可做成40~80cm，造价比一般桥墩节约20%以上。

空心桥墩的截面形式有圆形、圆端形、长方形等。沿墩高一般采用可滑模施工的变截面，即采用斜坡式立面布置，墩顶和墩底部分可设实心段，以便设置支座与传递荷载。

（四）柔性桥墩

柔性桥墩的墩帽上设置活动支座，桥梁热胀冷缩时产生的水平推力及刹车制动力，通过桥梁传给桥墩的水平力，都因活动支座而使桥墩免于承受这些压力。

柔性桥墩造型纤细，为了承受竖向荷载，墩身要加入一些粗钢筋和采用高强度材料。柔性桥墩也可以做成薄壁空心的。

（五）V形桥墩

V形桥墩的出现不仅扩展了桥墩的类型，还给桥梁的结构造型增添了新的形态。V形桥墩在改变桥墩受力特征的同时，也改变了桥墩以往那种朴拙的外形，使得桥梁的结构整体造型更显轻巧、美观。扩展的V形桥墩包括Y形、X形、倒梯形桥墩等。V形桥墩可以缩短梁的跨径，从而可以采用更为简单的梁截面，进而可降低梁的高度和造价，增强桥梁的跨越能力，还可以改善桥梁结构的造型。V形桥墩与主梁的连接可以是固接，也可以是铰接。前者连接后部分称为V形桥墩斜撑刚架，后者连接后部分称为V形桥墩连续梁。V形桥墩斜撑刚架两斜撑的夹角根据桥下通航净空及斜撑与主梁的内力关系来确定。

二、桥台

（一）重力式桥台

重力式桥台主要靠自重来平衡台后的土压力，桥台本身多数由石块、片石混凝土或混凝土等圬工材料建造，并用就地浇筑的方法施工。重力式桥台依据桥梁跨径、桥台高度及地形条件的不同有多种形式，常用的类型有U形桥台、埋置式桥台、八字式桥台和一字式桥台。

（二）轻型桥台

轻型桥台一般由钢筋混凝土材料建造，其特点是用这种结构的抗弯能力来减少圬工体积而使桥台轻型化。常用的轻型桥台有薄壁轻型桥台和支撑梁轻型桥台。轻型桥台适用于小跨径桥梁，桥跨孔数与轻型桥墩配合时不宜超过3个，单孔跨径不大于13m，多孔全长不宜大于20m。

（三）框架式桥台

框架式桥台是一种在横桥向呈框架式结构的桩基础轻型桥台，它所承受的土压力较小，适用于地基承载力较低、台身较高、跨径较大的梁桥。其构造形式有柱式、肋墙式、半重力式、双排架式、板凳式等。

（四）组合式桥台

为使桥台轻型化，桥台本身主要承受桥跨结构传来的竖向力和水平力，而台后的土压力由其他结构来承受，进而形成了组合式桥台。常见的形式有锚定板式、过梁式、框架式及桥台与挡土墙的组合等形式。

三、桥梁墩台施工

（一）钢筋混凝土墩台施工

1.墩台模板

①模板设计的一般原则如下

a.宜优先使用胶合板和钢模板；在计算荷载作用下，对模板结构按受力程序分别验算其强度、刚度及稳定性；模板板面之间应平整，接缝严密，不漏浆，保证结构物外露面美观，线条流畅，可设倒角；结构简单，制作、拆装方便。

b.模板可采用钢材、胶合板、塑料和其他符合设计要求的材料制成；浇筑混凝土之前，木板应涂刷脱模剂，外露面混凝土模板的脱模剂应采用同一种品种，不得使用废机油等油料，且不得污染钢筋及混凝土的施工缝等。重复使用的模板应经常检查、维修。

②混凝土及钢筋混凝土墩台的模板主要有拼装式模板、整体吊装模板、组合型钢模板、滑动钢模板等。

a.拼装式模板：拼装式模板是将各种尺寸的标准模板，利用销钉连接，并与拉杆、加劲构件等组合，形成墩台所需形状的模板。将墩台表面划分为若干小块，尽量使每部分板扇尺寸相同，以便于周转使用。板扇高度通常与墩台分节灌注高度相同，一般可为3~6m，宽度可为1~2m，具体视墩台尺寸和起吊条件而定。拼装式模板由于在厂内加工制造，因此，板面平整，尺寸准确，体积小，质量轻，拆装容易、快速，运输方便，应用广泛。

b.整体吊装模板：根据墩台高度分层支模和浇筑混凝土，每层的高度应视墩台尺寸、模板数量和浇筑混凝土的能力而定，一般为2~4m；用吊机吊起大块板扇，按分层高度安装好第一层模板，其组装方法同低墩台组装模板；模板安装完成后在浇筑第一层混凝土时，应在墩台身内预埋支承螺栓，用以支承第二层模板和安装脚手架。

c.组合型钢模板：组合型钢模板是以各种长度、宽度及转角的标准构件，用定型的连接件拼成的结构用模板。组合型钢模板具有体积小、质量轻、运输方便、装拆简单、接缝紧密等优点，适用于在地面拼装、整体吊装的结构。

d.滑动钢模板：滑动钢模板适用于各种类型的桥墩。

在工程中，各种模板可根据墩台高度、墩台形式、机具设备、施工期限等条件，因地制宜，合理选用。

验算模板的刚度时，其变形值不得超过下列数值：结构表面外露的模板，挠度为模板构件跨度的1/400；结构表面隐蔽的模板，挠度为模板构件跨度的1/250；钢模板的面板变形为1.5mm，钢模板的钢棱、柱箍变形为3.0mm。

模板安装前应对模板尺寸进行检查；安装时要坚实牢固，以免振捣混凝土时引起跑模、漏浆；安装位置要符合结构设计要求。

2.混凝土的浇筑

桥梁墩台具有垂直高度较大、平面尺寸相对较小的特点，其混凝土浇筑方法有别于梁或承台等构件的混凝土浇筑方法。墩台混凝土运输方式不仅有水平运输，还有难度较大的垂直运输。

通常采用的混凝土运输方法有：利用卷扬机和升降电梯平台通过手推车运送混凝土；利用塔式起重机吊斗输送混凝土；利用混凝土输送泵将混凝土送至高空用料点等。混凝土在运输过程中应有足够的初凝时间，保证混凝土的浇筑质量。

采用泵送混凝土时，应防止堵管现象的发生。在进行大体积墩台混凝土浇筑时应分层分块浇筑。同时，应控制混凝土的水化热。一般情况下，其应符合相关桥涵施工质量标准的要求。当平截面面积过大，次层混凝土不能在前层混凝土初凝或被重塑前浇筑完成时，可进行分块浇筑。分块浇筑时应符合相关规定：分块时宜合理布置，各分块平截面面积应小于50m²；各分块的高度不宜超过2m；块与块之间的水平接缝面应与基础平截面的短边平行，且与截面边界垂直；邻层混凝土间的竖向接缝位置应错开，做成企口，并按施工缝处理。

大体积混凝土应参照下述方法控制混凝土的水化热温度：用改善集料级配，降低水灰比，掺加混合料、外加剂、片石等方法来减少水泥用量；采用水化热低的大坝水泥、矿渣水泥、粉煤灰水泥或低强度等级的水泥；减小浇筑层厚度，以加快混凝土的散热速度；混凝土用料应避免日光暴晒，以降低初始温度；在混凝土内埋设冷却管并通水冷却。

（二）砌筑墩台施工

1.施工准备

①对石料与砂浆的要求

a.石砌墩台是用片石、块石、粗料石、水泥砂浆砌筑的，石料与砂浆的规格要符合有关规定。

b.浆砌片石一般适用于高度小于6m的墩台身、基础、镶面及各式墩台身填腹；浆砌块石一般用于高度大于6m的墩台身、镶面或应力要求大于浆砌片石砌体强度的墩台；浆砌粗料石则用于磨耗及冲击严重的分水体及破冰体的镶面工程及有整齐美观要求的桥墩台身等。

②对脚手架的要求

将石料吊运并安砌到正确位置是砌石工程中比较困难的工序。当重量小或距地面不高时，可用简单的马凳、跳板直接运送；当重量较大或距地面较高时，可采用固定式动臂吊机、桅杆式吊机或井式吊机将材料运到墩台上，然后再分运到安砌地点。

用于砌石的脚手架应环绕墩台搭设，用以堆放材料并支承施工人员砌镶面定位行列及勾缝。脚手架一般采用固定式轻型脚手架（适用于高度在6m以下的墩台）、简易活动脚手架（适用于高度在25m以下的墩台）及悬吊式脚手架（用于较高的墩台）。

③砌筑环节的注意事项

a.砌块在使用前必须浇水湿润，表面如有泥土、水锈，应清洗干净。砌筑基础的第一层砌块时，若基底为岩层或混凝土基础，应先将基底表面清洗、湿润，再坐浆砌筑；若基底为土质，可直接坐浆砌筑。

b.砌体应分层砌筑，砌体较长时可分段分层砌筑，但两相邻工作段的砌筑差一般不宜超过1.2m；分段位置宜尽量设在沉降缝或伸缩缝处，各段水平砌缝应一致。

c.为使外表美观，石砌墩台常选择较整齐的石料砌筑外层。里层则可使用一般石料，但应注意里外交错地连接成一体，不可砌成外面一环后，里面杂乱填芯。

d.砌筑上层砌块时，应避免振动下层砌块。砌筑工作中断后恢复砌筑时，已砌筑的砌层表面应加以清扫和湿润。

e.墩台侧面为斜面，为砌筑方便，当用料石或预制块砌筑时，可用收台方式形成墩台身的斜面。此时，台阶内凹顶点的连接线应与墩台设计线相一致。

f.在砌筑中应经常检查平面外形尺寸及侧面坡度是否符合设计要求。检查平面尺寸时，应先用经纬仪恢复墩台中心线位置，再按中心线量出外轮廓尺寸。至少每2m高度复测一次。有偏差但不超过允许值时，在下一段砌筑时逐渐纠正。若超出允许偏差，应返工重砌。

g.砌筑完后所有砌石（块）均应勾缝，勾缝必须平顺，无脱落现象。

2.砌筑方法

同一层石料及水平灰缝的厚度要均匀一致，每层按水平砌筑，丁顺相间，砌石灰缝应互相垂直，灰缝宽度和错缝按相关规定进行控制。砌石顺序为先角石，再镶面，后填腹。

填腹石的分层高度应与镶面石相同；圆端、尖端及转角形砌体的砌石顺序应自顶点开始，按丁顺排列安砌镶面石。

3.桥墩、台帽施工

①放样。桥墩、桥台混凝土浇筑或砌石砌至离桥墩、台帽下缘300~500mm时，即需测出桥墩、台帽纵横中心轴线，并开始竖立桥墩、台帽模板，安装锚栓孔或安装预埋支座垫板，绑扎钢筋等；台帽放样时，应注意不要以基础中心线作为台帽背墙线；模板立好后，在浇筑混凝土前应再次复核，以确保桥墩、台帽中心、支座垫石等的位置、方向和高程不出差错。

②桥墩、台帽模板安装。桥墩、台帽是支承上部结构的重要部分，其位置、尺寸和高程的准确度要求较严，桥墩、台身混凝土浇筑至桥墩、台帽下300~500mm处就应停止浇筑，待桥墩、台帽模板立好后再浇筑，以保证桥墩、台帽底有足够厚度的紧密混凝土。

③钢筋和支座垫板的安设。桥墩、台帽上支座垫板的安设一般采用预埋支座垫板和预留锚栓孔的方法。前者需在绑扎墩台帽和支座垫石钢筋时，将焊有锚固钢筋的钢垫板安设在支座的准确位置上，即将锚固钢筋和桥墩、台帽骨架钢筋焊接固定。同时，用木架将钢垫板固定在桥墩、台帽模板上。在施工时采用此法，垫板位置不易准确，应经常校正。后者需在安装墩台帽模板时，安装好预留孔模板，在绑扎钢筋时注意将锚栓孔位置留出，支座安装施工方便，支座垫板位置

准确。

（三）装配式墩台施工

装配式墩台可用于预应力混凝土、钢筋混凝土薄壁空心墩或轻型桥墩，采用拼装法施工。装配式桥墩主要由实体部分墩身、拼装部分墩身和基础组成。实体墩身与基础采用就地现浇施工，在浇筑实体墩身与基础时应考虑其与拼装部分的连接、抵御洪水和漂流物的冲击、锚固预应力筋、调节拼装墩身高度等问题。

拼装部分墩身由基本构件、隔板、顶板和顶帽等部分组成，在工厂制作，运到桥位处拼装成桥墩。拼装部分墩身的分块根据桥墩的结构形式、吊装、起重和运输能力决定。拼装要根据施工现场的具体情况拟定施工细则，认真组织施工。

1.拼装接头

①承插式接头。承插式接头连接是将预制构件插入相应的承台预留孔内，插入长度一般为 1.2~1.5 倍的构件宽度，底部铺设 2cm 厚的砂浆，四周以半干硬性混凝土填充，这种方法常用于立柱与基础的接头连接。

②钢筋锚固接头。钢筋锚固接头连接是使构件上的预留钢筋形成钢筋骨架，插入另一构件的预留槽内，或将钢筋互相焊接后再浇筑混凝土，这种方法多用于立柱与墩帽处的连接。

③焊接接头。焊接接头连接是将预埋在构件中的钢板与另一构件的预埋钢板用电焊连接，外部再用混凝土封闭。这种方法易于调整误差，多用于水平连接杆与立柱间的连接。

④扣环式接头。扣环式接头连接即相互连接的构件按预定位置预埋环式钢筋。安装时，柱脚先安置在承台的柱心上，上、下环式钢筋互相错接，扣环间插入 U 形钢筋焊接，之后立模浇筑外侧接头混凝土。

⑤法兰盘接头。采用法兰盘接头时，在连接构件两端安装法兰盘，连接时要求法兰盘预埋件的位置必须与构件垂直，接头处可以不采用混凝土封闭。

2.砌块式墩台施工

砌块式墩台安装前的准备工作与石砌墩台相同，只是预制砌块的形式因墩台形状不同而有很多变化。基坑坑底整平后，经检验合格后铺设砂、砾石或碎石垫层并夯实整平，铺好坐浆后安装墩台。其施工方法和注意事项主要包括以下几点：预制砌块时，吊环宜设于凹窝内，使其不突出顶面，以免妨碍拼装，同时，也省去切除吊环工序；吊运安装机具可采用各种自行式吊车、龙门架、简易缆索吊机设备或各种扒杆；砌块安装时应对准位置安放平稳，若位置不准确，应吊起重放，不得用撬棍拨移；安砌时，平缝用较干砂浆。砌缝宽度应不大于 1cm，为防止水平缝砂浆全被上层砌块挤出，可在水平缝中垫以铁片，其厚度需小于铺筑的砂浆。

竖向砌缝中的砂浆应插捣密实，砌筑外露面时应预留2cm的空缝以备勾缝之用，隐蔽面砌缝可随砌随刮平。竖向砌缝错缝应不小于20cm；每安装1m左右高的砌块应进行找平，控制灰缝厚度和标高。

3.装配式柱式墩台施工

装配式柱式墩台是将桥墩、桥台分解成若干轻型部件，在工厂或工地集中预制，再运送到现场装配。其形式有双柱式、排架式、板凳式和刚架式等。装配式柱式墩台施工应注意以下几个问题。

①墩台柱构件与基础顶面预留环形基座应编号，并检查各个墩台高度是否符合设计要求；基础杯口四周与柱边的空隙不得小于2cm。

②墩台柱吊入基坑内就位时，应在纵横方向测量，使柱身垂直度或倾斜度及平面位置均符合设计要求；对重大、细长的墩柱，需用风缆或撑木固定，方可摘除吊钩。

③在墩台柱顶安装盖梁前，应先检查盖梁口预留槽眼位置是否符合设计要求，否则应先修凿。柱身与盖梁（顶帽）安装完毕并检查符合要求后，可在基坑空隙与盖梁槽眼处灌注稀砂浆，待其硬化后，撤除楔子、支撑或风缆，再在楔子孔中灌填砂浆。

④在基础或承台上安装预制混凝土管节、环圈作墩台的外模时，为使混凝土基础与墩台连接牢固，应将基础或承台中伸出的钢筋插入管节、环圈中间的现浇混凝土内，插入钢筋的数量和锚固长度应按设计规定或通过计算确定。管节或环圈的安装、管节或环圈内的钢筋绑扎和混凝土浇筑，应按《公路桥涵施工技术规范》（JTG/T3650-2020）有关的规定执行。

4.后张法预应力钢筋混凝土装配式墩台施工

后张法预应力钢筋混凝土装配式墩台采用的预应力钢材主要有高强度低松弛率钢丝和冷拉IV级粗筋两种。

高强度低松弛率钢丝的强度高，张拉力大，因此，所需预应力束的数量较少，施工时穿束较容易。在预应力钢丝束连接处，受预应力钢丝束连接器的影响，需要局部加厚构件的混凝土壁。对于冷拉IV级粗钢筋，要求混凝土预制构件中的预留孔道精度高，以利于冷拉IV级粗钢筋的连接。

后张法预应力钢筋混凝土装配式墩台的预应力张拉方式有两种，即在墩帽顶上张拉预应力钢丝束和在墩台底的实体部位张拉预应力钢丝束，一般在墩帽顶上张拉预应力钢丝束。

①在墩帽顶上张拉预应力钢丝束。在墩帽顶上张拉预应力钢丝束的主要特点是：张拉作业为高空作业，虽然张拉操作方便但安全性较差；预应力钢丝束锚固端可以直接埋入承台，而不需要设置过渡段；在墩台底截面受力最大的位置可以

发挥预应力钢丝束抗弯能力强的优势。

②在墩台底的实体部位张拉预应力钢丝束。在墩台底的实体部位张拉预应力钢丝束的主要特点是：张拉作业为地面作业，施工安全且方便；在墩台底要设置过渡段，既要满足预应力钢丝束张拉千斤顶的安放要求，又要布置较多的受力钢筋，以满足截面在运营阶段的受力要求；过渡段构件中预应力钢丝束的张拉位置与竖向受力钢筋间的相互关系较为复杂。应特别注意的是，压浆时最好由下向上压注，构件装配的水平拼装缝采用35号水泥砂浆灌缝，砂浆厚度为15mm。一方面，可以起到调节水平的作用，另一方面，可避免因渗水而影响预制构件的连接质量。

（四）滑升模板（滑模）施工

滑升模板整体支设在桥墩墩脚处，借助液压千斤顶和顶杆使模板沿墩身向上滑升。其主要优点为：施工进度快，在一般情况下，每昼夜平均进度可达5~6m；混凝土质量好，采用干硬性混凝土，机械振捣，连续作业，可提高墩台施工质量；节约木材和劳动力；滑动模板可用于直坡墩身，也可用于斜坡墩身。

1.滑模施工

①滑模组装。滑模在墩位上就地进行组装时，安装步骤如下。在基础顶面搭枕木垛，定出桥墩中心线；在枕木垛上先安装内钢环，并准确定位，再依次安装辐射梁、外钢环、立柱、千斤顶、模板等；提升整个装置，撤去枕木垛，再将模板落下就位，随后安装余下的设施；内外吊架待模板滑升至一定高度后，及时安装；模板在安装前，表面需涂润滑剂，以减少滑升时的摩阻力；组装完毕后，必须按设计要求及相关组装质量标准进行全面检查，并及时纠正偏差。

②灌注混凝土。滑模宜灌注低流动度或半干硬性的混凝土，灌注应分层、分段、对称地进行，分层厚度宜为20~30cm，灌注后混凝土表面距模板上缘宜有不小于15cm的距离。混凝土入模时，要均匀分布，采用插入式振动器振捣，振捣时应避免触及钢筋及模板，振动器插入下一层混凝土的深度不得超过5cm。脱模时混凝土强度应为0.2~0.5MPa，以防其自重压力下坍塌变形。为此，可根据气温、水泥强度等级经试验后掺入一定量的早强剂。脱模后8h左右开始养护，用吊在下吊架上的环绕墩身的带小孔的水管来供水。水管一般设在距模板下缘1.8~2.0m处，效果较好。

③提升与收坡。整个桥墩灌注过程可分为初次滑升、正常滑升和最后滑升三个阶段。从开始灌注混凝土到模板首次试升为初次滑升阶段。初灌混凝土的高度一般为60~70cm，分几次灌注，在底层混凝土强度达到0.2~0.4MP时MPa即可试升。将所有千斤顶同时缓慢起升5cm，以观察底层混凝土的凝固情况。现场鉴定

可用手指按刚脱模的混凝土表面，若基本按不动，但留有指痕，砂浆不沾手，用指甲划过有痕迹，滑升时有"沙沙"的摩擦声，这些现象表明混凝土已具有 0.2~0.4MPa 的出模强度，可以开始再缓慢提升 20cm 左右。初升后经全面检查设备合格后，即可进入正常滑升阶段。即每灌注一层混凝土，滑模提升一次，使每次灌注的厚度与每次提升的高度基本一致。在正常气温条件下，提升时间不宜超过 1h。滑升阶段是混凝土已经灌注到需要的高度，不再继续灌注，但模板尚需继续滑升的阶段。灌完最后一层混凝土后，每隔 1~2h 将模板提升 5~10cm，滑动 2 次或 3 次后即可避免混凝土模板胶合。滑模提升时应做到垂直、均衡一致，顶架间高差不大于 20mm，顶架横梁水平高差不大于 5mm。应三班连续作业，不得随意停工。随着模板的提升，应转动收坡丝杆，调整墩壁曲面半径，使之符合设计要求的收坡坡度。

④接长顶杆、绑扎钢筋。模板每提升一定高度后，就需要穿插进行接长顶杆、绑扎钢筋等工作。为了不影响提升时间，钢筋接头均应事先配好，并注意将接头错开。对预埋件及预埋的接头钢筋，滑模抽离后，要及时清理，使之外露。在整个施工过程中，若由于工序的改变，或发生意外事故，混凝土的灌注工作停止较长时间，需要进行停工处理。例如，每隔半小时左右稍微提升模板一次，以免黏结；停工时在混凝土表面要插入短钢筋等，以加强新老混凝土的黏结；复工时还需将混凝土表面凿毛，并用水冲走残渣，湿润混凝土表面，灌注一层厚度为 2~3cm 的 1∶1 水泥砂浆，然后再灌注原配合比的混凝土，继续滑模施工。

2.滑升模板施工方法的特点

滑升模板施工方法具有以下优点。

①机械化程度高。整套滑升模板均由电动液压机械提升，机械化程度高。

②施工速度快。施工过程中只需要进行一次模板组装，大大减少了模板拆装工序，实现了连续作业。竖向结构施工速度快，在一般气温下，每个昼夜的平均施工进度可达 5~6m。

③结构整体性好。滑升模板体系刚度高且可连续作业，各层混凝土之间不留施工缝，从而大大提高了墩台混凝土浇筑的内在质量和外观质量。

④节约模板和劳动力，有利于安全施工。滑升模板事先在地面上组装，施工中不再变化，模板的利用率很高。不但可以大量节约模板，还极大地减少了装拆模板的劳动力，方便浇筑混凝土，改善了操作条件，因而有利于安全施工。

⑤适应性强。该方法不但可用于直坡墩身的施工，还可用于斜坡墩身的施工。

滑升模板施工方法具有以下缺点：一次性投资大；建筑物立面造型受到一定限制；需要较高的施工管理水平和技术水平。

（五）其他模板施工

爬升模板施工与滑升模板施工相似，不同的是支架通过千斤顶支承于预埋在墩壁中的预埋件上。待浇筑好的墩身混凝土达到一定强度后，将模板松开。千斤顶上顶，把支架连同模板升到新的位置，模板就位后，再继续浇筑墩身混凝土。如此往复循环，逐节爬升，每次升高约2m。翻升模板施工采用一种特殊钢模板，一般由三层模板组成一个基本单元，并配置有随模板升高的混凝土接料工作平台。当浇筑完上层模板的混凝土后，将最下层模板拆除并翻上来拼装成上层模板，以此类推，循环施工。翻升模板也能够用于有坡度的桥墩施工。

第七章　其他桥梁施工技术研究

第一节　拱桥施工技术

拱桥施工方法按拱圈的制作方式可分为现浇法和预制装配法；按拱圈的架设施工方式可分为有支架施工和无支架施工。有支架施工是拱桥施工的主要方法，尤其是石拱桥和混凝土拱桥，几乎全是采用搭设拱架的方法进行施工的，但这种方法需要耗费大量建筑材料和劳动力，并且工期较长，大大影响了拱桥的推广使用。

拱桥是一种能充分发挥圬工及钢筋混凝土材料抗压性能的合理桥型，其外形美观、维修费用低，具有向大跨度方向发展的优势。

一、混凝土拱桥施工

混凝土拱桥的施工方法按主拱圈成型的方法可以分为以下三大类。

（一）就地浇筑法

就地浇筑法就是把拱桥主拱圈混凝土的基本施工工艺流程（立模、扎筋、浇筑混凝土、养护及拆模等）直接在桥孔位置来完成。按照所使用的设备来划分，包括以下两种。

1.有支架施工法

混凝土拱桥的有支架施工法和梁式桥的有支架施工法类似，与支架类型、主拱圈混凝土浇筑的技术要求及卸架方式等有关。

2.悬臂浇筑法

采用悬臂浇筑法时，把主拱圈划分成若干个节段，并用专门设计的钢桁托架结构作为现浇混凝土的工作平台。托架的后端铰接在已完成的悬臂结构上，其前端则用刚性组合斜拉杆经过临时支柱和塔架，再由尾索锚固在岸边的锚碇上。但是钢桁托架本身较重，转移较难，钢筋骨架和混凝土的运输需借助缆索吊装设备，施工比较麻烦，拱轴线上各点的高程也较难控制，故目前较少采用这种施工方法。

（二）预制安装法

预制安装法按主拱圈结构所采用的材料可以分为整体安装法和节段悬拼法两种。

1.整体安装法

这种施工方法适合于钢管混凝土系杆拱的整片起吊安装。钢管混凝土拱肋在未灌混凝土之前具有质量轻的优点。例如，某跨径为45m的系杆拱片，经组合后，其吊装质量仅为18.7t，用起重量为20t的浮吊，仅用了一天就把两片拱片全部安装完毕。被起吊的拱片应做以下验算。

①拱肋从平卧到竖立的翻转过程中，形若一根简支曲梁。因此，应将两个起吊点处所受的力视为作用于其上的垂直集中力，来验算此曲梁的强度和刚度。

②在竖向吊运过程中，需验算吊点截面的强度。

③当两吊点间距较近时，需验算系杆在吊运过程中是否出现轴向压力及其面外的稳定性。

应该科学地设计施工顺序，使设计中对全桥横向稳定有利的杆件先安装或浇筑以尽早发挥作用。例如，先安装肋间横撑，浇筑支承节点和端横梁混凝土，再安装内横梁和沿系杆的构件，纵向分条地安装桥面板直至合龙等。

2.节段悬拼法

节段悬拼法是将主拱圈结构划分成若干节段，先在现场或场外工厂进行预制，然后运送到桥孔的下面，利用起吊设备提升就位，进行拼接，逐渐加长直至成拱。每拼完一个节段，必须借助辅助设备临时固定悬臂段。这种方法对钢筋混凝土或钢管混凝土主拱圈的施工都适用。常用的起重设备有以下两种。

①缆索吊装设备。缆索吊装设备主要由主索、工作索、塔架和锚固装置四个基本部分组成。其中包括主索、起重索、牵引索、结索、扣索、缆风索、塔架、索鞍、地锚、滑车、电动卷扬机等设备和机具。

②伸臂式起重机。伸臂式起重机每拼接好一个节段，即用辅助钢索临时拉住，每拼完三个节段，便改用更粗的主钢索拉住，然后拆除辅助钢索，供重复使用。这种方法适用于特大跨径的拱桥施工。

（三）转体施工法

转体施工法的特点是将主拱圈从拱顶截面分开，把主拱圈混凝土高空浇筑作业改为放在桥孔下面或者两岸进行，并预先设置好旋转装置，待主拱圈混凝土强度达到设计强度后，再将它就地旋转就位成拱。按照旋转的几何平面，转体施工法可分为以下三种。

1.平面转体施工法

这种施工方法的特点是：将主拱圈分为两个半跨，分别在两岸利用地形做简单支架（或土牛拱胎），现浇或者拼装拱肋，再安装拱肋间横向联系构件（横隔板、横系梁等），把扣索的一端锚固在拱肋的端部（靠拱顶）附近，经引桥桥墩延伸至埋入岩体内的锚碇中，再用液压千斤顶收紧扣索，使拱肋脱模，借助环形滑道和手摇卷扬机牵引，慢速地将拱肋转体180°（或小于180°，最后再进行主拱圈合龙段和拱上建筑的施工。

2.竖向转体施工法

当桥位处无水或水很浅时，可以将拱肋分成两个半跨放在桥孔下面预制。如果桥位处水较深，可以在桥位附近预制，然后浮运至桥轴线处，再用起吊设备和旋转装置进行竖向转体施工。这种方法适宜用于钢管混凝土拱桥的施工。因为钢管混凝土拱桥的主拱圈施工必须先让空心钢管成拱后再灌注混凝土，故在旋转起吊时，不但钢管自重相对较轻，而且钢管本身强度也高，易于操作。

3.平竖相结合的转体施工法

这种施工方法综合吸收了上述两种转体施工方法的优点，具体体现在以下几点：利用竖向转体施工法的优点，变高空作业为地上作业，避免了长、大、重安装单元的运输和起吊；利用平面转体施工法的优点，将全桥分为节段，放在主河道的两岸进行预制和拼装，将桥跨结构的施工对主航道航运的影响降低到最低限度；利用边孔作为中孔半拱的平衡重，使整个转体施工形成自平衡体系，免除了在岸边设置锚碇构造。

二、拱桥的有支架施工

（一）拱架

砌筑石拱桥或混凝土预制块拱桥，以及现浇混凝土或钢筋混凝土拱圈时，需要搭设拱架，以承受全部或部分主拱圈和拱上建筑的重量，保证拱圈的形状符合设计要求。拱架主要有钢桁架拱架、扣件式钢管拱架等。

1.钢桁架拱架

①常备拼装式桁架形拱架。常备拼装式桁架形拱架是由标准节段、拱顶段、拱脚段和连接杆等用钢销或螺栓连接而成的，拱架一般采用三铰拱，其横桥向由若干组拱片组成，每组的拱片数及组数由桥梁跨径、荷载大小和桥宽决定，每组

及各组间拱片由纵、横连接系连成整体。

②装配式道路钢桥桁架节段拼装式拱架。在装配式道路钢桥桁架节段的上弦接头处加上一个不同长度的钢铰接头，即可拼成各种不同曲度和跨径的拱架，在拱架两端应另加设拱脚段和支座，构成双铰拱架。拱架的横向稳定由各片拱架间的抗风拉杆、撑木和风缆等设备保证。

③万能杆件拼装式拱架。万能杆件拼装式拱架是用万能杆件补充一部分带铰的连接短杆，拼装时，先拼成桁架节段，再用长度不同的连接短杆连成不同曲度和跨径的拱架。

④装配式道路钢桥桁架或万能杆件桁架与木拱盔组合的钢木组合拱架。装配式道路钢桥桁架或万能杆件桁架与木拱盔组合的钢木组合拱架由钢桁架及其上面的帽木、立柱、斜撑、横梁及弧形木等杆件构成。

2.扣件式钢管拱架

扣件式钢管拱架一般有满堂式钢管拱架、预留孔满堂式钢管拱架、立柱式扇形钢管拱架等几种形式。

扣件式钢管拱架的基础可以采用在立柱下端垫上底座，使立柱承重后均匀沉降并有效地将荷载传递给地基。但由于立柱数量较多，分散面宽，每根立柱所处的地基不相同，除按一般基础处理外，还可采取分别确定立柱管端承载力的方法，使各立柱承载后的不均匀沉降控制在规范允许的范围内。

（二）模板

1.拱圈模板

拱圈模板（底模）的厚度应根据弧形木或横梁间距的大小而定，一般有横梁时为40~50mm，直接搁置在弧形木上时为60~70mm。有横梁时为使顺向放置的模板与拱圈内弧线圆顺一致，可预先将木板压弯，但40m以上跨径拱桥的模板可不必事先压弯。

混凝土和钢筋混凝土拱圈模板在拱顶处应铺设一段活动模板，在间隔缝处应设间隔缝模板并在底模或侧模上留置孔洞，待分段浇筑完后再堵塞孔洞，以便清除杂物。拱轴线与水平面倾角较大地段，须设置顶面盖板，以防混凝土流失。

2.拱肋模板

拱肋模板的底模基本上与混凝土和钢筋混凝土拱圈相同，在拱肋间及横撑间的空当可不铺设底模。拱肋侧面模板一般先按样板分段制作，然后拼装于底模之上，并用拉木、螺栓拉杆及斜撑等固定。在安装时，应先安置内侧模板，等钢筋入模后再安置外侧模板，且应在适当长度内设置一道变形缝。拱肋盖板设置于拱轴线较陡的拱段，随浇筑进度安装。

（三）拱架卸落

1.拱架卸落的程序和方法

拱架卸落的过程，就是将由拱架支撑的拱圈的重力逐渐转移给拱圈自身来承担的过程，为了对拱圈受力有利，拱架不能突然卸除，而应按一定的卸架程序和方法进行。在卸架中，只有达到一定的卸落量时，拱架才能脱离拱圈体并实现力的转移。

2.卸架设备

为保证拱架能按设计要求均匀下落，必须设置专门的卸架设备。卸架用的设备在拱架安装时已预先就位，满布式拱架卸落设备则放在拱脚铰的位置。常用的卸架设备有木楔、木凳（木马）、砂筒（砂箱）等几种。

①木楔。木楔可分为简单木楔和组合木楔。简单木楔由两块 1：6~1：10 斜面的硬木楔组成。落架时，用锤轻轻敲击木楔小头，将木楔取出，拱架即可下落。它的构造简单，但缺点是敲击时振动大，易造成下落不均匀。一般可用于中、小跨径拱桥。组合木楔由三块楔形木和拉紧螺栓组成。卸架时，只需扭松螺栓，则楔木徐徐下降。组合木楔的下落较均匀，可用于跨径在 40m 以下的满布式拱架或跨径在 20m 以下的拱式拱架。

②木凳（木马）。木凳是另一种形式简单的卸架设备。卸架时，只要锯去木凳的两个边角，在拱架自重作用下，木凳被压陷，拱架也随之下落。一般适用于跨径在 5m 以内的拱桥。

③砂筒。砂筒由内装砂的金属（或木料）筒及活塞（又名顶心木，为木制或混凝土制）组成，适用于跨径大于 30m 的拱桥。卸落时砂从筒的下部预留泄砂孔流出，要求砂干燥、均匀、清洁，砂筒与活塞间用沥青填塞，以免砂受潮。由于砂的泄出量可以控制拱架卸落的高度，这样就能通过泄砂孔的开与关，分数次进行落架，使拱架均匀下降而不受振动。

三、拱桥的无支架施工

（一）缆索吊装施工

缆索吊装是指采用缆索结构（单跨或双跨）吊运、安装桥梁的施工方法。缆索吊装具有跨越能力大，水平和垂直运输机动灵活，适应性广，施工稳妥、方便等优点，因而得到广泛应用，尤其是在修建大跨径或连续多孔拱桥中更能显示出优越性。缆索吊装施工主要用于预制安装的钢筋混凝土拱桥。

1.主要设备和机具

缆索吊装采用的主要设备和机具有：承重索（主索）、起重索、牵引索、压塔索、缆风索、扣索、塔架（包括索鞍）、锚碇、滑轮、电动卷扬机及跑车等。

①承重索。承重索横跨桥渡，支撑于两塔架的索鞍上，吊运拱肋和其他构件的跑车支撑于承重索上。承重索根据吊运构件的质量、垂度、计算跨径（两塔索鞍中心距离）等因素进行截面计算。

②起重索。起重索用于控制吊运构件的运输。起重索承受吊重拉力，宜选用柔软耐磨、不易打结的钢丝绳。

③牵引索。牵引索用于牵引滑车（跑车）沿桥跨方向在承重索上移动（即水平运输）。

④缆风索。缆风索又称浪风索。缆风索有两种：一种用于保证塔架纵横向的稳定，另一种用于保证拱肋安装就位后的横向稳定及桥中线准确。塔架用的缆风索一般为后缆风索及侧向缆风索。

⑤塔架。塔架是用来提高承重索的临空高度及支撑各种受力钢索的结构物，由塔身、塔顶、塔底和索鞍等几个主要部分组成。塔身常用型钢或万能杆件组拼而成，也可用装配式道路钢桥桁节片（贝雷片）等构件拼装而成。

⑥塔架基础。塔架基础一般采用浆砌片石或片石混凝土砌筑。塔底有铰接和刚接两种形式。底座设铰的塔架必须依靠缆风索保持稳定。

⑦索鞍。通常使用的索鞍有滚动索鞍及滑动索鞍，设置在塔架顶上，用于放置承重索、起重索、牵引索等，可以减少钢丝绳与塔架的摩阻力，使塔架承受较小的水平力，减少钢丝绳的磨损。

⑧锚碇。锚碇也称地垄或地锚，用于锚固承重索、起重索、牵引索、缆风索等。锚碇在吊装过程中，对安全有决定性影响，设计和施工都应高度重视，锚碇的尺寸和形式均必须通过计算确定。

⑨滑轮。滑轮又称葫芦，有定滑轮、动滑轮、滑车、滑轮片、吊钩滑车及转向开口滑车等，可根据需要的尺寸及载重量选用。

⑩跑车。跑车是在承重索上运行和起吊重物的装置，可用定型滑车制作，也可根据吊重的情况自行加工。跑车由跑车轮、起重滑车组和牵引系统三部分组成。

⑪电动卷扬机。电动卷扬机为牵引、起吊的动力设备，一般用于起重索和牵引索的牵引。

⑫其他设备。其他设备包括倒链葫芦、花篮螺栓、钢丝卡子、千斤绳等。

2.缆索吊装施工工艺

缆索吊装主要包括拱肋预制、运输和吊装，主拱圈的安装，拱上建筑的砌筑，桥面构造的施工等工序。

拱桥的拱肋在河滩或桥头岸边分节预制后，送至缆索下面，由起重小车起吊送至桥位安装。为使端段基肋在合龙前保持在一定位置，在其上先用扣索临时系住，然后才能松开吊索。吊装应自一孔桥的两端向中间对称进行，在最后一节拱肋吊装就位，并将各接头位置调整到规定高程后，才能放松吊索并将各接头合龙，最后才能将所有扣索撤去。

吊装施工的关键在于保证基肋（指拱肋、拱箱或桁拱片）有足够的强度和稳定性，不仅要按单根构件在运输和吊装时的情况复核其强度和稳定性，更重要的是按基肋合龙时及合龙后所承担的荷载，验算其强度和稳定性。

基肋吊装合龙要拟定正确的施工程序和施工细则。拱桥跨度较大时，最好采用双基肋或多基肋合龙。此时，基肋间的横系梁或横隔板必须紧随拱段的拼接及时焊接。必要时可在基肋的上下两面内侧设置临时交叉斜杆以缩短基肋的自由长度。端段拱肋就位后，除上端用扣索拉住使之不下坠外，还应在左右两侧各用一对缆风索牵住以免左右摆动。

中段拱肋就位时，缓慢地松吊索，使各接头顶紧，尽量避免简支搁置和冲击作用。当拱肋分五段吊装时，由于最后一段就位时或多或少的简支搁置作用，第一个接头可能上升，而第二个接头可能下降，为此应在第一个接头下侧设拉索牵住，以防失稳。

施工时一般在每一接头处都设一对横撑或一对横向缆风索来加强基肋的稳定性，注意两侧横向缆风索的角度要对称。

（二）劲性骨架法施工

劲性骨架法是采用劲性材料（如角钢、槽钢等型钢）作为拱圈的受力钢材，在施工过程中，先把这些钢骨架拼装成拱，作为施工钢骨架，然后再浇筑混凝土，将钢骨架浇筑在混凝土内部形成型钢混凝土拱。该方法的优点是可减少施工设备的用钢量，结构整体性好，拱轴线易于控制，施工进度快。但结构本身用钢量大且型钢用量多，造价较高，目前较少采用。

劲性骨架法主要施工步骤为劲性钢骨架制作、劲性钢骨架安装、拱肋混凝土浇筑等。

1.劲性钢骨架制作

劲性钢骨架采用 16Mn 型钢焊接制成，按照 1∶1 大样分段冷弯成型，在大样架上拼焊成的钢骨架应进行探伤检测。

2.劲性钢骨架安装

劲性钢骨架的安装应保证钢骨架在整个安装过程中的竖向和横向稳定性。安装时需根据计算要求，设置横向连接系，每段骨架采用八字风缆固定。

3.拱肋混凝土浇筑

拱肋混凝土浇筑的关键是保证钢骨架在混凝土浇筑过程中的稳定性，需根据计算布置足够的横向连接系和横向风缆。拱肋混凝土在浇筑过程中，钢骨架会随浇筑位置发生轴线变形。为适应钢骨架变形，调整时可采用水箱压，避免混凝土开裂，应适当设置变形缝，待混凝土浇筑完成后，采用高强度混凝土填缝。

第二节　斜拉桥施工技术

斜拉桥的施工包括索塔施工、主梁施工、斜拉索的制作三大部分。由于斜拉桥属于高次超静定结构，所采用的施工方法和安装程序与成桥后的主梁线形、结构恒载内力有密切的联系。在施工阶段，随着斜拉桥结构体系和荷载状态的不断变化，结构内力和变形也随之不断变化。因此，需要对斜拉桥的每一施工阶段进行详细分析、验算，求得斜拉索张拉吨位和主梁挠度、塔柱位移等施工控制参数的理论计算值。对施工的顺序做出明确规定，并在施工中加以有效管理和控制。

一、斜拉桥主要结构体系

斜拉桥是一种桥面体系受压，支承体系受拉的桥梁，它主要由上部结构的主梁（加劲梁）、索塔和斜拉索及下部结构的墩台组成。斜拉桥桥面体系由加劲梁构成，支承体系由斜拉索构成。斜拉桥的结构体系可根据主梁、斜拉索、索塔和桥墩的不同形式结合，形成四种不同的结构体系，下面做简要介绍。

（一）漂浮体系：塔墩固结、塔梁分离

主梁除两端有支承外，其余全部由拉索支承，成为在纵向可稍做浮动的一根具有多点弹性支撑的单跨梁。地震烈度较高的地区优先采用这种体系。

（二）半漂浮体系：塔墩固结、塔梁分离

在桥墩处主梁下设竖向支撑，半漂浮体系的主梁成为在跨内具有多点弹性支承的连续梁或悬臂梁。半漂浮体系在经济上和美观上都优于漂浮体系。

（三）塔梁固结体系：塔梁固结、塔墩分离

塔梁固结并支承在桥墩上，主梁相当于顶面用拉索加强的一根连续梁或悬臂梁，主梁与塔内的内力和挠度同主梁和塔柱的弯曲刚度比值直接相关。该体系一般适用于小跨径斜拉桥。

（四）刚构体系：主梁、索塔、桥墩三者互相固结

主梁、索塔、桥墩三者互相固结，主梁成为在跨内具有多点弹性支承的刚构。该体系适用于地震烈度较低且无抗风要求的地区。

二、斜拉桥施工

（一）主塔施工

1.钢主塔施工

钢主塔施工，应充分考虑垂直运输、吊装高度、起吊吨位等。钢主塔在工厂分段立体试拼装合格后方可出厂。主塔在现场安装，常常采用现场焊接接头、高强度螺栓连接、焊接和螺栓混合连接等方式连接。

经过工厂加工制造和立体试拼装的钢塔，在正式安装时，应予以测量控制，并及时用填板或对螺栓孔进行扩孔，调整轴线和方位，防止加工误差、受力误差、安装误差、温度误差、测量误差的积累。

钢主塔的防锈措施：可用耐候钢材，或采用喷锌层，但绝大部分钢塔都采用油漆涂料，油漆涂料常采用两层底漆、两层面漆。其中，两层底漆、一层面漆由加工厂涂装，最后一层面漆由施工安装单位完成。

2.混凝土主塔施工

混凝土主塔主要采用就地浇筑法，模板和支架常采用支架法、滑模法、爬模法和大型模板构件法等做法。

3.主塔施工测量控制

斜拉桥主塔一般由基础、承台塔座、下塔柱、下横梁、中塔柱、上横梁、上塔柱（拉索锚固区）、塔顶建筑八大部分或其中几部分组成。由于主塔的建筑造型千姿百态，断面形式各异，在主塔各部位的施工过程中，除应保证各部位的几何尺寸正确之外，更重要的是应该进行主塔局部测量系统的控制，并与全桥总体测量系统接轨。

主塔局部测量系统的控制基准点，应建立在相对稳定的基准点上，如选择在主塔的承台基础上进行主塔各部位的空间三维测量定位控制。测量控制的时间，一般应选择当日22：00至次日7：00，以减少日照对主塔造成的变形影响。

此外，随着主塔高度不断升高，也应选择风力较小的时机进行测量，并对日照和风力影响予以修正。在主塔八大部位的相关转换点上的测量控制极为重要，应予以重视，以便根据实际施工情况及时进行调整，避免误差积累。

主塔局部测量系统的量测，一般采用三维坐标法或天顶法。若主塔局部测量系统的基点选择在相对稳定的承台基础上，因受到主塔高度增高、混凝土收缩及徐变、沉降、风荷载、温度等因素的影响，基准点必然会有少量的变化。为此，上述八大部位的相关转换点上的测量控制应与全桥总体测量坐标系统接轨，以便进行总体坐标的修正，进行测量的系统控制。

（二）主梁施工

1.主梁施工方法

斜拉桥主梁施工方法包括顶推法、平转法、支架法和悬臂法。

①顶推法。顶推法的特点是施工时需在跨间设置若干临时支墩，顶推过程中主梁反复承受正、负弯矩作用。该法较适用于桥下净空较低、修建临时支墩造价不大、支墩不影响桥下交通、抗压和抗拉能力相同、能承受反复弯矩作用的钢斜拉桥主梁的施工。对混凝土斜拉桥主梁而言，由于拉索水平分力能对主梁提供预应力，如在拉索张拉前顶推主梁，临时支墩间距又超过主梁负担自重弯矩的能力，为满足施工需要，需设置临时预应力束，在经济上不划算。

②平转法。平转法是将上部构造分别在两岸或一岸顺河流方向的矮支架上现浇，并在岸上完成所有的安装工序（卸架、张拉、调索）等，然后以墩、塔为圆心，整体旋转到桥位合龙。平转法适用于桥址地形平坦、墩身矮和结构体系适合整体转动的中小跨径斜拉桥。

③支架法。支架法包含在支架上现浇、在临时支墩间设托架或劲性骨架现浇、在临时支墩上架设预制梁段等几种施工方法。其优点是施工简单方便，既能确保结构满足设计线形要求，又适合用于桥下净空低、搭设支架不影响桥下交通的情况。

④悬臂法。悬臂法包含在支架上修建边跨，然后中跨采用悬臂施工的单悬臂法，也包含采用对称平衡方式施工的双悬臂法。悬臂施工法分为悬臂拼装法和悬臂浇筑法两种。悬臂拼装法，一般是先在塔柱区现浇一段放置起吊设备的起始梁段，然后用各种起吊设备从塔柱两侧依次对称安装节段，使悬臂不断伸长直至合龙。悬臂浇筑法，是从塔柱两侧用挂篮对称逐段就地浇筑混凝土。我国大部分混凝土斜拉桥主梁都采用悬臂浇筑法施工。

综上所述，支架法和悬臂法是目前混凝土斜拉桥主梁施工的主要方法，前者适用于城市立交或净高较低的岸跨主梁施工；后者适用于净高很大的大跨径斜拉桥主梁的施工。

2.斜拉桥主梁施工的特点

①结构设计由施工内力控制。斜拉桥与其他梁桥相比，主梁高跨比很小、梁体十分纤细、抗弯能力差。由于挂篮重量大，当采用悬臂法施工时，如果仍采用梁式桥传统的挂篮施工方法，梁、塔和拉索设计将由施工内力控制，很不经济。因此，考虑施工方法，必须充分利用斜拉桥结构本身的特点，在施工阶段充分发挥斜拉索的效用，尽量减轻施工荷载，使结构在施工阶段和运营阶段的受力状态基本一致。

②横截面浇筑方法。对于单索面斜拉桥，一般都需采用箱形断面。若全断面

一次浇筑，为减小浇筑重量，要在一个索距内纵向分块，并需额外配置承受施工荷载的预应力束。所以，一般做法是将横断面适当地分解为三部分，即中箱、边箱和悬臂板。先完成包含主梁锚固系统的中箱，张拉斜拉索，形成独立的稳定结构，然后以中箱和已浇节段的边箱为依托浇筑两侧边箱，最后用悬挑小挂篮浇筑悬臂板，使整体箱梁按品字形向前推进。对于双索面斜拉桥，主梁节段在横断面方向分为两个边箱和中间车行道板三段，边箱安装就位后就张拉斜拉索，利用预埋于梁体内的小钢箱来传递斜拉索的水平分力，使边箱自重分别由两边拉索承担，从而降低对挂篮承重的要求，减轻挂篮自重，最后安装中间桥面板并现浇纵横接缝混凝土。

③塔梁临时固结。为了保证大桥在整个梁部结构架设安装过程中的稳定、可靠、安全，要求施工安装时采取塔梁临时固结措施，以抵抗安装钢梁桥面板及张拉斜拉索过程中可能出现的不平衡弯矩和水平剪力。

④中孔合龙。为保证大桥中孔能顺利合龙，根据斜拉桥的施工经验，一般选择自然合龙的方法。

（三）斜拉索施工

成型斜拉索由钢丝或钢绞线组成的钢索和两端的锚具组成。不同种类和构造的斜拉索两端需配装合适的锚具后才能成为可以承受拉力的斜拉索。目前常用的斜拉索的锚具有以下四种：热铸锚、墩头锚、冷铸墩头锚和夹片群锚。

配装热铸锚、冷铸锚、镦头锚（统称为拉锚式锚具）的斜拉索，可以事先将锚具装到钢索两端，预制成斜拉索。

斜拉索可以在专门的工厂制作，然后成盘运到桥梁施工工地，或在桥梁施工工地现场制作，然后拖拉到桥位直接进行挂索和张拉。斜拉索有单股绞式钢缆、半平行钢绞线索、半平行钢丝索、平行钢丝索及平行钢丝股索等。这类斜拉索可称作预制索或成品索。我国的斜拉索生产水平已达到国际领先水平。

配装夹片群锚的斜拉索，张拉时直接张拉钢丝，待张拉结束后锚具才发挥作用。因此，配装夹片群锚的平行钢筋索及平行钢绞线索必须在桥梁现场架设过程中制作，故可称为现制索。

1.斜拉索的制作

斜拉索的制作工艺流程一般为：钢丝除锈→调直→应力下料→防护漆→穿锚→镦头→浇锚→烘锚拉索防护→超张拉→标定。

2.斜拉索的防护

①临时防护。钢丝或钢绞线从出厂到开始做永久防护的这一段时间内，所需要进行的防护称为临时防护。国内目前采用的临时防护方法一般是钢丝镀锌，即

将钢丝纳入聚乙烯套管内，安装锚头密封后喷防护油，并充氨气，以及涂漆、涂油、涂沥青膏等。具体措施可根据防锈蚀效能、技术经济比较、设备条件及材料种类确定。通常在钢丝或钢绞线穿入套管前，每根钢丝或钢绞线应在水溶性防腐油中浸泡或喷一层防腐油。在临时防护中，镀锌钢丝的锌层应均匀连续，附着牢固，不允许有裂纹、斑痕和漏块。此外，不镀锌处理的钢丝，在储存和加工期间应采取其他涂漆、涂油等临时防护措施。

②永久防护。从斜拉索钢材下料到桥梁建成后的使用期间，应做永久防护。永久防护应满足防锈蚀，耐日光暴晒，耐老化，耐高温，涂层坚韧，材料易得，价格低廉，生产工艺成熟，制作、运输、安装简便，更换容易等要求。永久防护包括内防护与外防护，内防护是直接防止斜拉索锈蚀，外防护是保护内防护材料不流出、老化等。内防护所用的材料一般有沥青砂、防锈脂、凡士林、聚乙烯塑料泡沫和水泥浆等，这些材料各有优缺点。外防护所用的材料也各有优缺点，聚氯乙烯管质脆，抗冻和抗老化性能差，易破裂失效；铝管则需注水泥浆，而水泥浆的碱性作用易使铝管腐蚀；用钢管作外套时本身尚需防腐蚀且笨重；采用多层玻璃丝布缠包，目前效果尚可，但价格高，施工烦琐。

我国目前一般采用将炭黑聚乙烯在塑料挤出机中旋转，然后挤包于斜拉索上形成热挤索套防护斜拉索的方法，即PE套管法。所用高密度聚乙烯（PE）与其他方法所用材料相比有以下优点。

在设计寿命期限内能抵抗循环应力引起的疲劳，在聚乙烯树脂中加炭黑能有效抵抗紫外线的侵蚀，与灌浆材料和钢材无化学反应，在运输、装卸、制造、安装和灌注时能抗损坏，能防止水、空气和其他腐蚀性物质的入侵，徐变特性低，对周围环境有一定的适应性。

同时，炭黑PE管的热膨胀系数大约是水泥浆和钢材的6倍。因此，为了控制温度变化并减小可能导致PE管损坏的不均匀应力，通常在PE管上缠绕或嵌套一层浅色胶带或PE面层。采用热挤索套不像PE管压浆工艺那样，存在斜拉索钢丝早期锈蚀，热挤索套可在很短的时间内完成防腐、索套制作、拉索密封等工艺。

总之，斜拉索防护绝大多数是在生产制作过程中完成的，与生产材料、工艺，以及生产标准、管道等密切相关。故此，要做好斜拉索的防护工作，就必须严格控制生产的各个环节，以确保斜拉索的质量。

3.斜拉索的安装

①放索。为方便运输及在运输过程中对斜拉索进行保护，斜拉索起运前通常采用类似电缆盘的钢结构盘将斜拉索卷盘，然后运输。对于短索，也有采取自身成盘，捆扎后运输的情况。根据斜拉索不同的卷盘方式，现场放索常用的方法有立式转盘放索和水平转盘放索两种。在放索过程中，索盘自身的弹性和牵引产生

的偏心力,会使转盘转动加速,导致散盘,危及施工人员的安全。所以,一般情况下,要对转盘设制动装置,或者以钢丝绳作尾索,用卷扬机控制放索。

②索在桥面上的移动。在放索和挂索过程中,要对斜拉索进行拖移,由于索自身弯曲,或者与桥面直接接触,在移动中就有可能损坏斜拉索的防护层或索股,为避免这些情况的发生,一般采取以下方法,移动时对斜拉索进行保护。若索盘是在水上由驳船运来,对于短索一般直接将索盘吊到桥面上,利用放索支架放索,对于长索一般直接在船上设置放索支架放索。采用前者,需要在梁上设置吊装装备;采用后者,则需要在梁端设置转向装置以利于索的移动。对于现浇梁,转向装置设在施工挂篮上,若是拼装结构则设在主梁上,并且要求转向装置的半径不小于索盘半径,与梁体保持一定的距离。

③斜拉索的塔部安装。a.单吊点法:斜拉索运上桥面后,从索塔孔道中放下牵引绳,连接斜拉索的前端,离锚具下方一定距离设一个吊点,索塔吊架用型钢组成支架,配置转向滑轮。b.多吊点法:吊点分散、弯折小,在统一指挥下操作,可使斜拉索均匀起吊。因吊点较多,易保持索呈直线状态,两端无须用大吨位千斤顶牵引。c.起重机安装法:采用索塔施工时的提升起重机,用特制的扁担梁捆扎拉索起吊。拉索前段由索塔孔道内伸出的牵引索引入索塔斜拉索锚碇内,下端用移动式起重机提升。起重机安装法操作简单快速,不易损坏拉索,但要求起重机有较大的起重能力,故一般适用于重量不大的短索安装。d.分步牵引法:根据斜拉索在安装过程中索力递增的特点,分别采用不同的工具,将斜拉索安装到位。第一,用大吨位的卷扬机将索张拉端从桥面提升到预留孔外;第二,用穿心式千斤顶将其牵引至张拉锚固面。

④斜拉索的梁部安装。同塔部安装,基本方法有如下两种。a.吊点法:在梁上设置转向滑轮,牵引绳从套筒中伸出,用起重机将索吊起后,随锚头逐渐牵入套筒,缓缓放下吊钩,向套筒口平移,直至将锚头牵入套筒内。b.拉杆接长法:对于梁部为张拉端的斜拉索,采用拉杆接长法安装比较方便。先加工长度均为1.0m左右的短拉杆,并与主拉杆连接(张拉杆连接),使其总长度超过斜拉索套筒加张拉千斤顶的长度。利用千斤顶多次运动,逐渐将张拉端拉出锚固面,并逐渐拆掉多余的短拉杆,安装锚固螺母。运用拉杆接长法,要加工一个组合螺母(张拉杆连接螺母)。采用这个螺母逐步锚固拉杆,直到将锚头拉出锚板后拆除。

4.斜拉索调索、张拉

目前大吨位斜拉索整体张拉工艺已经十分成熟。无论是一端张拉还是两端张拉,一般情况下,都需在斜拉索端头接上张拉连接杆,之后使用大吨位穿心式千斤顶实施斜拉索的调索、张拉。为方便施工,张拉杆都采用分节接长,而非整根通长。拉锚式斜拉索张拉的主要步骤如下。

①对张拉千斤顶和液压泵进行标定，同时，对预计的调整值划分级别。根据标定得出的张拉值和液压表读数之间的直线关系，计算并列出每级张拉值相应的油表读数。

②对索力检测仪器进行标定。

③计算各级调整值并列出相应的延伸量。

④做好索力检测和其他各种观测的准备工作；将张拉工具、设备一一就位。

⑤先将千斤顶撑架用手拉葫芦等固定在斜拉索锚固面上，然后将千斤顶用螺栓连接支承在撑架上；将张拉杆穿过千斤顶和撑架，旋固在斜拉索锚头端，再将长拉杆上的后螺母从张拉杆尾端旋入；将千斤顶与液压泵用油管接好，开动液压泵，使千斤顶活塞空升少许，如调索要求降低索力，可根据情况多升一定量；接着将后螺母旋至与活塞接触紧密处。如调索是在斜拉索锚头还未被牵出锚固面的情况下进行的，则上述过程已在牵索过程中完成；如索力检测采用测量张拉杆拉力的方式，则应在张拉杆后螺母间安装穿心式压力传感器，测量张拉力。需要先将传感器从张拉杆后端插入，再将张拉杆后螺母旋入。

⑥按预定级别的相应张拉力，通过电动液压泵进油逐级调整索力。如果是降低索力，则先进油拉动拉索，使锚环松动，在旋开锚环后可回油使斜拉索索力降低。在调索过程中，如千斤顶达到行程允许伸长量，即可将斜拉索锚头的锚环旋紧，使其临时支承于锚固支承面上，这时千斤顶可回油并进行下一行程的张拉。如果调索是在斜拉索锚头还未牵出其锚固面的情况下进行的，则临时锚固由叠撑在锚环上的张拉杆前螺母，即两半边螺母承担。临时锚固张拉调索过程中，应以检测、校核数据，配合液压表读数，共同控制张拉力，并对结果随时观测，以防不正常情况发生。

第三节　悬索桥施工技术

悬索桥也称吊桥，主要用悬挂在两边塔架上的强大缆索作为主要承重结构。在竖向荷载作用下，通过吊杆使缆索承受很大的拉力，在两岸桥台的后方修筑巨大的锚碇结构。悬索桥的钢缆易于运输，结构的组成构件较轻，便于无支架悬吊拼装。对于山岭地区和受山洪、泥石流冲击等威胁的山区河流及大跨径桥梁，在修建其他桥梁有困难的情况下，往往采用悬索桥。

一、悬索桥概述

（一）悬索桥的受力特点

悬索桥的主要受力构件是锚碇、索塔、缆索系统及加劲梁等。成桥后作用在桥面上的竖向荷载一部分由加劲梁承担，一部分通过吊索传递给主缆。主缆在塔顶由主索鞍提供支撑，并通过主索鞍将荷载传递给索塔，索塔传递给基础。主缆在两端的强大拉力通过锚碇来平衡，并通过锚碇将拉力传递给地基。

悬索桥属于柔性桥梁结构体系，刚度小、变形大，具有较强的非线性受力特征。从构件受力的重要性出发，可将悬索桥的各部件分为第一体系、第二体系、第三体系。

主缆是第一体系的主要承重构件，承担由吊杆传递过来的桥面荷载及恒载，以受拉为主。主缆通过塔顶鞍座悬挂在索塔上，两端锚固于锚固体上。主缆是柔性构件，但主缆的恒载拉力提供了强大的重力刚度，使成桥后的桥梁总体刚度满足桥梁规范的要求。索塔是第一体系的主要承重构件，主要起支撑主缆的作用。悬索桥的恒载和活载均通过索塔传递给基础。锚碇是主缆的锚固体，属于第一体系的承重结构，它将主缆的拉力传递给地基，通常有重力式锚碇和隧道式锚碇（或称岩洞式锚碇）。重力式锚碇依靠巨大的自重来抵抗主缆的竖向分力，水平分力由锚固体与地基的摩阻力抵抗。隧道式锚碇是将主缆拉力直接传递给围岩。

悬索桥的加劲梁属于第二体系的承重构件，以受弯为主。其主要功能是提供桥面和防止桥梁发生过大的挠曲变形和扭转变形。加劲梁直接承受桥面荷载。

吊索属于第三体系的构件，主要作为传力结构，主要受拉。其主要功能是将桥面上的活载及恒载，通过索夹传递到主缆上。吊索的上端通过索夹与主缆相连，下端与加劲梁相连。

（二）悬索桥的分类

1.按悬吊跨数划分

根据悬吊跨数不同，悬索桥可分为单跨悬索桥、三跨悬索桥、四跨悬索桥和五跨悬索桥，其中单跨悬索桥和三跨悬索桥较为常用。

①单跨悬索桥。单跨悬索桥常用于高山峡谷地区，两岸地势较高采用桥墩支撑边跨更为经济，或者道路的接线受到限制，使得平面曲线布置不得不进入大桥边跨的情况。就结构特性而言，单跨悬索桥由于边跨主缆的垂度较小，主缆长度相对较短，对中跨荷载变形控制更为有利。

②三跨悬索桥。三跨悬索桥是目前国际工程实例中应用较多的桥型，世界上大跨度悬索桥几乎全采用这种形式。不仅是因其结构受力特征较为合理，同时也

因其流畅对称的建筑造型更符合人们的审美。

③多跨悬索桥。相对于三跨悬索桥而言，四跨和五跨悬索桥又称为多跨悬索桥，这种桥型由于结构柔性大，固有振动频率较低，难以满足特大跨度悬索桥的受力及刚度需要，因而也就不具备实用优势，世界上几乎没有这类特大桥工程的实例。

在建桥条件需要采用连续大跨布置时，可以用两个三跨悬索桥联合布置，中间共用一座桥的锚碇锚固这两桥的主缆。美国的旧金山-奥克兰海湾大桥和日本本州四国联络线中的南北备赞濑户大桥即采用此形式。当建桥条件特别适于采用连续大跨布置而采用四跨悬索桥时，其中央主塔为满足全桥刚度要求通常需要做 A 形布置，相应的塔顶主缆须采取特殊锚固措施，以克服两侧较大的不平衡水平拉力。

2.按主缆的锚固方式划分

根据主缆的锚固方式不同，悬索桥可分为地锚式悬索桥和自锚式悬索桥。

①地锚式悬索桥。绝大多数悬索桥都是这种形式的，即主缆通过重力式锚碇或隧道式锚碇将荷载产生的拉力传至大地来实现全桥受力平衡，这是大跨度悬索桥最佳的受力模式。

②自锚式悬索桥。在较小跨度的悬索桥中，也有个别以自锚形式锚固主缆的，这种自锚式悬索桥的主缆，在边跨两端直接锚固于加劲梁上，主缆的水平拉力由加劲梁提供，轴压力自相平衡，不需要另外设置锚碇。这种桥型的加劲梁要先于主缆安装施工，实践中因施工困难、经济性差等，一般很少采用。

3.按悬吊方式划分

悬索桥按悬吊方式划分，可分为采用竖直吊索并以钢桁架作加劲梁的悬索桥；采用三角布置的斜吊索，并以扁平流线型钢箱梁作加劲梁，也有呈交叉形布置的斜吊桥；混合式悬索桥，即采用竖直吊索、斜吊索和流线型钢箱梁作加劲梁。

4.按加劲梁的支承结构划分

如果按加劲梁的支承结构来分，悬索桥又可分为单跨两铰加劲梁悬索桥、三跨两铰加劲梁悬索桥及三跨连续加劲梁悬索桥等。

二、悬索桥施工

（一）塔柱施工工艺

钢塔柱一般用钢板先预制连接成格子形截面的节段，节段在现场吊装拼接成塔柱。早期的钢塔柱无论节段内还是节段间的连接均采用铆接，构件加工精度要求高。随着栓焊技术的发展，一般钢塔柱节段在工厂焊接制造，然后将节段运输到工地架设并用高强螺杆来连接。

钢塔柱一般支承在一块厚钢板上，厚钢板与桥墩混凝土栓接并把塔柱压力均匀传递到桥墩中去。现在也有在桥墩混凝土中埋设锚固构架，塔柱用高强螺栓锚固在构架上，通过构架将压力均匀传递到混凝土中去的做法。

混凝土塔柱的施工方法与斜拉桥塔柱相同，一般以就地浇筑为主，采用滑模、爬模等技术连续浇筑。

（二）锚碇施工

悬索桥主缆索股锚固形式分为自锚式和地锚式。自锚式是将主缆索股直接锚于加劲梁上，无须使用锚碇结构，一般仅适用于中小跨径悬索桥。地锚式则将主缆索股锚于重力式锚碇、隧道式锚碇或直接锚于坚固的岩体上。此处所讨论的锚碇是指地锚式悬索桥锚固主缆的重要结构物。

锚碇是锚块基础、锚块、钢缆的锚碇架及固定装置等的总称。它不仅抵抗来自主缆的竖直反力，而且抵抗主缆的水平力，是悬索桥区别于其他桥梁的独有结构，直接关系到悬索系统的稳定。锚块是直接锚固主缆的结构，它通过锚固系统将主缆索股拉力分散开。锚块与其下面的锚块基础连成一体，用于抵抗因主缆拉力产生的锚碇滑动及倾倒。目前，世界上已建成的悬索桥绝大部分采用的是重力式锚碇。这除与锚碇所处的地形、地质条件有关外，还与主缆架设方法、锚碇施工方法有关。

一般而言，若锚碇处有坚实岩层靠近地表，则修建隧道式锚碇可能比较经济。美国华盛顿桥新泽西岸锚碇是隧道式的，其混凝土用量仅为纽约岸锚碇（重力式）的21%，但隧道式锚碇有传力机理不明确的缺点。若有坚实基岩层靠近地表，也可采用重力式锚碇，让锚块嵌入基岩，使位于锚块前的基岩凭借承压来抵抗主缆的水平力。

一般设置在承载力比较好的地基上的重力式锚碇，宜采用明挖扩大基础。如美国1964年建成的维拉扎诺桥和丹麦1970年建成的小贝尔特桥都采用的是扩大浅基础。当锚碇设置在软土层中时，可以采用大型沉井或地下连续墙的形式。如我国的江阴长江公路大桥北锚碇采用了大型沉井基础，日本的明石海峡大桥及我国的虎门大桥的西锚碇和润扬长江大桥的北锚碇均采用了地下连续墙基础。

（三）主缆施工

1.主缆架设。

悬索桥的钢缆有钢丝绳钢缆和平行线钢缆。钢丝绳钢缆适用于中小跨度的悬索桥，平行线钢缆适用于主跨为500m以上的大跨悬索桥。平行线钢缆的架设方法分为空中送丝法和预制索股法两种。

①空中送丝法架设主缆的主要内容

a.架设方法。空中送丝法架设主缆是在桥两岸的索塔和锚碇等都已安装就绪后，沿主缆设计位置，在两岸锚碇之间布置牵引绳，将牵引绳的端头连接起来，形成从此岸到彼岸的长绳圈。

b.空中送丝法施工注意事项。采用空中送丝法时，钢缆每一丝股内的钢丝有300~600根，再将这种丝股配置成六角形或矩形，挤紧而成为圆形。空中送丝法架设主缆施工必须设置脚手架、配备送丝设备，还需有稳定送丝的配套措施。为使主缆各钢丝均匀受力，应分别对钢丝长度和丝股长度进行调整，还应及时进行紧缆和缠缆。

②预制索股法架设钢缆的主要内容

a.架设方法。预制索股法架设钢缆的目的是使空中架线工作简单化。预制索股每束61丝、91丝或127丝，再多就过重。两端嵌固热铸锚头，在工厂预制，先配置成六角形，然后挤紧成圆形。

b.索股线形调整步骤。垂度调整应在夜间温度稳定时进行。温度稳定的条件为：长度方向索股的温差不大于2℃，横截面索股的温差不大于1℃。

绝对垂度调整，应测定基准索股下缘的标高及跨长、塔顶标高及变位、主索鞍预偏量、散索鞍预偏量。主缆垂度和标高的调整量，应在确定气温与索股温度等之后经计算确定。基准索股标高必须连续3d在夜间温度稳定时进行测量，3次测量结果误差在容许范围内时，应取3次测量结果的平均值作为该基准索股的标高。相对垂度调整，应按与基准索股若即若离的原则进行。

垂度调整允许误差，基准索股中跨跨中为±1/20000跨径，边跨跨中为中跨跨中的两倍；上下游基准索股高差为10mm，一般索股（相对于基准索股）高差为-5~10mm。调整合格的索股不得在鞍槽内滑移。索股锚头入锚后应进行临时锚固。索股应设一定的抬高量，抬高量宜为200~300mm，并做好编号标志。索力的调整应以设计提供的数据为依据，其调整量应根据调整装置中测力计的读数和锚头移动量确定。实际拉力与设计值之间的允许误差应为设计锚固力的3%。

2.主缆防护

①主缆防护应在桥面铺装完成后进行。防护前必须清除主缆表面灰尘、油污和水分等，并设置临时覆盖。待涂装及缠丝时再揭开临时覆盖。

②主缆涂装应均匀，严禁遗漏。涂装材料应具有良好的防水密封性和防腐性，并应保持柔软状态，不硬化、不脆裂、不霉变。最后，缠丝作业宜在二期恒载作用于主缆之后进行，缠丝材料以选用软质镀锌钢丝为宜。钢丝缠绕应紧密均匀，缠丝张力应符合设计要求。缠丝作业应由电动缠丝机完成。

（四）加劲梁架设

悬索桥的加劲梁一般采用钢结构，早期以钢桁梁为主，个别中小跨度的悬索桥采用钢板梁。由于钢板梁的抗风性能不佳，其应用受到限制。

1.加劲梁断面形式

现阶段，加劲梁主要有钢桁梁（桁架式加劲梁）和钢箱梁（钢箱式加劲梁）两类。

钢箱梁的抗风性能较好，风阻吸收仅为钢桁梁的1/4~1/2，且耗钢量较少；钢桁梁在双层桥面的适应性方面远比钢箱梁优越，适用于交通量较大、公铁两用或其他特殊条件下修建的悬索桥。

与一般钢桥相同，钢桁梁或钢箱梁均在工厂内制造，运输到现场后通过节段间现场连接的方法成桥。加劲梁的制造节段长度一般与钢桁梁的节间长度或纵向吊索间距相同。

2.加劲梁架设安装顺序

加劲梁的架设安装顺序主要有两种形式：一种是从主跨跨中及两侧桥台向索塔的两侧推进；另一种是从索塔两侧分别向主跨跨中及两侧桥台推进。拼装顺序应能保证塔顶纵向位移尽可能较小，梁段的竖向变位起伏小，并有利于抗风稳定。

美国旧金山—奥克兰海湾大桥和维拉扎诺桥采用的是前一种顺序，而金门大桥和麦基纳克桥采用的是后一种顺序；欧洲多数桥梁（威尔士赛文桥、第一博斯普鲁斯大桥、亨伯尔桥等）采用前一种顺序；在日本，多数大桥修建时采用后一种顺序。

随着悬索桥施工实践的日益增多，加劲梁架设顺序也在不断发展。例如，日本的明石海峡大桥分别采用两种顺序进行架设。但无论采用哪种架设顺序，均须考虑主缆变形对加劲梁线形（高程）的影响，应在施工前尽可能先做模型试验与必要的计算分析，再结合各桥的特点加以确定。

3.缆载吊机

加劲梁架设主要采用的工具是缆载吊机，其由主梁、端梁及各种运行提升机构组成。缆载吊机横跨并支承在两主缆上，其主梁跨度即为两主缆的中心距。

梁段用驳船浮运到安装位置的下方，提升梁上的卷扬机，放下提升钢丝绳。钢丝绳通过平衡梁与加劲梁节段连接。卷扬机将梁段提升到吊索位置后，将吊索下端与梁段上的吊点连接，同时，将本段梁段与相邻梁段临时铰接，然后松开平衡梁，本梁段即吊装完毕。

主缆是柔索结构，当只有部分梁段悬吊在主缆上时挠度很大，已吊装的加劲梁将产生很大的弯曲变形。如果梁段吊装到位后即与相邻梁段连接，则加劲梁将承担很大的弯曲应力，容易造成结构破坏。

为此，梁段吊装到位后只在上缘与相邻梁段形成铰接，下缘在吊装期间张开。随着吊装梁段的增加，主缆的局部挠度减小，加劲梁下缘的间隙逐渐闭合，待梁段全部吊装完成或大部分吊装完成后，在相邻节段间永久固结连接。此时，加劲梁恒载完全由主缆承担，加劲梁只承担节段内的局部弯矩。

（五）施工阶段线形及内力控制

悬索桥施工过程中必须对塔柱弯矩、主缆线形及加劲梁线形加以控制，以使成桥时塔柱基本只承担竖向力，主梁线形达到道路线形要求。

在空缆状态下，主缆无论是在中跨还是在边跨均为悬链线，当加劲梁安装完毕后，恒载接近于均布荷载，主缆线形接近于二次抛物线。在两种线形之间转换时主缆将向中跨移动，因此，塔顶的索鞍在加劲梁架设期间，必须可以在纵桥向移动，待架设完毕后再与塔顶固结。

主缆的长度是基于成桥状态考虑成桥温度后，用无应力法计算得到的。再根据索股在主缆中的位置计算索股的长度，编索时先确定标准丝的长度，其余钢丝按照标准丝确定长度。

空缆的形状根据缆索的总长及中跨与边跨主缆水平分力相等的原则确定。将空缆线形与成桥线形进行比较后可以得到索鞍在架设期间移动的距离。有了空缆线形后即可进行加劲梁吊装过程模拟计算，从而得到吊装过程中主缆、加劲梁的线形控制值，将结果用于现场操作控制。现场控制时将现场实测值与计算值比较，控制架设精度。

以上计算都必须考虑几何非线性效应，现在一般通过基于有限元位移法的计算机程序进行计算，同时，考虑实测温度与计算温度差的补偿。

第八章　道路的养护技术研究

第一节　路基的养护

一、路基的日常养护

（一）路肩的养护

路肩是保护路面和为保证临时停车所需两侧余宽的重要部分。路肩养护措施是：路肩应保持适当的横坡，坡度顺适。硬路肩横坡与同类型路面横坡相同；土路肩或草皮路肩的横坡应比路面横坡大2%，以利于排水。当路肩的横坡过大或过小时，应及时整修陡坡路段的路肩，防止被暴雨冲成纵横沟槽。正确的防护措施如下。

1.自纵坡坡顶起，每隔20m左右在两侧交叉设置宽30~50cm的斜向截水明槽，并用碎（砾）石填平，同时在路肩边缘处设置高10cm、顶宽10cm、底宽20cm的拦水土埂，在每条截水明槽处留一淌水缺口，其下边的边坡用草皮或砌石加固，使雨水集中在截水明槽内排出。

2.如遇暴雨，可沿路肩截水明槽下侧临时设置阻水埂，迫使雨水从槽内排出，但雨后应立即铲除。中、低级路面的路肩上自然生长的草皮也应予以保留。建植草皮应选择适宜当地土壤及气候的草籽，成活后需加以维护和修整，使草高不超过15cm，丛集的杂草应铲除重铺，以保持路容美观。如路肩草中淤积砂土过多妨碍排水，应立即铲除，恢复路肩应有的横坡。

3.路肩外侧易被洪水冲缺或牲畜踩踏形成缺口，可结合实施GBM工程（公路标准化、美化工程），用石块、水泥混凝土预制块（或现浇）砌筑宽20cm左右的路肩边缘带（护肩带），以保护路肩，美化路容。

为减少路肩养护工作量，对于行车密度大的路线，应利用当地出产的砂、石等材料，有计划地对土路肩进行加固，或用沥青、水泥混凝土材料改铺成硬路肩。硬路肩的横坡应与路面的横坡相同。硬路肩的类型大体可分为以下几种：砂石加固的硬路肩，如泥结碎（砾）石、烧陶粒路肩；稳定类硬路肩，如石灰土、二灰碎石、泥结碎（砾）石、水泥土路肩等；综合结构硬路肩，如在基层上做沥青表面处治形成的综合结构路肩。采用草皮来加固路肩，应注意草高不得高于10cm，否则应进行修剪。

路肩上严禁堆放任何杂物。对于养路材料，应在道路以外根据地形情况选择适宜地点设置堆料台，堆料台的间距以200~500m为宜。

（二）边坡的养护

边坡包括路堑边坡和路堤边坡，是保护路基的重要组成部分。边坡养护与维修的要求是坡面保持平顺、坚实无冲沟，坡度符合设计规定。应经常观察路堑，特别是深路堑边坡的稳定情况，以便及时处理边坡病害。

对于石质路堑边坡，应经常观察坡面岩石风化情况，以及危岩、浮石的变动，发现问题，及时采取适当的措施处理，如清除、抹面、喷浆、勾缝、嵌补、锚固等，避免危及行车、行人安全，以及堵塞边沟，影响排水。

土质路堑边坡出现冲沟时，应及时用黏土填塞捣实；如出现潜流涌水，可开沟隔断水源，将水引向路基以外。

如果填土路堤边坡出现冲沟和缺口，应及时用黏结性良好的土修补拍实。对较大的冲沟和缺口，修理时应将原边坡挖成台阶形，然后分层填筑压实，并注意与原坡面衔接平顺。对路堤中间部分用粉煤灰填筑的路基，尤其应注意加强边坡的养护。发现冲沟、缺口应及时修理，以防止粉煤灰流失，影响路基整体强度和稳定。

边坡、碎落台、护坡道等易出现缺口、冲沟、沉陷、塌落或受洪水及边沟流水冲刷时，应根据水流、土质等情况，采取种草、铺草皮、栽灌木丛、铺柴束、投放石笼、干砌或浆砌片石护坡等措施，进行防护和加固。

边坡上的植被对保护边坡大有益处，不能铲除，并禁止在边坡上割草、放牧。同时，严禁在边坡上及路堤坡脚、护坡道上挖土取料或种植农作物。

目前，土工合成材料的发展为边坡防护、加固提供了新材料、新技术和新方法。常用于边坡防护、加固的土工合成材料有：土工网、土工格栅、防老化的塑料编织布、土工模袋等。使用上述材料进行边坡防护和加固的优点是施工简便、进度快、造价低、效果好。

（三）排水设施的养护

路基排水系统的工作状态直接影响到路基的稳定性。因此，加强对各排水设施的日常养护与维修，是确保路基稳定的关键环节。

在春融前，特别是在汛期、雨期前，应全面对边沟、截水沟及暗沟（管）等排水设施进行检查、疏通，保持水流通畅，防止雨水集中冲坏路堤。暴雨后应重点检查，如有冲刷、损坏，须及时修理加固，如有堵塞应立即疏通。

对土质边沟，应经常保持设计断面满足排水要求，并应特别注意排水口的设置和排水畅通。沟底应保持不小于0.5%的纵坡，在平原地区排水有困难的路段，不宜小于0.3%。边沟内不能种植农作物，更不能利用边沟做排灌渠道。边沟外边坡也应保持一定的坡度，以防崩塌，堵塞边沟。

在养护工作中，要针对现有排水系统不完善的部分逐步加以改进、完善，充分发挥各种排水设施的功能。例如，对有积水的边沟，应将水引至附近低洼处；对疏松土层或黏土层上的沟渠，需结合地形、地质、纵坡、流速等实际情况，综合考虑加固。

如发现渗沟、盲沟出水口处长草、堵塞，应进行清除和冲洗；对有管渗沟应经常检查、疏浚，以保证管内水流通畅；如发现反滤层淤塞失效，则应翻修，并剔除其中较小颗粒的砂石，以保证其孔隙能便利地排水；如位置不当，则应另建渗沟或盲沟。

可使用针刺无纺布作反滤层，针刺无纺布的规格可为 $200\sim300g/m^2$，使用时，应注意无纺布的有效孔径要小于渗流中黏粒的粒径。

（四）挡土墙的养护

挡土墙是支承路基填土或山坡土体，以防填土或土体失稳的构造物，是道路的重要组成部分。因此，必须认真进行养护，除经常检查外，每年还应在春、秋两季进行定期检查。另外，在反常气候或地震、重车通过的异常情况下，应进行特殊检查，发现裂缝、倾斜、鼓肚、滑动、下沉或表面风化、泄水孔不通、墙后积水、地基错台或空隙等情况，应查明原因，观察其发展情况，并根据结构种类，针对损坏实情，采取合理的措施进行修理加固，同时建立技术档案备查。损坏严重时，可考虑全部或部分拆除重建。重建或增建挡土墙，应根据道路所在地区地形及水文地质等条件合理选择挡土墙类型。针对不同的情况挡土墙的养护有不同的技术措施。

1.圬工或混凝土砌块挡土墙裂缝、断缝的处理

如裂缝、断缝已停止发展，则应立即进行修理、加固，应将裂缝缝隙凿毛，用水泥砂浆填塞；对混凝土挡土墙裂缝，可采用环氧树脂胶合。

2.挡土墙发生倾斜、鼓肚、滑动或下沉的处理

挡土墙发生倾斜、鼓肚、滑动或下沉时，可采取以下措施进行处理。

①锚固法。锚固法适用于水泥混凝土挡土墙或钢筋混凝土挡土墙。采用高强钢筋作锚杆，穿入预先钻好的孔内，用水泥砂浆灌满锚杆插入岩体的部位，固定锚杆，待砂浆达到一定强度后，对锚杆进行张拉，然后用锚头紧固。

②套墙加固法。在原墙外侧加宽基础，加厚墙身，按图纸施工时，应挖除一部分墙后回填土，减小土压力，同时，应注意新旧基础和墙身的结合。套墙加固法需凿毛旧基础和旧墙身，必要时设置钢筋锚栓或石榫，以增强连接。墙后回填土必须分层填筑并夯实。

③增建支撑墙加固法。在挡土墙外侧，每隔一定的间距增建支撑墙。支撑墙的基础埋置深度、尺寸和间距应通过计算确定。

④重砌处理。原挡土墙损坏严重，采用以上加固方法不能达到设计强度要求时，则应考虑将损坏部分拆除重建。为防止不均匀沉降，新旧挡土墙之间应设置沉降缝，并应注意新旧挡土墙接头的协调。

⑤砌石或石笼处理。对滑动、下沉破坏的挡土墙，如地基处理工程复杂，为防止危及未损坏部分，可采用干砌块石或堆码石笼的方法进行加固。

3.泄水孔病害的处理

泄水孔如有堵塞，应及时疏通。如疏通工程艰巨或困难，应针对地下水情况，另行选择适当位置增设泄水孔，或在墙背后沿挡土墙增设墙后排水设施，一般可增设盲沟将水引出路基以外，以防止墙后积水，引起土的压力增加或冻胀。

4.挡土墙其他病害的处理

①挡土墙表面出现风化剥落时，应将风化表层凿除，喷涂水泥砂浆保护层。当风化剥落严重时，应将风化部分拆除重砌。

②添建或接长挡土墙，应与线路或原挡土墙协调。挡土墙两端连接的边坡若被水流冲成槽或缺口，应及时填补、夯实，恢复原状。

③对锚杆式及加筋土挡土墙，应经常注意观察有无变形、倾斜或肋柱、挡板损坏、断裂。如有损坏，应及时修理、加固或更换。对暴露的锚头、螺母、垫圈应定期涂刷防锈漆，同时，应经常检查锚头螺母是否有松动、脱落，如有松动、脱落，应及时紧固和补充。

二、常见路基病害的处理

（一）路基沉陷

1.路基沉陷的原因

路基层位不同，承受载荷情况及受外界气候变化的影响就不同，因此路基沉陷的原因也是多方面的。一般认为路基沉陷由以下原因造成。

①地质、地形自身的缺陷。道路沿线的某些地域地质条件恶劣，承载力达不到要求，特别是在流沙、泥沼等劣质土壤地段。填料土壤中混入腐殖土、泥沼土、冻土等，容易导致填料的规格不一，填料间的空隙大，最终使得填料约束能力有限，地基压实程度达不到工程质量要求，在外界因素的刺激下，原道路路基土壤易下沉和移位，造成路基的沉陷。

②气候或天气的影响。道路所在地区的气候条件、降水量大小、洪涝干旱、季节温差等都会对路基造成不同程度的影响。极端的天气，不是造成路面下毛细水上升，就是温差过大，造成土壤结构破坏、强度降低，使得道路路堤产生不均匀下沉，导致路基沉陷。

③车辆荷载的影响。道路在建成通车后，车流量可能随着交通的完善，比原设计中预计的流量有所增加，加上部分车辆违规超载，都会给道路路基造成超负荷影响。渗透性材料一般选用道路路基填土材料，这种材料的空隙率很大，在超载车辆和道路自身的重量作用下，填料的密实度会逐渐增大，而空隙率会逐渐减小，从而造成道路路基沉陷。

④道路设计中存在缺陷。道路路基的设计质量是其日后稳固支撑的关键，设计不合理或有设计缺陷都会直接导致日后路基的沉陷。在道路的勘察设计阶段，对地质资料的审查不周密，对外界环境影响力估计不足，或对路基的防护措施不到位，最终将导致路基在环境因素的干扰下，出现不同程度的沉陷或其他路基病害。在设计中，路基的排水设计也应该充分考虑到当地降水量的影响，一旦有过多的水分侵入路基，就会使得路基填料的含水量增加，降低路基的强度和稳定性。排水不畅通极易造成路基的下沉，形成路基沉陷。常见道路路基的沉陷形式有路基沉陷、边坡滑塌等。

2.路基沉陷的防治对策分析

路基沉陷的成因决定了其具有很多不确定性，因此对路基的病害防治应在道路工程的设计阶段就予以充分考虑，并在工程施工中严格按照设计要求来实现质量达标，还要在道路路基养护中制定科学合理的养护方案，使路基始终保持健康的状态，从而避免路基病害的发生或降低路基病害带来的损失。为防治路基沉陷常采用以下对策。

①在勘察设计阶段重视路基的病害预防。道路勘察设计的不规范和不到位是引发路基沉陷的重要原因。在道路的勘察设计阶段，不能仅依靠设计者的经验和设计原则来确定路基的施工标准；还要结合路基所处地质环境和所承受的车辆载荷情况，实际分析路基应当具备的抗压迫和承载力，再进一步做出优化设计方案。

部分建设单位往往在施工中只注重工程成本的控制，在道路设计阶段忽视或放弃了地质资料的整理，也没有给设计单位提供必要的路基所处地质环境的资料，导致设计人员在设计过程中对路基沉陷没有做出必要的考虑，引起后期道路通行中发生路基病害事故。因此，在工程设计过程中有必要对道路沿线的地质资料进行有效的审视，并在道路纵横断面设计时，有目的地选取典型的区段进行沉陷技术设计。

②采取路基加固技术措施。道路施工质量是保证路基工作状况良好的关键环节，施工队伍的管理水平、技术水平和作业水平都是保障工程质量的内在核心。其中，技术管理和技术措施的采用十分关键。为了保证道路通车后的安全、稳定性，对道路路基的沉陷危害必须采用科学、合理、有效的技术措施进行防治。

（二）路基翻浆

当排水不畅、路基土质不良、含水过多，经行车反复作用，路基会出现弹簧、鼓包、裂缝、冒浆、车辙等现象，称为翻浆。

1.路基翻浆的类型和等级

路基翻浆根据导致其发生的水类来源和翻浆时路面的变形破坏程度，可分为五种类型和三个等级。

①路基翻浆的类型

地下水类：受地下水的影响，土基经常处于潮湿状态，导致翻浆。地下水包括上层滞水、潜水、层间水、裂隙水、泉水、管道漏水等。潜水多见于平原区，层间水、裂隙水、泉水多见于山区。

地表水类：受地表水的影响，土基潮湿，导致翻浆。地表水主要指季节性积水，也包括路基、路面排水不良而形成的路旁积水和路面积水。

土体水类：因施工遇雨或用过湿的土填筑路堤，造成土基原始含水量过大，在负温作用下上部含水量显著增加导致翻浆。

气态水类：在冬季强烈的温差作用下，土中水主要以气态形式向上运动，聚积于土基顶部和路面结构层内，导致翻浆。

混合水类：受地下水、地表水、土体水或气态水等两种以上水类综合作用引发翻浆。此类翻浆需根据水源影响力主次定名。

②路基翻浆的等级

轻：路面龟裂、潮湿，车辆行驶时有轻微弹簧现象。

中：大片裂纹、路面松散、局部鼓包、车辙较浅。

重：严重变形、翻浆冒泥、车辙很深。

翻浆是一个四季都在发生变化的过程，应根据不同季节，采取适当的养护措施，加强预防性的防治工作，以防止或减轻翻浆病害。

2.路基翻浆的春季养护

春季是翻浆的暴露时期，在天气转暖的情况下，翻浆发展很快，养护工作的主要内容是抢防。一旦发现路面有潮湿斑点，发生龟裂、鼓包、车辙等现象，表明路基已发软，翻浆已经开始露头。此时应对其长度、起讫时间、气温变化、表面特征等进行仔细的调查分析，找出原因，及时采取养护措施，防止翻浆加重。

①在路肩上开挖横沟，及时排除表面积水。横沟间距一般为m，沟宽为30~40cm，沟深至路面基层以下，高于边沟沟底。

②及时修补路面坑槽和路肩坑洼，保持路面和路肩平整，以利于尽快排除表面积水。

③如条件许可，应控制重型车辆通过或令车辆绕道行驶。

④在交通量较小、重型车辆通过不多的道路上，用木料、树枝等做成柴排，铺于翻浆路段，上面再铺碎石、砂土，临时维持翻浆期间的通车。

⑤砂桩防治。当路基出现翻浆迹象时，在行车带部位开挖渗水井，井深至冰冻层以下，当渗水基本停止后，排干渗水，填入粗砂或碎（砾）石，形成砂桩。

3.路基翻浆的夏季养护

夏季是翻浆的恢复期，这时养护的主要内容是修复翻浆破坏的路基、路面，采取根治翻浆的措施。

当路基翻浆停止，渐趋稳定时，对维持通车的临时设施应立即拆除并填平，恢复原状。治理翻浆，首先是分析翻浆原因，根据不同情况采取下列治理措施。

①因路基偏低，排水不良而引起翻浆，若地形条件许可，可采用挖深边沟，降低水位的方法进行治理，或用透水性良好的土提高路基，保持路基上部土壤干燥。

②路基土透水性不良，提高路基有困难时，宜将路基上层挖除，换填40~60cm厚的砂性土和碎（砾）石，压实后重铺路面。

③设置透水性隔离层。其位置应在地下水位以上，用粗集料铺筑，厚度为10~20cm，分向路基两侧做成3%的横坡。为避免泥土堵塞，隔离层的上下两面各铺筑1~2cm厚的泥炭、草皮或土工布等其他透水性材料作为防淤层，连接路基边坡的部位，应铺大块片石，防止碎落。隔离层上部与路基边缘的高差不小于50cm，底部高出边沟底20~30cm。

④设置不透水性隔离层。在路面不透水的路基中，设置不透水性隔离层。隔离层横跨全路基，称为贯通式不透水性隔离层；隔离层铺至伸出路面边缘50~80cm，称为不贯通式不透水性隔离层。不透水性隔离层所用材料和厚度为：a.沥青含量为8%~10%的沥青土或6%~8%的沥青砂，厚度为2.5~3.0cm；b.直接喷洒

沥青，厚度为2~5mm；c.用油毛毡（一般为2层或3层）或不易老化的特制塑料薄膜摊铺。

⑤为防止水的冻结和土的膨胀，可在路基中设置隔温层，以减小冰冻层深度，厚度一般不小于15cm。隔温材料可用泥炭、炉渣、碎砖等，直接铺在路面下。其宽度每边宽出路面边缘30~50cm。

⑥设置盲沟以降低地下水位，截断地下水潜流，使路基保持干燥。a.在路肩上设置横向盲沟，其位置应与路中心线垂直。当路基纵坡大于1%时，则与路中心线构成60°~75°的斜度，两侧相互交错排列，间距为5~10m，沟底宜做成1%~5%的坡度。b.当地下水潜流顺路基方向从路基外侧向路基流动，可在路基内设横向截水盲沟或在路基外设纵向渗沟，不使其侵入路基。盲沟的设置应与地下水含水层的流向正交，并深入该层底部，以截断整个含水层。c.如地下水位较高，可在路基边沟底下设置纵向盲沟。其深度一般为1~2m，但应根据当地毛细作用高度和需要降低的水位而定。d.盲沟应选择渗水良好的碎（砾）石填充。对较深的截水盲沟，则应按填充料颗粒的大小分层填入（下大、上小）；也可埋设带孔的泄水管。沟面用草皮反铺掩盖，覆以密实的结合料，以防止地面水渗入。

⑦改善路面结构层。铺设砂（砾）垫层以隔断毛细水上升，增进融冰期蓄水、排水作用，减小冻结或融化时水的体积变化，减轻冻胀和融沉作用。铺设水泥稳定类、石灰稳定类、石灰工业废渣类等路面基层结构层，以增强路面的板体性、水稳性和冻稳性，提高路面的力学强度。

4.路基翻浆的秋季养护

秋季养护的主要内容是排水，防止水分进入路基，保持路基处于干燥状态，减少冬季冻结过程中由于温差作用向路面下土层聚流的水分，所以秋季养护要做好下列工作。

①随时整修路面、路肩、边坡面，维护好路拱和平整度，如有裂纹、松散、车辙、坑槽、搓板、纵向冲沟等病害，应及时处理，避免积水。

②路肩要保持规定的排水横坡，尤其应在雨后夯压密实，保持路肩坚实平整。边坡要保持规定坡度，拍压密实，防止冲刷和坍塌，以免阻塞边沟，造成积水。

③修整地面排水设施，保证地面排水通畅。

④检查地下排水设施，保证地下水能及时排出。

5.路基翻浆的冬季养护

冬季养护的主要内容是采取措施减轻路基水分在温差作用下向路基上层聚积的程度，同时防止水分渗入路基。冬季养护的主要工作如下。

①及时清除翻浆路段的积雪。防止路基下层水分大量聚积到路基上层，致使翻浆加重。

②经常上路检查，发现路面出现裂缝、坑槽等要及时修补，及时排除融化雪水。

③对往年有翻浆而尚未根治的路段及发现翻浆苗头的路段，应在翻浆前做好准备工作，包括准备好抢防的用料。

（三）路基滑坡和塌方

滑坡、塌方成因复杂，因此，在防治和处理滑坡、塌方时，要针对各种不同的情况采取不同的防治措施。道路上的滑坡多发生于路基上的边坡，这是因为修筑道路破坏了自然地貌的平衡。防治滑坡的措施应以排水疏导为主，再配合抗滑支撑措施，或进行上部减重来维持边坡平衡。

少量的塌方，要及时清除；大的坍塌，要先疏通单车道，维持通车，同时做好排水和安全行车工作。

对边坡裂缝，应用胶泥或砂浆填塞捣实，防止雨水渗入基体。

滑坍边坡上坍落的悬岩、危石，要严格观测其变化，对可能发生的崩塌，宜采取预先爆破或刷坡的方法处理，以免危及行车和行人安全。设置支挡工程，维持土体平衡，支挡工程有以下几类。

①抗滑垛。抗滑垛一般用于滑体不大，自然坡度平缓，滑动面位于路基附近或坡脚下部较浅处的滑坡。它是依靠片石垛的自重以增加抗滑力的一种简易抗滑措施。

②抗滑挡土墙。在滑坡下部修建抗滑挡土墙，是整治滑坡常用的有效措施之一。抗滑挡土墙一般采用重力式结构，其尺寸应根据坍滑情况，经过计算确定。

③抗滑桩。抗滑桩是一种用桩的支撑作用稳定滑坡的有效抗滑措施。一般适用于非塑性土层和中厚度滑坡前缘，以及使用重力式支撑建筑物圬工量过大，施工困难的场合。

（四）排水设施病害

路基地面排水结构物，一般包括边沟、截水沟、跌水、急流槽、倒虹吸管、渡槽等，统称沟渠。排水设施的结构形式不同，养护方法也不同。

1.边沟的养护

①路肩有高草影响路面排水时，应根据草的生长情况经常修剪，使其不高于15cm，以不阻水为宜。

②当边沟纵坡大于3%时，沟底应用片石铺砌加固，冰冻较轻地区也可用三合土或四合土加固。

③边沟进出口应经常检查，发现有堵塞物应及时清除，使水流畅通。

2.截水沟（天沟）的养护

①在春融前，特别是汛期前，应全面进行检查、疏浚。

②雨天及时排除堵塞物，疏导水流、保持水流畅通，防止水流集中冲坏路基。

③暴雨后应重点检查，如有冲刷损坏，必须及时修理加固。

3.跌水及急流槽的养护

跌水及急流槽的养护办法与边沟、截水沟相同。

4.暗沟的养护

①应经常进行检查，如发现堵塞、淤积，应进行及时冲洗。

②雨季应保证流水畅通。

5.渗沟的养护

①如发现沟口长草、堵塞，应及时清理和冲洗。

②如碎（砾）石层淤塞不通，应翻修，并剔除颗粒较小的砂石。

③如位置不当，应根据情况另行修建。

6.排水沟的加固

边沟、截水沟、排水沟等，应综合考虑地形、地质、纵坡、流速等实际情况进行加固。对松软土（细砂质土或粉砂土），当流量较大或纵坡为1%~2%时，或黏性较大的土（粉砂质黏土或砂质黏土），纵坡为3%~4%时，沟底可用片石铺砌加固，沟壁用草皮加固。对疏松土，纵坡大于3%时，或黏性较大的土，纵坡大于4%时，沟底及沟壁均应用片石或水泥混凝土预制块铺砌加固或设置跌水。冰冻较轻地区也可用三合土或四合土捶面的方法加固。

（五）防护与加固工程损坏

一般把用作防止路基被冲刷和风化，主要起隔离作用的设施称为防护与加固工程。防护与加固工程损坏主要是指挡土墙、驳岸等，在受到水流的不断冲刷后，基础失稳，产生滑移破坏。防护与加固工程的养护应根据其损坏的原因采用不同的处理措施。

1.防护与加固工程损坏的原因

①防护与加固工程所处地基软弱或基础设置不深。

②加固工程位置选择不合理，挤压河道，引起局部冲刷。

③山区排水构造物不但要排水，还要考虑输砂因素。对山区小型排水构造物的测设缺乏系统设计，容易造成堵塞，水漫路面，冲毁路基。

2.防护与加固工程损坏的防治

①防护与加固工程处于软弱地基时，要采用换土措施或采用砂砾、碎石、灰土等进行填筑。

②防护与加固工程基础埋深，对于无冲刷地基，应在天然地基以下至少1m；

有冲刷时，应在冲刷线以下至少1m。

③挡土墙应设置排水设施，以排除墙后填料中的水分，防止墙后积水致使墙身受到额外的静水压力，减少冬季冰冻地区填料的冻胀压力，消除黏土填料浸水的膨胀压力。

④路堑挡土墙后的地面应做好排水处理，设置排水沟，必要时夯实地表土以减少雨水和地面水下渗。而墙趾前的边沟，则应予以铺砌加固以防边沟水进入基础。

⑤浆砌片（块）石墙身，泄水孔尺寸可为5cm×10cm、10cm×10cm、15cm×20cm或直径为5~10cm的圆孔，视泄水量大小而定，泄水孔的间距一般为2~3m，上下泄水孔宜错开布置，最下层泄水孔的出口应高于地面。若为路堑墙，出水口应高于边沟水位0.3m；若为浸水挡土墙，设在常水位以上0.3m。

⑥沿河路堤设置挡土墙时，应结合河流情况布置，注意墙后仍需要保持水流顺畅，不要挤压河道，以免引起局部冲刷。

三、特殊地区路基的养护

（一）软土地区路基的养护

泥沼和软土具有含水丰富、透水性小、压缩性大、抗剪强度低、承载力差等特性。

我国东北的大小兴安岭、长白山、三江平原、松辽平原及青藏高原和西北地区的湖盆洼地、高寒山地均分布有泥沼；在内陆湖塘盆地、江河湖海沿岸和山河洼地则分布有近代沉积的软土。

泥沼、软土地带的路基容易因路基基底土被压缩而产生较大的沉降，基底土被挤压塑流，向两侧或路堤下坡一侧隆起，使路堤下陷、滑动，以及因冰冻膨胀而产生弹簧、翻浆等病害。泥沼和软土地带路基的病害，应根据不同情况采取下列防治措施。

1.降低水位。视情况加深路堤两侧边沟，以降低水位，促进路基土渗透固结。

2.反压护道。当路堤下沉，两侧或路堤下坡一侧隆起时，在路堤两侧或一侧填筑适当高度与宽度的护道，使路堤两侧（或单侧）被挤出隆起的趋势得以平衡。

3.换土。将病害处路堤下软土全部挖出，换填强度较高、渗透性较好的砂砾石、碎石。抛石挤淤为强迫换土的一种形式，适用于软土液性指数大、层厚较薄、片石能沉达下卧硬土（岩）层的情况。

4.侧向压缩。在路堤坡脚砌筑纵向结构，限制软土侧向挤出，可采用板桩、木排桩、钢筋混凝土桩、片石齿墙等。

5.其他治理方法。采用砂石垫层、石灰桩、砂井（桩）及土工织物等。

6.路堤两侧边坡，宜栽植柳、枫、杨等亲水性好、根系发达的树木，以增强路基抵抗冲刷和侵蚀的能力。

（二）黄土地区路基的养护

1.黄土地区路基的常见病害

黄土具有疏松、湿陷、遇水崩解、膨胀等特性，处于黄土地区的路基有下列常见病害。

①路堤沉陷。

②路缘石周围渗水。

③路肩和边坡在多次干湿循环后，出现裂缝、小块剥落、小型塌方、沟槽、陷穴、滑塌或在地下水及地面水的综合作用下形成泥流，使路肩、边坡受到破坏。

④边沟被水冲深、蚀宽，使路肩、边坡受到破坏。

2.黄土地区路基病害的处理措施

对病害的治理，应针对不同情况，采取不同的措施。

①道路通过纵向、横向沟壑时，边坡病害的治理可采取下列措施：a.沟壑边坡的疏松土层，采用挖台阶的办法清除。b.对疏松的坡面，应拍打密实，或用轻碾自坡顶沿坡面碾实；如坡度缓于1：1，降雨量适宜草类生长，可用种草、铺草皮等方法加固。c.降雨量较小、冲刷不严重时，可采用黏土掺拌铡草进行抹面，并每隔一段距离打入木楔，增强草泥与坡面的结合。d.雨雪量较大的地区，应采用石灰、黄土、细砂三合土或掺加炉渣的四合土进行抹面加固。e.高路堤边坡防护加固：植物护坡，以选用根系发达、茎干低矮、枝叶旺盛、多年生植物为宜；葵花拱式浆砌铺块，材料可采用混凝土块或块（片）石等，然后可考虑播种草籽和种植小灌木。

②若路基出现陷穴，应查清水的来源、水量、发展情况等，采用灌砂、灌泥浆填塞或挖开填塞孔道后再回填夯实等措施处理，但事先要做好导水或排水措施。

③因地表水侵蚀，路肩上出现坑凹时，可采取下列措施。a.用砂、土混合料改善表层。b.路肩硬化，采用无机结合料稳定类半刚性基层、沥青表面处治面层或其他硬化结构。c.路肩未硬化地段，为防止地表水渗入路面底层，每隔20~30m设一处盲沟。盲沟口与边坡急流槽相接，盲沟之间铺设塑料薄膜防水层。d.在高路堤（高度大于12m）地段，为防止路基下沉，应在垫层下铺设塑料薄膜防水层（塑料薄膜厚度不小于0.14mm），并必须设盲沟。路面应采用水泥混凝土预制块铺砌。e.通过沟壑时，如未设置防护工程，应在上游一侧路基边坡底部先铺设塑料薄膜或其他隔水材料，然后贴在隔水层上铺砌浆砌片石坡脚，铺砌高度应高于常

水位20~50cm。

（三）红黏土地区路基的养护

红黏土为碳酸盐岩系出露的岩石经红土化作用形成的棕红、褐黄等颜色的高塑性黏土，其裂隙发育，液限一般大于50，虽然强度较高，压缩性较小，但因与岩溶伴生，且含水量、液限均较一般黏土高，具有胀缩性。用具有胀缩性的红黏土填筑的路堤的常见病害，是路基表面和边坡坡面形成收缩裂缝。收缩裂缝的发育程度与土性、填料的含水量、含水量的均匀性、气候条件及胀缩循环的次数关系密切。土的膨胀性越强，失水后的收缩性也越强，即裂缝越发育；气候越干燥，水分在土中分布越不均匀，其裂隙也越发育；红黏土经历的胀缩循环次数越多，土的结构强度就越低，其收缩裂隙越发育。

对于红黏土地区的路基，一般采取以下方式进行养护。

1.对红黏土路堤边坡，采用非胀缩性的黏土作为包边土，包边土厚1.5m左右，夯实后应防止坡面开裂及地表水的渗入。

2.对于高路堤也可采用土工格栅加固边坡，约束红黏土的侧向膨胀。将土工格栅分层摊铺，与过湿的红黏土层一道填筑压实。土工格栅沿横断面的铺设宽度应不小于2m，铺网垂直间距为两层填土填筑压实厚度，土工格栅应反包坡面，用U形钉固定，并种植草皮。良好的草皮覆盖，能有效地抑制坡面开裂。

（四）膨胀土地区路基的养护

1.膨胀土路基边坡的破坏类型

膨胀土是一种颗粒高分散、成分以黏土矿物为主、对环境的湿热变化敏感的高塑性黏土，具有吸水膨胀、脱水收缩的特点。在这种地区建设工程往往会产生一系列的问题或事故，如地基隆起、路基开裂、边坡失稳等病害。膨胀土路基边坡的完好率很低，病害较多。根据路基边坡破坏机理的不同，发生的部位和变形的形态特征也有所区别，一般可将膨胀土路基边坡的破坏类型分为以下几类。

①坡面冲蚀

坡面冲蚀是膨胀土路基边坡坡面变形的常见现象，其影响深度一般在0.5m以内，常见的影响深度为0.2m或0.3m。

②表层溜坍

表层溜坍是膨胀土路基边坡大层土体变形的一种极为普遍的现象，主要发生在边坡的强风化层内，深度通常为0.5~1.0m，很少超过1.5m。溜坍只能在雨季产生，发生在坡度很缓的边坡上。

③边坡坍滑

边坡坍滑是膨胀土路基边坡的一种主要变形形式，是影响膨胀土边坡设计的主要因素。它以旋转滑动的方式出现，破坏面形状为上陡下缓，近似圆柱形曲面，深度一般为3~5m。同时，边坡坍滑与表层溜坍有着不同的发生机理和破坏特征，防治措施也不同，应根据不同情况采取相应措施。

④工程滑坡

由于边坡开挖切断了软弱土层及其他原因致使堑坡土体滑动出现变形现象，最后出现以整体形式下滑的变形现象，称为工程滑坡。一般情况下其规模较小、厚度不大，多呈牵引式，变形以平移为主。

调查表明，工程滑坡的产生与边坡的开挖有着密切的关系，但与边坡的坡度并无直接联系，如仅放缓边坡，并不能阻止滑坡的产生，必须将滑坡与边坡坍滑加以严格区别。根据上述膨胀土路基边坡的破坏类型及特征，可以发现，根据膨胀土的影响因素和破坏程度的不同，路基边坡破坏可归纳为表层破坏与深层破坏两种基本形式。其中，前者包括边坡冲蚀和溜坍；后者包括边坡坍滑与滑坡。通常情况下，冲蚀与溜坍是边坡整体稳定条件下所产生的局部破坏，处理措施应以坡面防护为主，辅以一定的边坡加固设施。坍滑与滑坡则影响边坡的整体稳定性，处理措施应以边坡的加固为主，采取必要的坡面防护处理措施。

2.膨胀土路基边坡的养护措施

膨胀土的胀缩性使其对湿度特别敏感，同时因渗透性小，造成压实困难；另外，膨胀土还具有崩解性及风化性，易导致边坡的坍滑。针对膨胀土的特性，应采取如下养护方法。

①加强路基路面的排水处理。

②对破坏严重路段的路基土做换土处理，或对路面之下一定厚度内的膨胀土做掺石灰处置。

③为避免路基内含水量变化过大，需完善路面内部的排水结构设计或者外部水温保持植被或覆盖物。

④路面面层和基层施工时，一定要按设计要求进行，并严格控制施工质量，注重施工工艺。

（五）盐渍土地区路基的养护

当距离地表1m内容易溶解的盐类含量超过0.3%时即属盐渍土。由于盐渍土含盐类型（如氯化盐、硫酸盐、碳酸盐）、含盐量、含硝量及其他因素的不同，对路基的破坏也不同。

因盐类有结胶和吸湿作用，故盐渍土在干旱季节和干旱地区，有利于路基稳定；一旦受到雨水、冰雪融化的淋溶，含水量急增，则会引发路基湿化坍塌、溶陷、路基发软，强度降低，丧失稳定，甚至失去承载力，导致路基容易出现下列病害：道路泥泞、加重路基翻浆及冻胀病害；受水浸时，强度显著下降，发生沉陷；硫酸盐发生盐胀作用，使主体表面层结构破坏和疏松，以致路面被拱裂及路肩、边坡被剥蚀等。针对这些情况，主要采取以下措施进行处理。

1.加密排水沟，沟底要保持0.5%~1%的纵坡；路基填土低、排水困难的地段，应加宽、加深边沟或在边沟外增设横向排水沟，其间距不宜大于500m，沟底应有向外倾斜2%~3%的横坡。

2.对加深、加宽边沟的弃土，可堆筑在边沟外缘，形成护堤，以保护路基不被水淹。

3.在盐湖地区用盐晶块修筑的路基表面，原来没有覆盖层或有失散的，应用砂土混合料进行覆盖和恢复；出现车辙、坑凹、泥泞，应清除浮土，洒泼盐水湿润，再填补碎盐晶块整平夯实，仍用砂土混合料覆盖压实。

4.边坡经雨水冲刷或雪融后出现沟槽、溶洞、松散等，可采用盐壳平铺或铺上黏土掺砂砾并拍紧，防止疏松。

5.为防止边坡水土流失，在坡脚处增设各侧宽2m的护坡道，护坡道应高出常水位20cm以上。护坡道上可选植耐盐性的树木或草本植物（如红柳、红杨、甘草、白茨等）予以稳定。

（六）填砂路基的养护

细砂是一种较好的填筑路基的材料。在我国江河众多、河砂资源丰富的南方地区，利用河砂填筑路基，既可疏通河道，又能少占耕地，就地取材，降低工程造价。但河砂作为路基填筑材料，存在失水后易滑坍，不易压实，干稳定性差的缺陷，因此填砂路基的施工、养护应采取一些措施。

1.当土工布以下土层渗透性较弱时，会出现因细砂灌水不能及时下渗而引起对土砂结合部位的浸泡。在实际施工中，采用挖渗水井的方法可以解决这个问题，也可以在不透水层顶面埋设花管通过包边灰土排出路基。

2.当填砂路基在填筑与使用过程中外侧包边土塌陷，以及填砂路基因边缘压实不良导致浅层失稳破坏时，可以在路基边坡铺设混凝土预制空心块，间隔设沉降缝，用沥青麻絮填塞，空心部分回填土，人工夯实整平，再铺上草皮。

3.每层压实后的宽度不得小于设计宽度。路堤填筑时，从最低处起分层填筑，逐层压实。地面横坡陡于1:2.5时，应做特殊处理，防止路堤沿基底滑动。

第二节 路面的养护

一、沥青类路面的养护

（一）沥青类路面的养护对策

沥青类路面的养护对策应根据道路等级、交通量及分项路况评价结果确定。分项路况评价指标包括路面强度、路面行驶质量、路面破损状况和抗滑性能等方面。路面综合评价指标仅用于对路面质量的总体评价。

道路养护管理部门可根据道路等级、交通量、分项路况的评价结果，结合养护资金情况，采取如下维修养护对策。

1.在满足强度要求的前提下（路面的结构强度系数为中等以上时），若高速公路及一级公路的路面状况指数（pavement condition index，PCI）评价为优、良，或者二级及二级以下公路的路面状况指数评价为优、良、中，以日常养护为主，并对局部破损进行小修；若高速公路及一级公路的路面状况指数评价为中及中以下，或者二级或二级以下公路的路面状况指数评价为次及次以下，应采取中修罩面措施。

2.在不满足强度要求的前提下（路面的结构强度系数为中等以下时），应采取大修补强措施以提高其承载力。

3.若高速公路及一级公路的路面行驶质量指数（riding quality index，RQI）评价为优、良，或者二级及二级以下的公路的路面行驶质量指数评价为优、良、中，以日常养护为主；若高速公路及一级公路的路面行驶质量指数评价为中及中以下，或者二级及二级以下公路的路面行驶质量指数评价为次及次以下，应采取罩面等措施改善路面的平整度。

4.高速公路及一级公路的抗滑能力不足（SFC<40）的路段，或二级及二级以下公路抗滑能力不足（SFC<30或BPN<32）的路段，应采取加铺罩面层等措施提高路表的抗滑能力。

5.如果路面不适应现有交通量或载重的需要，应通过提高现有路面的等级或加宽等改建措施提高道路的通行能力和服务质量。

（二）沥青类路面的日常保养

1.保持路面平整、横坡适度、线形顺直、路容整洁、排水良好。

2.加强路况巡查，掌握路面情况，随时排除有损路面的各种因素，及时发现病害，研究分析病害产生的原因，并有针对性地及时对病害进行维修处理。

（三）沥青类路面常见病害的原因及处置

1.路面裂缝的分类

在沥青路面各类破损形式中，裂缝所占比重较大，也较为常见，在沥青路面养护维修工作当中，裂缝破损的维修工作也较为普遍，而且频率高，难度大，裂缝破损对沥青路面的使用性能和使用寿命影响很大。裂缝按破损几何形状及成因可分为以下几种。

①龟裂：此类裂缝呈一连串小多边形（或呈小网格状），一般其短边长度不大于40cm，类似乌龟背壳上的花纹，故俗称为龟裂。龟裂是由于路面受交通荷载作用，其变形和挠度过大，在沥青路面的柔性不够及在重载车辆的反复碾压下，路面材料疲劳而形成的一种裂缝，故有时也将此类裂缝称为疲劳裂缝。龟裂可能是全面性的，也可能是局部性的，且大多数发生在行车道上。在龟裂的形成初期，由于裂缝轻微，对沥青路面的服务水平影响不大，但由于路面有龟裂而使得路表的水渗入，造成底面层及路面基层强度减弱，这样便会加速龟裂面积的扩大及裂缝的扩展，导致形成坑槽破损。

②块裂：此类裂缝呈不规则的大块多边形（或呈大网格状），其在形状上和尺寸上都有别于龟裂，通常其短边长度大于40cm，长边长度小于3m，且棱角较明显。块裂通常是由于铺设沥青路面的沥青混合料采用了大量的低针入度沥青和亲水性集料，或沥青发生老化失去弹性，在交通荷载作用下发生脆裂；或由于在低温作用下沥青混凝土产生缩裂，故有时也将此类裂缝称为收缩裂缝。块裂在较开阔的广场、停车场和城市道路上普遍发生。这类裂缝常常会导致路表水渗入路基和路床，降低路面的结构强度而形成其他的损坏，如龟裂、车辙等。

③纵向裂缝：纵向裂缝为沿路面行车方向分布的单根裂缝。一般成熟的纵向裂缝都较长，达到20~50m。在路表水渗入路堤下地基范围较小的情况下，可能仅在中央分隔带两侧行车道上，甚至接近硬路肩的一侧产生一条纵向裂缝；在路表水渗入路堤下地基范围较大的情况下，可能在中央分隔带两侧行车道上和超车道上产生两条纵向裂缝，少数路段甚至有三条纵向裂缝。特别是当路基边部压实不足，路堤边部会产生沉降，导致在距路边30cm左右处产生纵向裂缝。在沥青混合料摊铺时，由于纵向接缝处理不当，造成路面早期渗水或压实度未达到要求，在行车作用下也会在纵向接缝处形成纵向裂缝。由于地基和填土在横向不可避免的不均匀性，特别是在有路表水渗入地基的情况下，沥青路面产生细而小的纵向裂缝也是不可避免的。但是路面产生纵向裂缝过多过早，裂缝宽度过大和过长，将严重影响其使用性能和寿命。

④横向裂缝：横向裂缝为与路面行车方向垂直分布的单根裂缝。由于地基或填土路堤纵向不均匀沉降，或由于沥青混合料摊铺时横向接缝处理不当，会产生

横向裂缝，并伴有错台现象出现。在温度变化大的地区，夏季完好的路面到了冬季会由于路面温度过低或温度变化过大，产生纵向近似等间距的横向裂缝，通常将这类横向裂缝称为温度裂缝。沥青路面出现的绝大部分横向裂缝是温度裂缝，该类裂缝一般从沥青面层表面开裂，逐渐向底面层和基层延伸、扩展，从而形成上宽下窄的裂缝。有的横向温度裂缝会贯通路面的一部分，而大部分横向温度裂缝则是贯通整个路面宽度。一条沥青路面会有多根横向温度裂缝，其纵向间距为5~10cm。

⑤反射裂缝：此类裂缝是由于下铺层的裂缝向上传递而导致沥青面层产生与下铺层相似的裂缝，一般多发生在加铺层上。由于对旧有的水泥路面的接缝和裂缝，或旧有沥青路面的纵向裂缝、横向裂缝和块裂等，在加铺时未加以适当的处理，导致加铺层产生与下铺层裂缝形状相似的反射裂缝。另外，在新建的半刚性沥青路面上，半刚性基层因温度变化产生的温缩裂缝或受外界环境湿度变化影响产生的干缩裂缝，也会向路表面扩展形成反射裂缝。由于底层或基层不连续处（接缝或裂缝）的水平运动或竖向运动，会使沥青路面的底面层产生较大的拉应力或剪应力，并最先开裂，然后裂缝逐渐向上延伸、扩展，并穿透整个面层，形成下宽上窄的裂缝。

⑥滑移裂缝：此类裂缝是在车辆刹车、转弯或加速时产生突然增大的水平力作用下，在路表面沿行车方向形成的一种新月形状的裂缝，又称为U形裂缝。U形裂缝的顶端常指向作用力的方向。滑移裂缝常发生在车辆刹车、转弯或加速的位置。当滑移裂缝由刹车引起时，滑移裂缝的末端（U形裂缝的顶端）指向行车方向；如果滑移裂缝是由车辆加速引起的，滑移裂缝的末端（U形裂缝的顶端）将指向车的后方。滑移裂缝通常是沥青路面表面层与底面层或面层与基层的黏结性不好，同时，面层又受到较大的水平外力作用，无法有效地传递给底层，而使表面层单独承受，造成路表面被撕裂破坏。

2.路面裂缝的处置措施

沥青路面产生裂缝破损不仅影响路容美观和行车的舒适性，而且若不及时对裂缝进行填封修补，将会使路表水通过裂缝进入路面结构层内，导致路面承载力下降，进而造成路面局部或成片损坏，大大缩短路面的使用寿命。对沥青路面裂缝进行填封修补，其最终目的和效果可归纳为四个方面：恢复沥青路面行车的平顺性和舒适性；恢复沥青路面局部强度和承载力；弥补裂缝处原有沥青路面的强度不足；避免沥青路面产生进一步的破坏。沥青混凝土路面裂缝的修补方法有很多种，一般根据裂缝的宽度、深度和开裂面积确定具体的修补工艺，常用的有以下几种。

①密封胶开槽贴缝法。针对沥青混凝土路面较明显的横向裂缝和纵向裂缝，

一般以灌缝法进行修补。沥青路面裂缝用灌缝法修补的传统施工工艺是直接灌注乳化沥青进行封闭处理。乳化沥青黏性较差，气温低时易变脆，气温高时易发生流动、溢出，使用寿命短，处理及时性差，维修裂缝的修补失效率半年内高达85%，1年后基本全部失效，需要重新灌注。这不仅需要大量的道路日常养护工作量，还大幅占用了养护费用。密封胶开槽贴缝工艺的质量检验标准是：密封胶基本与路面齐平；灌缝充分饱满，表面平整，无颗粒状胶粒；灌缝胶经碾压后不发生脱落变形，保持足够的弹性。

②表面封层技术。表面封层是一层用连续方式敷设在整个路表面的养护层，封层材料可以是单独的沥青或其他封层剂，也可以是沥青与集料组成的混合料。表面封层可以解决的养护问题主要有：复原或延缓表层沥青材料的氧化（老化）；重新建立路面的抗滑阻力；密封表面的微小裂缝；防止水从表面渗入路面结构层；防止集料从表面失落、崩解。目前，常用的表面封层技术有：雾层封层、还原剂封层、石屑封层、稀浆封层（微表封层）等。其中，稀浆封层在实际施工中使用较多。

③薄层罩面法。薄层罩面也是一种传统的预防性养护方法。它是在原有路面上加铺一层厚度不超过2.5cm的热沥青混合料。薄层罩面可以有效地防止品质正在下降的路面继续恶化，改善其平整度，恢复其抗滑阻力，校正路面的轮廓，对路面也有一定的补强作用，但在多数情况下费用效益比其他预防性养护方法差。薄层罩面在施工中最大的困难是由于层面较薄，容易冷却又不宜使用振动压路机，因而不易达到较高的密实度，因此，正确地进行混合料设计、温度控制、碾压工艺选择和压路机选型显得尤为重要。采用改性沥青作为黏结剂铺筑的薄层罩面在耐久性和抗滑性能方面都优于普通沥青薄层罩面，但碾压温度要求更高，由于散热快而引起的压实困难就更大。为了适应薄层路面快速压实的需要，近些年来出现了某些专为压实薄层路面而设计的高频振动压路机。此类振动压路机的振幅极低，只有0.2mm左右，但频率则高达70Hz左右。这样匹配的振动参数，由于大大降低了振动冲击力，可以避免压碎集料，但又能保持在较高的单位时间内输入被压材料的振动能量。

④沥青混凝土路面裂缝病害的其他修补措施。沥青混凝土路面裂缝其他的修补措施主要有压浆法、沥青灌缝等措施。a.压浆法即在路基填土层中利用设备压入纯净的水泥浆，以此有效地固结路基。水泥浆的选用需结合路基各项数据谨慎选择。压浆法对机械化程度要求很高，费用也较大。b.沥青灌缝是一种传统沥青混凝土路面裂缝修补技术。其具体操作多是人工融化沥青后灌注入沥青混凝土路面裂缝中。这种方法操作简单、费用低，但是修补效果非常不好，难以达到路面裂缝修补的基本目标，是一种低端修补技术，目前此技术已基本被淘汰。

3.路面麻面、松散的处置

①对大面积的麻面、松散路段，可在气温上升（10℃以上）后，清扫干净，重做喷油封层，喷布沥青（0.8~1.0kg/m²）后，撒粒径3~6mm的石屑或粗砂（5~8m³/1000m²），用轻型压路机压实。

②由于油温过高，沥青老化失去黏结性而造成松散，应将松散部分全部挖除后，重做面层。

③由于基层或土基软化变形而引起的路面松散，先处理基层或土基的病害，再重做面层。

④如因酸性石料与沥青黏附性差造成路面松散，应将松散部分挖除后，重做面层。重做面层的矿料不应再使用酸性石料，在缺乏碱性石料的地区，应在沥青中掺加抗剥离剂、增黏剂，改善沥青与矿料的黏附力，提高沥青混合料的水稳性。

4.路面坑槽的分类及处置

坑槽是一种常见的沥青路面局部破损。坑槽修补也是沥青路面日常养护维修工作中一项难度很大而又费工费时的工作，沥青路面出现坑槽，由其引起的行车颠簸、振动所产生的冲击荷载是正常荷载的1.5~2.0倍。对坑槽若不进行及时修补和加强，在冲击荷载的作用下，坑槽破损会加快而连成一片，致使局部路段大面积损坏，严重影响路面的使用寿命和车辆行驶的安全性。

①坑槽按破损形式不同，可以分为以下几类

a.表面层产生坑槽。由于沥青路面局部表面层混合料空隙率较大、沥青与石料间的黏附力不强，路表水（雨水或雪水）进入并滞留在表面层沥青混合料中，在大量快速行车的作用下，动水压力（孔隙水压力）使表面层的沥青从石料表面剥落下来，沥青路面便会出现局部松散破损，散落的石料被车轮甩出，路面自上而下逐渐形成坑槽。这类坑槽通常深度为2~4cm，是各类坑槽中最早产生，也是产生数量最多的一类。由于沥青混合料的不均匀性，坑槽总是首先在局部沥青混合料空隙率较大处产生，因此它常是随机分布的一个个孤立的坑槽。这类坑槽在以半开级配沥青混合料铺筑表面层的沥青路面上出现较多。

b.表面层和中面层同时产生坑槽。当沥青路面表面层和中面层都采用空隙率较大的半开级配沥青混合料，而底面层采用空隙率较小的密级配沥青混合料时，路表的自由水较易渗入并滞留在表面层和中面层内；当表面层采用半开级配、中面层采用密级配沥青混合料，降水时间较长或路表有积水时，自由水渗入表面层后有较长时间从表面层的薄弱处渗入中面层，并滞留在表面层和中面层内。大量快速行车使此两面层内的沥青混合料中部分石料上的沥青剥落，使沥青混合料失去黏结强度，导致路表面产生网裂、形变（局部沉陷）和向外侧推挤，并最终出现崩解（粒料分离），大量大块破碎料被行车带离，形成坑槽，此类坑槽完全形成后深度一般为9~10cm。此类坑槽产生数量不是太多，但也不少见。

c.底面层和基层间产生坑槽。路表水透过沥青面层（两层式或三层式）滞留在底面层和基层之间，在大量高速行车荷载（特别是重载车辆）作用下，自由水产生很大的压力并冲刷基层混合料表层细料，形成灰白色浆。灰浆又被荷载压挤，通过各种形状不同和宽窄不同的裂缝（横向裂缝、纵向裂缝、斜缝、网缝）到达路表面；行车驶过后，部分灰浆和自由水又流回底面层和基层之间，如此一上一下，如挤筒的吸排水作用，反复冲刷裂缝，使裂缝两侧产生新裂缝及碎裂破坏，并出现以裂缝为中心的局部下陷形变。当挤出的灰浆数量大时，可能立即产生坑槽；在数量小时，可使路面形成网裂或局部变形，这样路表水更容易渗入基层顶面，并形成恶性循环，最终导致坑槽出现。这类坑槽完全形成后，通常深度大于10cm，并且绝大多数都出现在车流量较大的行车道上或重载车辆较多的道路上。

d.刚性组合式路面（含桥面）上产生坑槽。在水泥混凝土板上铺筑薄沥青面层的刚性组合式路面也是沥青路面的一种，为降低噪声和改善雨天行车的安全性，铺筑的薄沥青面层的厚度常为3.5~4.0cm；而为了提高路面的平整度及改善行车舒适性时，其铺设厚度一般为5~8cm。沥青面层与水泥混凝土板之间的黏附性不太好，若路表水透过沥青面层滞留在耐水性较好的刚性板上，在车辆荷载作用下会产生挤水压力，使两者之间的黏附性变得更差，并出现分层。由于沥青混合料摊铺厚度的不均匀性，沥青面层局部厚度过薄（<4cm），面层在车辆荷载的水平推力作用下推移而形成剥落和脱皮，最终产生坑槽。这类坑槽常出现在桥面上，且多数成片出现。虽然桥梁、通道和立体交叉等构造物的总长度不长，沥青混合料面层铺装面积不大，但其单位面积出现的坑槽数量最多。

沥青路面产生坑槽不仅严重影响路面的表面功能和使用性能，而且还可能引发交通安全问题，并造成路面更严重的破损。对沥青路面坑槽进行修补，其最终目的和效果可纳为四个方面：恢复沥青路面的表面功能；恢复沥青路面的局部强度和承载力；弥补坑槽处原有沥青路面强度和耐水性的不足；避免沥青路面产生更严重的破损。

②坑槽修补的方法

坑槽修补主要是针对坑槽、局部网裂、龟裂等病害的修补和加强，同时，还可以对局部沉陷、壅包及滑移裂缝等病害进行修补。通常沥青路面坑槽修补的施工工艺为：测定破坏部分的范围和深度，按"圆洞方补"原则，画出大致与路中心线平行或垂直的挖槽修补轮廓线（正方形或长方形）。开槽应开凿到稳定部分，槽壁要垂直，并将槽底、槽壁清除干净。在干净的槽底、槽壁薄刷一层黏结沥青，随即填铺备好的沥青混合料。新填补部分应略高于原路面，待行车压实稳定后保持与原路面相平。坑槽修补的方法较多，一般有热补法、喷补法、热再生法三种。

a.热补法。其修补工序是：首先用破碎工具铲除需补部位旧路面，然后喷洒沥青黏结层，填充新的热拌沥青混合料，并摊平、压实。根据实际情况，部分高速公路在采用热补法修补之后使用抗裂贴，可以取得更好的效果。

b.喷补法。此方法利用高压喷射方式，将乳化沥青经过喷管与输送来的集料相混合，通过控制喷管上的乳液、集料和压缩空气这三个开关，把混合料均匀、高速地喷洒到坑槽中，达到密实的黏结效果，无须碾压，无须沥青混凝土拌和厂配合，且不受气候变化影响。

c.热再生法。其修补方法是：先将高效热辐射加热板放置到待补区域，使得旧沥青路面软化，然后对被软化的沥青旧料喷洒乳化沥青使旧料现场再生，补充新沥青混合料拌和，并摊铺、压实。这种方法可对旧料进行现场再生利用，减少了环境污染、资源浪费，降低了维修成本，进行修补作业时不受气候变化影响。

除上述几种坑槽修补方法外，还有一些特殊的或新近发展的方法。如采用沥青混合料预制块修补，沥青路面破损处开槽修补的尺寸应等于预制块尺寸的倍数，预制块之间的接缝用填缝料填塞。这种坑槽修补方法较为简单，修补料的配合比容易控制，密实度能得到保证。

5.壅包的处置

①由于基层原因引起的较严重壅包，先用挖补方法处理基层，待基层稳定密实后，再重做面层。

②因施工时操作不慎，将沥青漏洒在路基上形成的壅包，将壅包除去即可。

③因面层沥青用量过多或细集料集中而产生的较严重壅包，或路面连续多次出现壅包且面积较大，但路面基层仍稳定，则可用机械或人工将壅包全部除去，并处理至低于路表面约10mm。扫尽碎屑、杂物及粉尘后用热沥青混合料重做面层。

④对已趋稳定的轻微壅包，应将壅包用机械刨削或人工挖除。

6.泛油的处置

①对于泛油路段，先取样做抽提试验，求出油石比，然后确定不同的处置措施：a.泛油严重路段，先撒一层粒径10~15mm或粒径更大的碎石，用压路机强行压入路面，等基本稳定后，再分次撒上粒径5~10mm的碎石，并碾压成型。另外，可将含油量过高的软层铣刨清除后，重做面层。b.泛油较重路段，根据情况可先撒粒径5~10mm的碎石，用压路机碾压，待稳定后，再撒粒径3~5mm的石屑或粗砂，并用压路机或引导行车碾压。c.轻度泛油路段，可撒粒径3~5mm的石屑或粗砂，用压路机或控制行车碾压。

②施工要求：a.处置时间应选择在泛油路段已出现全面泛油的高温季节。b.撒料应顺行车方向撒，先粗后细；做到少撒、薄撒、匀撒，无堆积、无空白。c.

禁止使用含有粉粒的细料。d.采用压路机或引导行车碾压，使所撒石料均匀压入路面。e.如采用行车碾压，应及时将飞散的粒料扫回，待泛油稳定后，将浮动的多余石料清扫并回收。

7.啃边的处置

①挖出破损边缘，切成纵横规则的断面，并适当挖深，采取局部加厚面层边部的办法修复。

②改善加固路肩或设硬路肩，使路肩平整坚实，与路基边缘衔接平顺，并保持路肩应有的横坡，以利排水。

③在路面边缘设置路缘石，其顶面与路面面层平齐，以防止啃边。

④平交道口或曲线半径较小的路基内侧，可适当加宽路面。

8.脱皮的处置

①由于面层与基层之间黏结不良而脱皮者，应先清除脱落和已松动部分的面层，清扫干净，喷洒透层沥青后，重新铺面层。

②如沥青面层层间产生脱皮，应将脱落及松动部分清除，在下层沥青面上涂刷黏结沥青，并重做沥青层。

③由于面层与上封层之间黏结不好，或初期养护不良而引起脱皮，应先清除脱皮和松动部分，清扫干净后，洒上黏层沥青，重新做上封层。

9.路面沉陷的处置

因路基不均匀沉降而引起的局部路面沉陷，若土基和基层已经密实稳定，不再继续下沉，可只修补面层，并根据路面的破损状况分别采取下列处置措施。

①路面略有下沉，无破损或仅有少量轻微裂缝，可在沉陷处喷洒或涂刷黏层沥青，再用沥青混合料填补沉陷部分，并压实平整。

②因路基沉陷导致路面破损严重，矿料已松动或脱落形成坑槽的，应按坑槽的修补方法处置。

10.波浪、搓板的处置

①因基层强度不足或稳定性差引起波浪时，应挖掉面层，补强基层后，再铺面层。

②因面层和基层间有夹层而产生波浪时，应挖除面层、清除不稳定夹层后，喷洒透层沥青，重铺面层。

③出现小面积面层搓板（波浪），也可在波谷内填补沥青混合料找平，但必须黏结牢固，稳定密实；起伏较大者，则铲除波峰部分进行重铺。

④出现严重的大面积波浪或搓板，应将面层全部挖除，重铺面层。

11.翻浆的处置

①因基层水稳性不良或含水量过大造成的翻浆，应挖去面层及基层全部的松

软部分。将基层材料晾晒干，并适当增加新的硬粒料（有条件时应换填透水性良好的砂砾或工业废渣等），分层（每层厚度不超过15cm）填补并压实，最后铺筑面层。

②低温季节施工的石灰稳定类基层发生上层翻浆，应挖除到坚硬处，另换新料，修补基层和重铺面层。也可考虑采取短期封闭交通的办法防止翻浆蔓延扩大。

③对于因排水不良而造成的翻浆，可加深边沟，增设纵横盲沟，加速路基排水；或使用水稳性好的垫层、基层，重修面层或增设隔离层。

（四）沥青类路面的预防性养护

沥青路面罩面按其使用功能可分为普通型罩面（简称罩面）、防水型罩面（简称封层）和抗滑层罩面（简称抗滑层）三种。

1.罩面

①适用范围。罩面主要用于消除破损、完全或部分恢复原有路基平整度、改善路基性能等修复工作。

②材料要求。a.结合料宜使用性能较好的黏稠型道路石油沥青、乳化石油沥青、改性乳化沥青或改性沥青。b.宜选择耐磨、强度高的石料。c.高速公路、一级公路宜采用中粒式、细粒式密级配沥青混凝土或沥青玛蹄脂结构；二级及二级以下公路可采用热拌沥青碎石混合料结构；三级及三级以下公路可采用沥青表面处治层结构。

③厚度要求。罩面厚度应根据所在路段的交通量、道路等级、路基状况、使用功能等综合考虑确定。a.当路基状况指数、路面行驶质量指数为中、良等级，路面仅有轻度网裂时，可采用较薄的罩面层（1~3cm）。b.当路基破损、平整度、抗滑三项指标都在中等级以下，又要求恢复到优、良等级时，应采用较厚的罩面层（3~5cm）。c.高速公路、一级公路罩面宜采用4~5cm的厚度；其他道路可采用较薄的罩面层（1~4cm）。d.各级道路的罩面层厚度不得小于最小施工层厚度。

2.封层

①适用范围。封层主要用于提高原有路面的防水性能、平整和抗滑性能的修复工作。

②材料要求。a.封层的结合料宜采用乳化石油沥青、改性乳化石油沥青。b.矿料宜选用耐磨、强度高的石料。c.各种材料的技术指标应符合有关规范规定。d.高速公路、一级公路可采用沥青稀浆封层养护，但宜采用粗粒式改性乳化沥青混合料，其他等级道路可采用乳化沥青混合料。

③厚度要求。a.交通量较大，重型车较多的路段宜采用厚约1.0cm的封层。b.在中等交通量路段宜采用厚约0.7cm的封层。c.在交通量小、重型车少的路段宜采

用厚约0.3cm的封层。

3.抗滑层

①适用范围。抗滑层适用于提高路基抗滑能力的修复工作。

②材料要求。a.选用适合铺筑抗滑层的材料和沥青混合料。b.高速公路、一级公路宜选用重交通道路石油沥青、改性石油沥青、改性乳化石油沥青作为结合料。c.选用抗滑、耐磨的石料，磨光值应符合要求。d.所用材料的技术指标应符合有关规范要求。

③厚度要求。a.用于高速公路、一级公路时厚度不宜小于4cm。b.二级公路宜采用中粒、细粒式沥青混凝土结构，也可采用热拌沥青碎石或沥青表面处治结构，厚度不得小于最小施工层厚度。c.三、四级公路可采用乳化沥青封层结构，厚度可为0.5~1.0cm。

④施工要求。按规范规定，施工应符合下列要求：a.对确定罩面的路段，在罩面前必须完成各种病害的处置工作，并清除路面上的泥土、杂物。b.根据施工气温、旧沥青路面状况等因素采取相应施工工艺措施，罩面前必须喷洒黏层沥青，确保新旧沥青层的结合。有条件时，洒黏层沥青前最好用机械打毛处理。c.当气温低于10℃或路面潮湿时，不得浇洒黏层沥青，并不得摊铺沥青罩面层。d.采用乳化沥青稀浆封层时，必须有固定的专业人员、固定的专业乳液生产和施工（撒布、摊铺）设备、专职的检测试验人员，并按有关规定进行检测和质量控制。稀浆封层撒布机在使用前，应根据稀浆混合料配合比设计，对集料、乳液、填料、加水量进行认真调试，调试稳定后，方可正式摊铺。

（五）沥青类路面的补强与加宽

1.一般要求

当道路的交通量增大或重型车增多，原有路基的宽度、厚度不能满足行车需要时，则应进行路基的加宽和加厚。在路基加宽时，根据路基情况可分别采用双侧或单侧加宽。在路堤加宽时，应注意新旧路基的结合，避免不均匀沉陷。在路堑加宽开挖进坡时，必须自上而下进行，严禁采用大爆破施工，以免边坡失稳。

路基加宽时，一般可按原路基的分层结构、厚度、所用材料和操作方法进行铺筑。当采用单侧加宽时，应将原路基挖松，增做三角垫层，使加宽后的路拱左右对称。

路基加厚时，应通过调查根据设计确定其厚度，但需注意满足最小压实厚度的要求。当厚度大于最大压实厚度时，应分层铺筑。在路基开始加厚的接头处，在纵向可将原路基挖松，挖松深度以不小于加厚路基材料的最大粒径为宜，做成缓坡搭接，以保证新旧路基搭接顺适，不致产生推移。

当路基既要加宽又要加厚时，应先进行加宽，然后进行加厚。待路基稳定后及时铺筑磨耗层和保护层。

2.施工要求

加宽接槎一般采用毛槎热接法。施工时应使原路面露出坚硬的边缘，刨切时不使原路基面层与基层的粒料松动，使边缘保持垂直，清除干净后，在接槎处均匀涂一层黏结沥青，然后沿边缘覆盖厚度为10cm、宽度为20cm的热沥青混合料（石油沥青混合料温度为130~160℃，煤沥青混合料温度为90~120℃）预热路基边缘，待接槎处的沥青路基软化后，再将预热的混合料按厚度摊平，随即用热夯夯实，并用烙铁熨平，紧接着进行碾压。如原路基有路缘石，应将路缘石移至新加宽（或加厚）的路基外侧，并重新夯实路肩后，在路缘石里侧涂黏结沥青。

补强加厚路基时，原有沥青面层经检验调查并进行技术经济比较后，除需再生利用者外，一般可不铲除。但补强仅需在原有路基上加铺沥青补强层时，如原有沥青面层有不稳定软层则应予以铲除，或在夏季气温较高时撒布粗矿料（粒径一般为软层厚度的0.9倍），用重型压路机强行压入的方法使其稳定，对原有路基的其他破损应先予以处置，必要时可设平整层。

加厚路基的厚度不大，一般可不调坡。如厚度高差较大，则应统一调坡以变更标高，使路基标高提高后的纵坡顺适，并与周围环境相协调。加宽、加厚同时进行时，宜采用单幅施工、单幅通车的方式，一般不宜中断交通。

（六）沥青类路面的翻修与再生利用

为了节约能源，减少环境污染，合理利用筑路资源，减少筑路废料堆放用地和降低路面工程造价，在沥青路面大修、改善工程中，推广采用旧沥青面层的再生利用技术，是当前国内外养路部门普遍十分重视的问题。

旧沥青面层的利用，一般可分为两种情况：一是将旧面层的结合料、旧集料进行再生，组配成合格的再生沥青混合料供重新铺筑路面使用，称为再生利用；二是旧面层在破碎后仅掺加少量结合料或矿料后使用，称为重复利用。再生利用按施工温度可分为热拌再生法和冷拌再生法两种。为了改善和提高再生混合料的路用性能，在加入的新沥青中可掺加诸如橡胶热塑性聚合物、硫黄等外掺剂。

1.不论采用何种利用方法，事先均应进行认真的调查、检测和详细的技术经济分析，因地制宜，量材使用。其利用范围应符合以下规定。

①再生利用基本适合各种路基结构的沥青面层。

②重复利用的材料仅限于用于面层下嵌锁型基层或联结层；或用于交通量较小路段的面层下层，但表面必须用新的沥青混合料作封层；也可在交通量不大的次要道路上直接用于面层及用于改善高级、次高级路基的路肩或平交道口次要道

路的路基和小面积破损的修补。

2.再生利用时使用的外掺剂或软化剂及添加新的集料与旧沥青混合料的掺配方法，可按以下步骤进行。

①应根据原路基的结构、材料情况，分段采样进行混合料的抽提试验，测定其沥青含量（油石比），以及沥青的针入度、软化点、延度、化学组分，有条件和需要时，还应测定沥青的绝对黏度、流变指数、沥青质和软沥青质的溶度参数等指标，并进行集料的筛分试验，以便针对性地选用再生剂、掺加新的沥青和集料的品种与规格，为再生利用提供翔实、科学的设计依据。

②按道路等级、交通量、施工条件等选定再生沥青路面结构类型、使用的层位和相应的沥青针入度指标。

③通过试验确定外掺剂或软化剂的种类和剂量。当旧沥青掺入新沥青及外掺剂或软化剂后，经试验取针入度、延度和软化点符合要求者，即可确定外掺剂或软化剂类型及所需的剂量。

④确定新的矿料级配。根据旧矿料级配及其掺配（利用）率、旧矿料细化程度，选择掺配新的粗集料，使其合成级配符合组成要求。

⑤结合料用量可按如下因素确定：再生沥青混合料的结合料用量，应包括旧沥青混合料中已有的旧沥青含量、外掺剂或软化剂含量和新沥青的掺配数量。

配合比应根据新集料用量与旧沥青混合料的用量，以及再生混合料的总油石比，通过马歇尔试验确定。

⑥旧沥青面层再生利用的施工方法主要如下。a.挖揭旧面层，可采用人工或路面铣刨机按面层厚度挖削，应避免破坏基层，并宜在气温较低的季节进行施工。b.清理、选择旧料，应选用光泽度好，不干涩、发脆的旧料，并清除附着的黏土、石粉等杂质，收集储运到拌和厂（场）；堆场地基应平整坚实，排水良好，多雨地区宜设雨棚遮阳避雨，保持干燥、松散，料堆高度一般小于1.5m，以不结块为度。c.破碎。有冷破碎法和加热破碎法两种。冷破碎法是在气温较低时采用破碎机械破碎后，用筛分机筛除超规格大颗粒及尘土、石粉，按规格将旧料分别堆存备用；加热破碎法即采用各种热能（如太阳能、红外线加热器或炒料器）使沥青旧料热融分解。d.制备再生沥青混合料。

二、水泥混凝土路面的养护

（一）水泥混凝土路面的养护对策

水泥混凝土路面的养护对策应根据道路等级、交通量及路况评价结果确定。道路养护管理部门可根据道路等级、交通量、路况的评价结果，结合养护资金情况，采取如下维修养护对策。

1.高速公路及一级公路的路面破损状况等级为优和良，或者二级及二级以下公路的路面破损状况等级为中及中以上时，可采取日常养护和局部或个别板块修补措施。

2.高速公路及一级公路的路面破损状况等级为中及中以下，或者二级及二级以下公路的路面破损状况等级为次及次以下时，应采取全路段修复或改善措施，包括沥青混合料修补、板块破碎和碾压稳定、铺筑沥青混凝土或水泥混凝土加铺层，以及修建纵向边缘排水设施等。

3.高速公路及一级公路的路面行驶质量、抗滑能力等级为中及中以下，或者二级及二级以下公路的路面行驶质量等级为次及次以下时，应采取刻槽、罩面或铺筑加铺层等措施改善路面的平整度，以提高路面的抗滑能力。

4.路面结构承载力不满足现有交通的要求时，应采取铺筑沥青混凝土或水泥混凝土加铺层措施提高其承载力。

（二）水泥混凝土路面的日常保养

1.水泥混凝土路面养护工作必须贯彻"预防为主、防治结合"的方针。根据路面实际情况和具体条件，以及水文、地质、气候、交通和道路等级等情况，采取预防性、经常性的保养和相应的修补措施，对于较大范围的路基修理，应安排大、中修或专项工程，使路面保持良好的技术状况。

2.水泥混凝土路面养护应以机械养护为主，并积极采用新技术、新材料、新工艺。

3.水泥混凝土路面养护必须贯彻安全生产的方针，其安全技术、劳动保护等必须符合有关规定，做到安全生产、文明施工、保护环境。

（三）水泥混凝土路面常见病害及处置

水泥混凝土路面损坏可分为面层断裂类、面层竖向位移类、面层接缝类、面层表层损坏类等类型。面层断裂类主要指纵向裂缝、横向裂缝、斜向裂缝、交叉裂缝、断裂板等；面层竖向位移类主要指沉陷、胀起等；面层接缝类主要指接缝填缝料损坏、纵向裂缝张开、唧泥、板底脱空、错台、接缝碎裂、拱起等；面层表层损坏类主要指磨损、露骨、纹裂、网裂、起皮、活性集料反应病害、粗集料冻融裂纹、坑洞、修补损坏等。

1.水泥混凝土路面面层断裂类病害。

纵向裂缝大多出现在路基横向有不均匀沉降的路段。横向或斜向裂缝，通常是由重载反复作用、温度或湿度梯度产生的翘曲应力或者干缩应力等因素单独或综合作用引起的。在开放交通前出现的横向或斜向裂缝，则主要是施工期间锯切缝的时间安排不当所造成的。角隅断裂通常是表面水侵入，地基承载力降低，接缝处出现唧泥，板底形成脱空，接缝传荷能力差，重载反复作用等综合作用所引起的。有裂缝板在基层和路基浸水软化及重载反复作用下进一步断裂，便形成交叉裂缝和破碎板。

根据混凝土路面板的裂缝情况，可以采用如下修理方法分别予以处理。

①对宽度小于 3mm 的轻微裂缝，可采取扩缝灌浆的方法，即顺着裂缝扩成宽 1.5~2.0cm 的沟槽，清洁后填入粒径为 0.3~0.6cm 的清洁石屑，将灌缝材料灌入扩缝内，养护至达到通车强度。

②对贯穿全厚的宽度为 3~15mm 的中等裂缝，可采用条带罩面进行补缝。其方法为先用锯缝机顺裂缝两侧各约 15cm，并与横缝平行方向锯两道深为 7cm 的缝口，凿除两横缝内的混凝土后，沿裂缝两侧 10cm 每隔 50cm 钻直径为 1cm、深为 5cm 的钯钉孔，洗刷干净、晾干后，在槽壁及底部涂刷水泥浆或环氧水泥砂浆，并在孔内填满水泥砂浆，把钯钉插入安装孔内，随即浇筑混凝土，进行振捣并整平。喷洒养护剂，锯缝后灌注填缝料。

③对宽度大于 15mm 的严重裂缝可采用全深度补块。全深度补块分为集料嵌锁法、刨挖法和设置传力杆法。

2.水泥混凝土路面面层竖向位移类病害

沉陷是路面在局部路段范围内的下沉，主要由路基填土或地基的固结沉降或不均匀沉降所引起；胀起是混凝土路面板在局部路段范围内向上隆起，主要由路基的冻胀或膨胀土膨胀所引起。

①沉陷处理。为使沉陷的混凝土板恢复到原来的位置，可采用顶升施工法进行处置。

面板顶升的基本要求如下：a.面板在顶升前，应用水准仪测量下沉板的下沉量，测站距下沉处的距离应大于 50m，并绘出纵断面，求出升起值。b.在混凝土面板上钻孔，孔深应大于板厚 2cm，板块顶升宜采用起重设备或千斤顶。c.灌注材料可采用水泥砂浆。d.灌注材料压入后，每灌一孔应用木楔堵塞，压浆全部完毕，应拔出木楔，宜用高强水泥砂浆堵孔。e.压浆材料的抗压强度达到 6MPa 时，方可开放交通。

②胀起的处理。当板端胀起但路面完好时，可用锯缝机缓慢地将拱起处两侧板的 2 道或 3 道横缝加宽、切深，通过释放其应力予以处理；或切开拱起端，将板块恢复原位。然后用填缝料填封接缝。

当板端拱起板块已经发生断裂或破损时，则应根据破损情况分别按前述裂缝修理的方法予以处理。

3.水泥混凝土路面面层接缝类病害

①纵向接缝张开病害是由于在纵缝内未按规定要求设置拉杆，相邻车道板块在温度和横向坡度的影响下出现横向位移，纵缝缝隙逐渐变宽。

②唧泥和脱空病害是指板接（裂）缝或边缘下的基层细粒料渗入缝下并随积滞在板底的有压水从缝中或边缘处唧出，并由此造成板底面与基层顶面出现局部范围的脱空，接缝填封料失效。基层材料不耐冲刷、接缝传荷能力差和重载反复作用是引起唧泥的主要原因。

③唧泥发生和发展过程中，基层顶面受冲刷，细料被有压水冲积在近板底脱空区内，使接缝或裂缝两侧板面出现高程差，形成错台病害。错台的处置方法有磨平法和填补法两种。可根据错台病害的轻重程度选定。

a.高差小于等于10mm的错台，可采用机械磨平或人工凿平。

b.高差大于10mm的严重错台，可采用沥青砂或水泥混凝土进行处置。

④由于接缝施工不当（包括传力杆设置不当）或者缝隙内进入不可压缩材料，邻近接缝或裂缝约60cm宽度范围内，出现并未扩展到整个板厚的裂缝，或者混凝土分裂成碎块或碎屑，这种损坏称作接缝碎裂病害。

⑤拱起是指水泥混凝土路面在气温升高时，因胀缝不能充分发挥作用，造成板体向上隆起的现象。其处置方法同胀起。

4.水泥混凝土路面面层表层损坏类病害

①水泥混凝土路面面层表层损坏类病害类型

a.磨损、露骨主要是由于行车荷载的反复作用，以及混凝土的耐磨性差造成的。混凝土面层表面水泥砂浆在车轮反复作用下被逐渐磨损，沿轮迹带出现微凹的表面。长期磨损使表层砂浆几乎全部被磨去，粗集料外露，并且部分粗集料被磨光。

b.纹裂或网裂是在混凝土板表面出现的一连串细裂纹；起皮是板上部3~13mm深的混凝土出现脱落。这类病害主要是由于施工或材料问题造成的。

c.粗集料冻融裂纹是在混凝土表面接近纵向接缝、横向接缝、自由边缘或裂缝处出现的许多密布的半月形细裂纹，裂纹表面常有氢氧化钙残留物，使裂纹周围颜色变暗，并最终导致接缝或裂缝0.3~0.6m范围内的混凝土崩解。这种病害主要是由于某些粗集料的冻融膨胀压力所造成的，通常先从板的底部开始崩解。

d.由于冻融或膨胀，粗集料从混凝土中脱落出来而形成坑洞，其直径为3~10cm。出现个别坑洞，不作为病害。

②水泥混凝土路面面层表层损坏类病害处置

a.对个别的坑洞，应清除洞内杂物，用水泥砂浆等材料填充，达到平整密实。

b.坑洞较多且连成一片的，应采取薄层修补法进行修补。切割部分的外形边线，应与路中心线平行或垂直。切割的深度，应在6cm以上，并将切割面内的光滑面凿毛。应清除槽内的混凝土碎屑，混凝土拌和物填入槽内，振捣密实，并保持与原混凝土面板齐平。喷洒养护剂养护。待混凝土强度达到通车要求的强度后，方可开放交通。

c.对低等级公路中面积较大、深度在3cm以内、成片的坑洞，可用沥青混凝土进行修补。用风镐凿出一个处置区，其外形边线应与路中心线平行或垂直。开凿深度以2~3cm为宜，并清除混凝土碎屑。在槽底面和槽壁洒黏层沥青，其用量为0.4~0.6kg/m³。铺筑沥青混凝土并碾压密实平整。待沥青混凝土冷却后恢复通车时应控制车速。

d.表面起皮（剥落、露骨），应根据道路等级和表面破损程度，采用不同的材料和施工方法进行处置。对局部板块的表面起皮（剥落、露骨），应根据道路等级和表面破损程度，采用不同的材料和施工方法进行处置。一般道路可采用稀浆封层处置。高速公路可采用改性沥青稀浆封层或沥青混凝土处置。对于较大面积的水泥混凝土面板表面起皮（剥落、露骨），可采取稀浆封层及沥青混凝土罩面措施。

（四）水泥混凝土路面的改善

水泥混凝土路面较长路段出现较大面积的磨损、露骨时，应采取铺设沥青磨耗层的措施。磨耗层可为沥青砂（厚度为1.0~1.5cm）、稀浆封层或改性沥青稀浆封层；若局部路段出现路面磨光，应采取机械刻槽的方法，以恢复水泥混凝土路面的表面平整度和摩擦系数。对板面裂缝很多，或者表面磨损严重开始剥落的路段，可采取加铺面层的方法，以延长路面的使用寿命。加铺层可采用普通水泥混凝土、钢纤维混凝土、钢筋混凝土或沥青混凝土铺砌。面层加铺的基本要求如下。

1.加铺水泥混凝土面层之前应对旧混凝土路面病害进行处理。凿除破碎板，铺筑与旧板块等强度的水泥混凝土。

2.清理干净旧混凝土面板表面杂物、尘污，清除旧混凝土面板接缝杂物，灌入接缝材料，铺筑一层隔离层，隔离层根据所用材料不同，可分为沥青混凝土隔离层（厚度为1.5~2.5cm）、土工布隔离层、沥青油毡隔离层。

3.铺筑混凝土加铺层时应注意以下几点。①加铺层厚度应通过计算确定，其计算应符合有关道路路面设计规范的规定。加铺层最小厚度：当采用水泥混凝土、钢筋混凝土时应不小于18cm；当采用钢纤维混凝土时可取普通混凝土路基板厚度的0.65倍，且不小于12cm；当采用沥青混凝土时应不小于7cm。②加铺层的纵、横缝应与旧混凝土面板一致，拆模时必须做好锯缝标记。钢筋混凝土板横向缩缝间距宜为10m，并应设传力杆，其他缝的处理同普通混凝土板。③路面加铺层的施工应符合道路路基有关施工规范的规定。

（五）水泥混凝土路面的翻修

水泥混凝土路面翻修前应根据面积、土基、面层情况、交通量等，分别选用水泥混凝土路面或沥青路面结构。在翻修施工中应注意以下几点。

1.破碎原路基面时，应以一块路面板为最小单位。

2.旧板凿除应注意对相邻板块的影响，尽可能保留原有拉杆，并及时清运混凝土碎块。

3.应清除基层损坏部分，并将基层整平、压实，对强度达不到的个别板块基层宜用 C15 混凝土补强。在混凝土路面板接缝处的基层上涂刷一道宽 20cm 的沥青带。

4.在路面排水不良地带翻修路面板时，应在路面板边缘及路肩设置路基纵、横向排水系统，以排除路面积水。

5.在选用混凝土配合比及相应材料时，应根据路面通车时间的要求选用快速修补材料。

第三节　其他道路养护

一、涵洞的养护维修

（一）涵洞的检查

应对涵洞进行经常检查和定期检查，特别是洪水和冰雪季节前要对所有涵洞全面检查一次。主要检查内容如下。

1.涵洞的位置是否恰当，孔径是否足够；洞内有无淤塞、冲刷。

2.涵洞有无开裂，填土有无坑陷；涵底、涵墙有无漏水；八字翼墙是否完整。

3.进水口是否堵塞；沉砂井有无淤积；洞口铺砌有无冲刷脱落。

4.涵洞内有无积水；洞内是否有冻裂处。

（二）涵洞的日常养护

1.技术要求

使用中的涵洞不但要保证车辆安全通过，同时，还要使水流在任何情况下都能顺畅地通过洞孔，排泄到适当地点，保证涵洞洞身、涵底、进出水口、护坡和填土完好、清洁、不漏水。

2.质量控制

涵洞的质量控制要点包括以下几个方面。

（1）涵洞洞口应保持清洁、干净，发现堆积杂物应立即清除；涵洞内应保持排水畅通，发现淤塞应及时清除，疏通涵洞。

（2）洞口和涵洞内如有积雪应尽快清除，被清除的积雪应堆放在路基边沟以外。经常积雪或积雪很深地区的涵洞，入冬前可在洞口外加设栅栏，或用柴草捆封洞口；融雪时，应及时拆除。

（3）涵洞开挖维修时应维持通车，设立安全标志、护栏。

（4）洞底铺砌层、洞口上下游路基护坡、引水沟、汇水槽、沉砂井发生变形时，均应及时修理。未设置沉砂井而涵洞经常发生泥沙淤积时，可在进水口加设沉砂井，以沉淀泥沙、杂物。

（5）涵底铺砌出现冲刷损坏、下沉、缺口，应及时修复。路基填土出现渗水、缺口，应及时封塞填平。

（6）涵底和涵墙出现渗漏水，应及时查明原因，并分别采取下列方法处置：①疏通水道，使洞口铺砌与上下游水槽坡道平齐、顺适。②保持洞内底面平顺并有适当纵坡。③用水泥砂浆铺底，涵墙重新勾缝。

（7）处于高填土处的涵洞，其出水口的跌水设施必须与洞口紧密结合成整体。若有裂缝应立即填塞。除日常养护外，汛期前后应加强养护，全面检查、疏通、清扫，及时清除涵洞内及涵洞口淤积的杂物，对有隐患和损坏的部分及时维修。涵底和涵墙出现渗水，对涵洞本身和路基的危害都很大，应立即查明原因，分别采取上述（6）的方法处置。

（8）涵洞进水口周围的路堤应保持坚固。每次洪水过后，应检查有无渗漏、掏空、缺口或冲刷现象。如有此类现象发生，应及时修补。

（9）倒虹吸管在长期流水压力作用下容易破裂、漏水，造成路基软化，应注意检查。

（10）涵洞挖开修复时应维持通车，并设立安全标志。

（11）涵洞进出水口处如被水流冲刷严重，可用浆砌块石铺底，并用水泥砂浆勾缝。

（12）涵洞两端锥坡、挡土墙应经常检查，遇有倒塌、孔洞、开裂、砂浆剥落等现象必须及时修补，修补质量不得低于原构造物质量。

二、标志、标线的养护

（一）交通标志的养护

1.交通标志的养护要求

交通标志的养护应符合下列要求。

①交通标志应设置合理、结构安全，版面内容整洁、清晰。

②标志板、支柱、联结件、基础等标志部件应完整、无缺损且功能正常。

③标志应无明显歪斜、变形，钢构件无明显剥落、锈蚀。

④标志面应平整，无明显褪色、污损、起泡、起皱、裂纹、剥落等病害。

⑤标志的图案、字体、颜色等应符合相关标准要求。

⑥反光交通标志应保持良好的夜间视认性。

2.交通标志的检查

①日常巡查：对沿线交通标志进行日常巡查，并且每月夜间巡查一次，检查其是否受到沿线树木等障碍物的遮挡，以及标志牌、支柱是否牢固，标志反光效果是否下降，反光膜是否有脱落、不平整现象。

②临时检查：遇有暴风雨等异常天气及洪水、地震等自然灾害或交通事故，应及时进行事前及事后的检查。检查内容如下：a.标志牌、支柱的变形、损坏、污秽及腐蚀情况；b.油漆及反光材料的褪色、剥落情况；c.标志牌设置的角度及安装情况；d.基础或底座情况；e.反光标志的反射性能（必须在夜间巡查）；f.标志牌缺损情况。

3.交通标志的更换

①由于腐蚀（生锈）、破损而造成辨认能力下降或夜间反光标志反射能力降低的标志牌，应予更换。

②如有缺损应及时补充。

③更换材料必须与原材料保持一致或提高标准等级。

4.交通标志的清洗

①交通标志每年必须清洗一次，保证所有标志清洁、醒目。

②有树木等遮挡时，必须清除阻碍视线的物体。

5.交通标志的质量控制

因自然灾害、交通事故造成标志牌损坏、缺失，应及时进行维修、补充或加固。维修后的标志牌应恢复原样。采用的材料及结构形式同原标志，质量不得低于原标志。

（二）路面标线的养护

1.路面标线的养护要求

路面标线的养护应符合下列要求。

①具有良好的可视性，边缘整齐、线形流畅，无大面积脱落。

②颜色、线形等应符合相关标准要求。

③反光标线应保持良好的夜间视认性。

④重新画的标线应与旧标线基本重合。

2.路面标线的养护与维修

路面标线养护可视路面标线损坏情况采用补画或重画两种养护方式，且不局限于以上两种方式。经养护后的路面标线必须具有正常使用功能，其颜色、宽度、厚度应与原路面标线一致，材料、级配、工艺同原标线，施工质量不低于原标线。

路面标线的养护对策如下。

①标线污秽，影响美观及使用功能时，应及时进行补画。

②标线反光不均匀或反光效果差，应铲除后重新画线。

③标线磨损严重或脱落，影响使用功能时应重新画线或修复。

④标线局部缺损或被覆盖时，应在路面修复完工后重新画线。

⑤重新画线及修补时应注意与原标线的接头平顺、线形一致。

（三）突起路标及轮廓标的养护

1.突起路标的养护

突起路标的养护应符合下列要求。

①突起路标应无严重的缺损。

②破损的突起路标应不对车辆、人员等造成伤害。

③突起路标应无明显的褪色。

④突起路标的光度性能应保持良好的夜间视认性。

2.轮廓标

轮廓标的养护应符合下列要求。

①轮廓标应进行表面清洗。

②轮廓标应无缺损。

③轮廓标应无明显的褪色。

④轮廓标的光度性能应保持良好的夜间视认性。

三、防护设施的养护

（一）护栏的养护

1.波形梁钢护栏

①保持波形梁钢护栏的结构合理、安全可靠。

②护栏板、立柱、柱帽、防阻块（托架）、紧固件等部件应完整、无缺损。

③护栏质量符合相关标准要求。

④护栏的防腐层应无明显脱落，护栏无锈蚀。

⑤护栏板搭接方向正确，螺栓紧固。

⑥护栏安装线形顺畅，无明显变形、扭转、倾斜。

2.水泥混凝土护栏

①保持水泥混凝土护栏线形顺畅、结构合理。

②水泥混凝土护栏应无明显裂缝、掉角、破损等缺陷。

③水泥混凝土护栏使用的水泥、砂、石、水、外加剂、钢筋等材料的质量应符合相关标准、规范及设计的要求。

④水泥混凝土护栏的几何尺寸、地基强度、埋置深度，以及各块件之间、护栏与基础之间的连接应符合设计要求。

3.缆索护栏

①缆索护栏各组成部件应无缺损。

②缆索护栏各组成部件应无明显变形、倾斜、松动、锈蚀等现象。

③缆索护栏使用的缆索、立柱、锚具等材料的质量应符合相关标准、规范及设计的要求。

（二）隔离栅的养护

隔离栅的养护应符合下列要求。

1.隔离栅应完整无缺，功能正常。

2.隔离栅金属网片、立柱、斜撑、联结件、基础等部件无缺损。

3.隔离栅质量应符合相关标准要求。

4.隔离栅应无明显倾斜、变形，各部件稳固连接。

5.隔离栅防腐涂层应无明显脱落、锈蚀现象。

（三）防眩设施的养护

防眩设施的养护应符合下列要求。

1.防眩板、防眩网等防眩设施应完整、清洁，具有良好的防眩效果。

2.防眩设施应安装牢固，无缺损。

3.防眩设施应无明显变形、褪色或锈蚀。

4.防眩设施的质量应符合相关标准要求。

（四）其他交通安全设施的养护

1.应保持里程碑、百米桩、道口标柱、道路界碑、防落网、锥形交通路标、道路防撞桶、减速垫、安全岛、平曲线反光镜、声屏障、示警柱等交通安全设施的清洁、完整和功能正常。

2.应选择恰当和可行的方法对里程碑、百米桩、道口标柱、道路界碑、防落网、锥形交通路标、道路防撞桶、减速垫、安全岛、平曲线反光镜、声屏障、示警柱等交通安全设施进行养护。

3.保持示警柱（护柱）位置正确、颜色鲜明、醒目，立柱垂直，线形良好。

养护人员应对全线的护柱进行经常性巡查，发现问题应及时予以处理，无法处理的应及时上报。管养单位应对全线护柱每年清洗一次并刷油漆，遇有局部不清洁部分要及时清洗。管养单位应及时更换、维修损坏的护柱，所用材料应与原护柱材料协调一致。

第九章 桥梁的养护技术研究

第一节 桥面与桥梁支座的养护

一、桥面的养护维修

（一）桥面铺装层的缺陷及养护维修

1.桥面铺装层的常见缺陷及成因

桥面铺装层直接承受车轮荷载的作用，经受车轮对它的撞击、磨耗，所以铺装层易产生各种缺陷。其常见缺陷主要有：表面松散，露骨，纵、横向裂缝或龟裂，表面磨耗、坑槽等。

①沥青铺装层的常见缺陷及成因。

沥青铺装层的常见缺陷有沉陷、纵裂、龟裂、车辙、推移、波浪、壅包、收缩裂缝、老化开裂、磨耗、松散、泛油等。其主要缺陷的分类及产生原因如下。

a.局部裂缝。纵裂、横裂、龟裂的成因主要是施工不当，基层出现裂缝反射。老化开裂的成因主要是沥青材质不良。收缩裂缝的成因主要是材料收缩引起的温度应力超过了材料的抗拉强度，为寒冷地区的一种常见缺陷。

b.变形。车辙（推移波浪）是因铺装层的各层在汽车荷载重复作用下进一步压实和沥青层中材料的侧向位移而产生的永久变形。热稳定性差的面层材料，侧移下沉现象严重，即车辙明显。

c.磨耗。磨光、剥落、松散、坑槽的成因主要是面层混合材料不良、石料抗磨耗性能不好、石料与沥青的黏附力不良、碾压不足等。光滑桥面铺装层上高速行驶的汽车在雨天时轮胎与地面之间易形成水膜，造成汽车行驶产生"水漂"现象，因此，必须注意提高路面的抗滑性能。

②水泥混凝土铺装层的常见缺陷及成因。

水泥混凝土铺装层常见缺陷主要有表面裂缝、表面磨耗、露骨、坑槽等。其中表面裂缝最为常见。

a.大面积裂缝。大面积裂缝一般呈均匀分布的龟状细裂缝，通常是在水泥混凝土板铺装过程中，由于表面整修收水不当、气温较高、养护不周等原因，导致混凝土板表面因失水过快而产生表面收缩裂缝。这种裂缝一般只是深入混凝土表面几毫米，不会随时间延长而发展。另外，由于混凝土材料的不稳定性，如采用的材料产生了碱集料反应等，也会引起铺装层大面积开裂，裂缝呈不规则状，有些会引起翘曲现象等。

b.局部裂缝。局部裂缝一般分施工时产生的初期裂缝和使用后产生的纵横向裂缝、板角裂缝及结构附近裂缝等几种。初期裂缝产生的原因一般是水泥混凝土硬化过程中，表面砂浆沉降开裂及早期混凝土塑性收缩，其长度一般为数厘米到数十厘米。纵横方向和板角处的裂缝均为贯通裂缝。

③钢纤维混凝土铺装层的常见缺陷及成因。

钢纤维混凝土铺装层常见缺陷主要有：表面龟裂（网裂、纵向裂缝、横向裂缝）、脱皮或局部破损露骨、表面磨损等。当桥面排水不良时，对钢纤维混凝土面层的整体性也有影响。

2.桥面铺装层的养护维修

每日应对桥面铺装层进行清扫，桥面不得有污物及过往行人或车辆丢弃的杂物，以保持干净的工作状态。同时还应加强检查与养护，如检查行车道和铺装层下的泄水孔的排水效果，使其保持排水畅通，雨量大时，应注意观察桥面有无积水。

①沥青铺装层的养护维修

对沥青铺装层应观察其是否平整，有无跳车现象；是否有龟裂；是否有松散、露骨，即桥面是否出现锯齿状的粗糙状态；是否有车辙、推移、波浪等现象。一经发现，应视病害情况及时进行相应的修补和整治。

a.裂缝的养护维修。沥青铺装层的裂缝有多种形式，应根据裂缝产生的不同情况采取相应的养护措施。

b.车辙的养护维修。一般可采用沥青混合料覆盖车辙并加铺沥青混合料薄层罩面的方法。如条件许可，可用加热切割法（使用铣刨机或加热切削整平机）铣刨或切削，然后参照沉陷处理的方法进行车辙部分的维修。

c.坑槽的养护维修。桥面坑槽的修补在养护维修作业中是比较常见的。

补坑所用沥青混合料有加热拌和式和常温拌和式两种。常温拌和式材料能够贮藏、袋装，便于搬运及冬季施工作业，但是常温材料修补桥面坑槽的耐久性一般较差，仅用于临时修补。

②水泥混凝土铺装层的养护维修

对水泥混凝土铺装层应观察其是否平整，是否有裂缝，是否有露骨等现象。其中，关键是观察是否有大面积裂缝或局部裂缝（错台）。

a.板块断裂的维修。当病害分布于全桥面板时，可用多个风镐将旧桥面板凿碎清除，再根据通车期限要求，选用合适的材料浇制板块、抹面、压纹或拉槽，养护灌缝。如为局部损坏，则画线凿除或用锯缝机配合在上口锯除损坏部分（包括边缘松动部分），将接缝处清除干净，必要时还应刷上水泥或其他黏结剂，并立即用适宜的修补材料予以修补，其表面压纹或拉毛尽量与原板块相同，为了加强新旧混凝土的结合，需在接缝处再加耙钉或锚筋。其原有纵横缝应认真恢复，必要时上部锯缝深度应加深。如损坏处分布有钢筋，尽可能不要切断，不得已切断时，经论证分析认为应恢复时，必须接好。

b.裂缝的修补。压注灌浆法：对宽度在0.5mm以下的非扩展性的表面裂缝，可采取压注灌浆法修补。灌注材料可用环氧树脂或其他黏结材料。扩缝灌浆法：对局部性裂缝且缝口较宽时，可采取扩缝灌浆法修补。修补材料可用聚合物混凝土或其他新型快硬高强材料。条带罩面法：对贯穿全层厚度的开裂状裂缝，宜采取条带罩面法进行修补。表面龟裂的处置：对于表面龟裂及表面裂缝较多时，可把裂缝集中划入一个施工面，将其中所有裂缝四周松动部分切割成一处深20cm的凹槽，把混凝土碎屑吹刷干净，灌注早强混凝土，喷洒养护剂养护到设计强度。

c.孔洞、坑槽的维修。孔洞、坑槽主要是由于混凝土材料中夹带泥块等杂物所致，影响行车的舒适性。其修补方法如下：先将孔洞凿成形状规则的直壁坑槽；用钢丝刷将损坏处的尘土、碎屑清除干净；再用压缩空气吹干净；用快硬砂浆或早强混凝土进行填补；喷洒养护剂进行养护。

d.混凝土铺装层的局部修补。铺装层的边或角的破损可采用局部修补的方法维修。

③钢纤维混凝土铺装层的养护维修

对于钢纤维混凝土铺装层来说，应经常观察其表面是否平整、是否有龟裂，表面是否有脱皮或局部破损露骨，表面是否磨耗呈平滑状态。还应观察铺装层下的排水效果，一旦铺装层下积水，会影响铺装层本身的使用寿命。

a.钢纤维混凝土桥面如产生纵缝、横缝或网缝，要及时修补：对宽度小于0.2mm的缝可用环氧树脂胶泥封闭；对宽度大于或等于0.2mm的缝可用环氧树脂浆液压力灌浆。

b.钢纤维混凝土桥面如果局部损坏严重，可将损坏严重的部分凿除重新铺装；

如果严重损坏的面积大，考虑到长远效益，可将其改为改性沥青混凝土桥面。

④改性沥青混凝土铺装层的养护维修

改性沥青混凝土铺装层的主要养护维修步骤如下。

a.检查桥面铺装层是否有坑槽、纵裂、横裂、网裂、车辙、松散、不平、磨耗，以及是否有桥头跳车现象等。这些检查一般由目测即可完成。桥面的平整情况则可借助板尺等简单工具进行测量。检查出桥面铺装层的病害后，应针对不同病害分别采取不同的养护维修措施。

b.局部裂缝的养护维修。由于沥青材料性能不良、老化或桥面板本身出现损坏而导致沥青混凝土桥面铺装层出现裂缝时，可以采取多种养护维修措施。对纵裂、横裂或网裂等，可根据裂缝产生的不同原因采取相应的措施。通常的做法是将已损坏的沥青混凝土凿除，按工艺要求重新铺沥青混凝土。

c.坑槽的养护维修。桥面坑槽的修补在养护维修工作中是比较常见的。修补坑槽应仍用改性沥青混凝土。修补作业的具体做法为：用切割机垂直切除坑槽四边损坏部分，并将切割下来的松散的残渣清除干净；切割完毕后，在坑槽四壁，即在修补范围内涂刷黏结剂；摊铺改性沥青混凝土；整平、压实修补处。

（二）桥面伸缩缝的缺陷及养护维修

1.伸缩缝的常见缺陷及成因

①伸缩缝的常见缺陷

桥面伸缩缝由于设置在梁端构造薄弱部位，直接承受车辆荷载的反复作用，又大多暴露于大自然中，受到各种自然因素的影响，因此伸缩缝是易损坏、难修补的部位，经常产生各种不同程度的缺陷。伸缩缝的常见缺陷根据采用形式的不同而有所不同。

a.锌铁皮伸缩缝使用多年后均有损坏现象，其形式有：软性防水材料如沥青砂或聚氯乙烯胶泥等老化、脱落；伸缩缝凹槽落入其他硬物，不能自由变形；锌铁皮上压填的铺装层如水泥混凝土铺装层或沥青混凝土铺装层等断裂、剥离；伸缩缝上后铺压填部分发生沉陷，高低不平；由于墩（台）下沉，出现异常的伸缩，车辆行驶时出现冲击及噪声。

b.钢板伸缩缝（包括梳形钢板伸缩缝）的常见缺陷有：角钢与钢筋混凝土锚固不牢，使钢板松动，在车辆行驶时受到冲击振动，更加速了它的破损；缝内塞进石块或铁夹物，使伸缩缝接头活动异常，不能自由变形；排水管发生破坏损伤或被土砂堵塞；表面钢板焊接部位破坏损伤；梳形钢板伸缩缝中梳齿与承托板的焊接处出现裂缝，更严重者出现剪断现象。

c.橡胶伸缩缝的常见缺陷有：橡胶条破坏损伤；橡胶条剥离；在橡胶嵌条连

接部位漏水；锚固构件破损、锚固螺栓松脱；伸缩缝构造部位下陷或突出；车辆行驶时不适，产生噪声。

②伸缩缝产生缺陷的原因

a.交通量增大，重型车辆不断增多，随之车辆的冲击作用也明显变大，因此设计、施工上即使稍有缺陷也会成为产生破坏的诱因。

b.设计方面的原因：有些桥梁结构，桥面板的刚度不足，当桥面板受到汽车荷载作用时，因翼板较薄，横向联系较弱，导致桥面板变形过大。很多设计是将伸缩装置的锚固件置于桥面铺装层中，与主梁（板）连接的部分很少，采用这些锚固方法时，在荷载作用下容易造成开焊、脱落，而且力的分布不容易传递，微小的变形可能演变成大的位移，最终导致混凝土黏结力的失效。伸缩量计算不准确，没有考虑到实际温度对伸缩装置的影响等，在伸缩装置本身不具备或很难具备调整初始位移量，以适应安装温度对位移要求的能力时，选型不当是造成伸缩装置破坏的重要原因。设计上未对伸缩装置两侧的后浇混凝土和铺装层材料选择、配合比、密实度及强度提出严格要求或规定。在大跨桥、斜桥、弯桥等设计时没有形成与一般的梁（板）结构相符合的构造形式和锚固方法。使用黏结材料、橡胶材料等新形式的伸缩装置，错误地选定构造和材料且防水、排水设施不完善，由于漏水、溢水，锚固件受腐蚀，梁端和支座侵蚀严重，多成为产生破坏的原因。

c.施工方面的原因：对桥梁伸缩缝装置施工工艺要求的重视程度不够，未能严格按照施工工艺标准和安装工序进行施工。锚固件焊接质量不能得到保证，只注意表面，忽视内部质量是否达到标准要求。后浇混凝土（或其他填充料）浇筑不密实，达不到设计的强度要求，时常出现蜂窝、空洞等，难以承受车辆荷载的强烈冲击。由于赶工期，草率从事，放松了对伸缩装置施工质量的要求，甚至不按设计图纸的要求施工，是现阶段造成伸缩装置破坏的重要原因之一。伸缩装置两侧混凝土和沥青混凝土铺装层结合不好，碾压不密实，形成两张皮，容易产生开裂、脱落，最终引起伸缩装置的破坏。

d.管理维护方面的原因：平常对伸缩装置内的砂土、杂物未能及时、认真地清扫，使原设计的伸缩量不能得到保证。原有桥梁逐渐老化，维修又不充分，因此破坏不断扩展。桥梁超载情况不能得到有效控制，特别是夜间缺乏管理，车辆不按规定行驶，超载车辆自行上桥，对桥梁伸缩装置的有效使用和耐久性也常带来严重危害。

2.伸缩缝的维修

桥面伸缩缝是较容易遭受破坏而又相对难以加强和修复的部位。如果置小破损于不顾，势必会发展成严重的破坏，就会严重影响交通，甚至会危及行车安全，这时就得进行修补或彻底更换。所以，做好经常性的检查、养护等工作，及时进行修补，是一项非常重要的工作。应注意的主要事项如下。

①伸缩缝的日常检查。有计划、有组织地做好经常性的检查工作可以尽早地避免小的损坏演变成大的破坏。日常检查工作主要包括：伸缩缝是否堵塞、挤死、失效；各部分的构件是否完好；锚固连接是否牢固，连接件是否松动；有无局部破损；密封橡胶带是否老化、失去弹性、异常变形或开裂；伸缩缝是否有不正常的响声或异常的伸缩量；伸缩缝各基本单元间隙是否均匀；钢构件是否锈蚀、变形；伸缩缝处是否平整，有无跳车现象等。为便于养护维修，对检查应做好记录，建立检查记录档案。

②伸缩缝的养护。桥面伸缩缝要经常注意养护，使其正常发挥功能。其日常养护工作的主要内容如下：a.伸缩缝应经常养护，如清除碎石、泥土、杂物；拧紧螺栓，并刷油保护；修理个别损坏部分等。若有损坏或功能失效要及时修理或更换。b.早期使用的伸缩缝主要有以下几种类型，应经常检查其使用情况并及时进行更换，对于U形锌铁皮伸缩缝，要防止杂物嵌入，若锌铁皮老化、开裂、断裂，应拆除并更换为新型伸缩缝；钢板伸缩缝或钢梳齿板伸缩缝，应及时清除梳齿内的杂物，拧紧连接螺栓。若钢板变形、螺栓脱落、伸缩不能正常进行，应及时拆除更换；橡胶条伸缩缝，若橡胶条老化、脱落，固定角钢变形、松动，则应及时拆除更换；板式橡胶伸缩缝，若橡胶板老化、预埋螺栓松脱、伸缩失效则应及时更换。

③伸缩缝维修的注意事项。a.修补前应查明原因，采用行之有效、与之相适应的修补方法。修补工作要依据缺陷的程度，或部分修补，或部分及全部更换。b.对于锌铁皮伸缩缝，当其软性填料老化脱落时，在充分扫清缝内泥土后，重新注入新的填缝料。当铺装层破坏时，要凿除重新铺筑，或对破损部位画线切割（或竖凿）。清扫旧料后再铺筑新面层，当采用混凝土浇筑时，要采用快硬水泥并注意新旧接缝要保持平整，对铺筑部分要加以初期养护。c.对于钢板伸缩缝，当钢板与角钢焊接破裂时，应清除污垢后重新焊牢；当梳齿断裂或出现裂缝后，也要采取焊接方法进行修补。排水沟堵塞后应及时予以清除。d.桥面伸缩缝的修补或更换工作大都不阻断交通。因此，通常可考虑限制车辆通行，半边施工、半边通行车辆；或白天使用盖板，夜间施工时禁止通行；或白天使用盖板，夜间限制车辆通行，半边施工、半边开放交通等方法。总之，均要注意抓紧时间，尽量缩短工期，且保证修补质量。e.伸缩缝的更换要选型合理，以满足桥跨结构由于温度及混凝土收缩、徐变等引起的变形的需要，保障行车平稳、不漏水。对于中小跨径桥梁，当位移量小于80mm时，可选用浅埋式单缘型钢伸缩缝或弹塑体伸缩缝；位移量小于50mm时，可选用弹塑体填充式伸缩缝；对于大位移量桥跨结构，可选用结构性能好的大位移组合伸缩缝。

（三）桥面排水设施的常见缺陷及养护维修

桥面是供车辆行驶的部位，当桥面因排水不畅或排水设施破坏而形成障碍时，应尽快进行处理，以保证车辆的正常通行。

桥面排水设施的常见缺陷有：桥面积水管、泄水管堵塞，泄水管被截断导致水流方向改变等。对于钢筋混凝土桥梁，桥面积水将使雨水渗入混凝土的细小裂纹中，会使混凝土产生破坏而缩短使用寿命，同时水分还会使钢筋锈蚀；对于钢桥，桥面积水将会加速对梁体表面的侵蚀，使钢梁表面锈蚀。

1.排水设施的检查

应经常检查桥面是否有坑槽，是否有积水。泄水管是桥面的重要排水设施，应经常检查泄水管是否完好、畅通；泄水管的盖板是否损坏、丢失，管口是否被杂草或石块堵塞；管体有无脱落，管口处有无泥石、杂物堆积，出水口是否畅通；桥头排水功能是否完好等。

2.排水设施的养护

①要经常清扫桥面，使其保持整洁。桥面不得凹凸不平，如发现桥面有坑槽，应及时进行修补，避免积水。

②泄水管盖板上（进水管口处）的杂物应及时清除，避免杂物掉入管内堵塞管道而影响排水。

③若发现泄水管出水口处有泥石、杂物堆积，应及时清除掉。

④泄水管应经常进行疏通。

⑤当发现泄水管损坏时要及时修补，接头不牢、已掉落的要重新安装接上，损坏严重的要予以更换。

（四）栏杆及防撞护栏的养护维修

1.栏杆及防撞护栏常见缺陷和损伤

道路桥梁的栏杆及防撞护栏都是桥面上的安全防护设施，暴露在自然环境条件下，加之受人为作用或车辆的撞击，无法避免地会出现各种各样的缺陷或损伤。其常见的缺陷主要有下几种。

①撞坏。多数是在交通事故中由车辆冲撞所致，也有的是车辆在运输超宽物件时被不慎碰坏或被船只撞坏等。

②缺损。养护管理不善，被人偷拆，或者金属、木质栏杆产生锈蚀、腐烂破坏，造成个别部件缺损。

③裂缝。钢筋混凝土栏杆长期外露，混凝土表面常因水分浸入、钢筋锈蚀而使构件产生裂缝，混凝土保护层出现损坏、剥离、脱落等现象。

④变形过大。金属栏杆或护栏的部件虽未产生破坏或缺损，但变形过大，如

立柱局部变形、钢质波形板变形过大等。

⑤腐蚀。一旦金属栏杆或护栏的油漆脱落又长期未重新涂刷，将会受到自然环境的侵蚀。

2.栏杆及防撞护栏的养护维修

为了保证行人和车辆的安全，栏杆、防撞护栏必须始终处于完好的状态，如有撞坏、缺损、裂纹、变形或腐蚀，应迅速采取相应的措施进行修复。

桥梁的栏杆、防撞护栏产生损坏虽然不妨碍交通，但会影响桥容，使桥上交通缺少安全感，降低交通的舒适水平。因此，对损坏的桥梁栏杆、防撞护栏要及时修理，同时，也要加强养护工作，使其经常保持完好状态，水平杆件要能自由伸缩。如已撞坏，要及时重新安装；如有缺损，应及时补齐；如发现钢筋混凝土栏杆有裂缝或剥落，轻者可用环氧树脂黏结材料灌注封缝修补，严重者要凿除损坏部分，重新修补完整；金属栏杆要经常刷漆养护，如发现油漆有麻点、脱皮，应重新进行油漆；桥头端柱和导向柱，油漆要鲜明，并经常校正纠偏。

（五）桥面照明系统的养护维修

桥面照明系统在桥面系中处于非常重要的位置，所以，必须对其进行检查、养护及必要的维修。

检查是养护和维修的重要依据。所以，检查工作要形成制度，由专人认真执行，并做好检查记录，记录要有专用的格式。通常，检查可分为日常检查、定期检查和特殊检查。日常检查主要是对照明系统的状况等进行日常的巡视检查，便于及时发现问题并进行小修保养；定期检查主要是每隔一定时期采用仪器设备对桥面照明系统的技术状况进行一次较详细的检查；特殊检查是指桥面照明系统遭受自然灾害的损坏或定期检查难以判明原因时进行的检查。

照明系统的检查主要包括以下几个方面：照明系统设施是否完好并处于正常工作状况；电压是否稳定；灯光亮度及照明效果是否正常；特殊部位、相关场所的平均亮度、照度等是否正常；配电房内的变压器、配电盘及开关的工作状态是否正常等。检查照明系统的目的是查清照明系统存在的病害，并据此进行养护与维修。为了使桥面照明系统能正常工作，必须保持桥面所有照明设施处于良好状态，如有损坏或不正常状况应及时进行维修和更换，确保夜间桥上行车的安全。

当照明灯泡已坏时，应及时更换；灯柱锈蚀应及时除锈；灯柱残缺不齐时应补齐；金属灯柱的镀层有脱落时，应及时补镀；标志不正或脱落应扶正并固定或重新更换，照明线路老化而断路或短路时应及时更换。

（六）桥上交通标志和标线的养护维修

交通标志和标线是依据交通法规及国家有关标准制定的，是交通法规的具体体现，也是管理道路交通的安全设施，其作用非常重要，因此，成为桥梁养护与维修中必不可少的部分。为确保标志和标线的正确性，必须经常对其进行检查，检查所有标志是否齐全完好，所有标线是否清晰，对各种标志、标线、轮廓标等的反光情况还要在夜间进行巡查。巡视检查人员在检查中如发现标志、标线遭到损坏或污染，应记录下来并及时反映给有关桥梁管理部门。

检查工作是养护与维修的基础。只有全面了解标志、标线的现状后才能采取有效的措施进行养护与维修。桥上交通标志和标线要经常保持明显、清晰，确保行车安全。标志牌架要保持清洁，做好油漆防腐工作，保证设施完好、结构安全。当交通条件有变化时应进行相应的变更和增补。标线应结合日常养护经常清扫或冲洗。当发现因剥落、污染、磨损而影响识别性能的标线占该路段中总标线的一半以上时，应予以重画；局部损坏的则进行修补，同时要注意避免与原标线错位。

二、桥梁支座的养护维修

（一）桥梁支座的常见缺陷和病害

1.铸钢支座缺陷类型

铸钢支座缺陷类型包括固定螺栓松动，锈蚀、损伤、断裂，锚固件及定位件失效，上、下座板变形，活动支座无法活动，位移超限、转角超限和支承垫石部位缺陷等。

支座上下错位过大，有倾倒脱落的危险。钢部件损伤包括铸钢件及锻钢件裂损、脱焊锈蚀，支座钢件磨损和发生塑性变形。

支座锚固件及定位件失效包括销钉剪断、支座锚（螺）栓松动及剪断、牙板挤死与折断、辊轴连杆螺栓剪断等。

活动支座无法活动、位移超限和转角超限等缺陷，通常是由于设计不当造成的，结果常引起锚栓剪断等损伤。

支承垫石部位缺陷包括支承垫石不平、翻浆、积水和开裂等，应采取措施及时修补。

2.板式橡胶支座缺陷类型

板式橡胶支座缺陷类型包括橡胶老化开裂、钢板外露、不均匀鼓凸与脱胶、脱空、剪切超限和支座位置串动等。

开裂是指板式橡胶支座表面形成龟裂裂纹。一般板式橡胶支座在使用一定年限后均会出现表面的龟裂裂纹，但裂纹宽度及深度均不大。

钢板外露是指由于橡胶龟裂或支座制作不佳使板式橡胶支座内部的钢板裸露。

不均匀鼓凸与脱胶。通常板式橡胶支座在荷载作用下，钢板之间的橡胶向外发生均匀的鼓凸属正常现象。当橡胶与支座内加劲钢板黏结不良时，在荷载作用下会发生钢板与橡胶脱胶，引起不均匀的鼓凸。

脱空是指板式橡胶支座与桥梁底面及支承垫石顶面之间出现的缝隙大于相应边长的25%。通常板式橡胶支座使用时，应通过转动计算，使支座顶、底面与桥梁全面积接触。局部脱空，一方面会造成支座压应力增加，另一方面支座脱空部位与外界空气接触，容易产生橡胶老化。

剪切超限是指板式橡胶支座在最高及最低温度条件下的最大恒载剪切变形超限，即 $\tan\alpha > 0.45$。

支座位置串动是由于支承垫石不平，造成支座局部承压，引起支座位置串动，严重时可能会造成个别支座脱落。

3.盆式橡胶支座缺陷类型

盆式橡胶支座缺陷类型包括钢件裂纹和变形、钢件脱焊、聚四氟乙烯板磨损、支座位移超限、支座转角超限和锚栓剪断等。

钢件裂纹和变形是指盆式橡胶支座的钢件中出现肉眼可见的裂纹，以及支座钢板在荷载作用下发生翘曲。

钢件脱焊是指支座焊接件及不锈钢板与基层钢板之间的焊缝脱焊。

聚四氟乙烯板磨损指盆式橡胶支座中由于聚四氟乙烯板和不锈钢滑板之间平面滑动所产生的磨损。磨损程度用测量出来的聚四氟乙烯板的外露高度来表示。

支座位移超限是由于设计及安装不当造成的支座聚四氟乙烯板滑出不锈钢板板面范围。

支座转角超限是由于设计及安装不当造成的支座转角超过相应荷载作用下最大的预期设计转角。支座转角应由盆式橡胶支座顶、底板之间的最大和最小间隙求出。

其他类型支座的缺陷可参照上述支座来确定，例如，球形支座的缺陷类型包括钢件裂缝、位移及转角超限、聚四氟乙烯板的磨损、锈蚀及锚栓剪切等。

（二）桥梁支座的养护维修

1.桥梁支座检查

桥梁支座的正常使用与日常的性能检验和养护维修是分不开的。支座一般可每半年检查一次，并应检查支座附近梁体有无裂缝。支座检查可借助检查小车进行，或修建专用检查梯。支座检查主要检查支座功能是否完好，组件是否完整、清洁，有无老化、变形、锈蚀、断裂、错位和脱空现象；上、下座板与梁身和支座垫石之间是否密贴，有无三条腿等不正常现象，支承垫石是否完好，是否有积水或尘埃等；对柔性墩上的固定支座要观测有无变形；对活动支座要检查其是否灵活，实际位移量是否正常，变位方向是否与温度变化相符，倾斜度是否在容许限度内，有无限位装置等。各类支座还应重点检查以下内容。

①平板橡胶支座应重点检查橡胶支座是否老化、变形；有无不正常的剪切外鼓变形；支座与梁身、支承垫石间是否密贴。

②四氟板式支座是否脏污、老化。

③钢板滑动支座是否干涩、锈蚀。

④盆式支座的固定螺栓有无剪断，螺母是否松动，焊缝是否开裂，四氟板位置是否正常。

⑤辊轴（或摇轴）支座和弧形支座应定期测量其位移值和梁温，位移值不允许超过容许值。当发现弧形支座位移超过限值或固定支座不固定时，应起顶梁身检查活动支座销子有无异常、固定支座安装是否符合标准。测量辊轴（或摇轴）支座位移应安装位移指示标（尺）并检查辊轴有无变形、磨损。对使用年久、铺设无缝线路、位于长大坡道及曲线上的桥梁，应认真检查其上、下锚栓（特别是弧形支座）有无弯曲断裂，如有剪断，还应检查墩（台）有无变位。

⑥混凝土支座有无剥落、露筋、锈蚀、碎裂等。

2.桥梁支座的养护

桥梁支座养护的一般要求如下。

①支座各部位应保持完整、清洁，位置正确，活动支座伸缩与转动正常。每半年一清扫，清除支座周围的垃圾、杂物，保证支座正常工作。

②橡胶支座应经常清扫，排除墩帽积水，要防止橡胶支座接触油脂，防止支座因橡胶老化、变质而失去作用。

③支座与梁底、支座与砂浆垫层之间的接触面应平整。梁体位移及转角应不受阻碍。支座垫板与锚（螺）栓应紧密接触，并不得有锈蚀。支座垫层上如有积水，应立即清除。

④支座或支座组件如有缺陷或产生故障不能正常工作时应及时予以修整或更换。

⑤梁支点承压不均匀，板式橡胶支座出现脱空或过大压缩变形时应予以调整，板式橡胶支座发生过大剪切变形、老化、开裂等应及时更换。支承垫石出现空洞、不密实等缺陷等应及时进行处理。

⑥对盆式橡胶支座应设置防尘罩，防止尘埃落入或雨雪渗入支座内。支座外露部分应定期涂红丹防锈漆进行保护。防尘罩应经常进行清洁和防腐蚀处理，防止橡胶老化变质失去弹性。如橡胶老化，剪切变形 $\tan\alpha > 0.7$，橡胶有裂纹、鼓出或钢板锈蚀应更换；锚（螺）栓剪断、盆边顶坏发生塑性变形时应更换。盆式橡胶支座在使用期间应每年定期进行一次检查及养护，主要应进行以下养护工作。

a.检查支座锚栓有无剪断，支座橡胶密封圈有无龟裂和老化。

b.检查支座相对位移是否均匀，并逐个检查支座位移量。

c.清除支座附近的杂物及灰尘，并用棉丝仔细擦净不锈钢滑板表面的灰尘。

d.松动锚栓螺母，清洗上油，以免螺母锈死。

e.定期对支座钢件进行油漆防锈，但不锈钢滑动面不用油漆。

f.校核并定点检查支座高度变化，以便校核支座内聚四氟乙烯板的磨耗情况，当支座高度变化超过3mm时，应考虑是否需要更换聚四氟乙烯板。

盆式橡胶支座养护质量要求如下。

a.梁底支承部位平整、水平，支承部位相对水平偏差不大于0.5mm。

b.桥墩支承垫石顶面平整，相对允许偏差1mm；支承垫石顶面高程准确，允许偏差0~4mm，相邻墩（台）上支承垫石顶面相对高差不大于3mm。

c.支座与支承垫石顶面应紧密接触，局部缝隙宽度不得超过0.5mm。

d.恒载剪切变形角$\tan\alpha \leqslant 0.45$，最大剪切变形角$\tan\alpha \leqslant 0.7$。

三、桥梁支座常见病害诊治

（一）支座常见病害诊治方法

1.小跨度钢筋混凝土板梁横向移动病害的整治

跨度小于6m的钢筋混凝土板梁，由于梁体重量轻，支座又均采用沥青麻布或石棉垫，因而受车辆的冲击和振动易发生横向移动。对该种梁，除顶起移正梁身外，均应在墩（台）顶上靠板梁侧埋设角钢或加筑挡土墙。

2.支座上、下锚栓折断、弯曲、锈死病害的整治

①下锚栓。在支座底板旁斜向凿去部分混凝土，取出旧锚栓，更换新锚栓，如锚栓被剪断而埋置于垫石内的栓杆仍牢固，也可采用清除剪断的锚栓上部，焊接一段新锚栓的方法处理。

②上锚栓。a.可将支座上摆与混凝土梁底镶角板焊起来（当镶角板与梁体为整体时），例如每个支座用2根200mm长，60×40×8的不等边角钢，沿梁长方向将角钢短肢焊在梁底镶角板上，长肢焊在支座上摆上。b.用夹板加固法。每个支座用2块4mm钢板，以2根ø20mm螺栓将其置于支座上摆两侧夹紧于梁体上（如支座与梁梗不等宽，则钢夹板与支座间加填板并与钢板焊牢），并在夹板中间钻孔做丝扣，用顶丝顶紧在支座上摆上，使夹板与支座上摆连成一体。

3.支承垫石与梁体病害的处理措施

支承垫石裂损，梁体出现三条腿现象，个别支座明显悬空，以及因线路大修需抬高梁体的整治措施如下。

①采用压力灌浆，适用于抬高量小于30mm者，抬高量很小时，也可采用灌铅法。

②支座下捣垫半干硬性水泥砂浆，适用于抬高量为30~100mm者。

③垫入铸钢板，适用于抬高量为50~0~300mm者。

④就地灌注钢筋混凝土垫块，或更换钢筋混凝土顶帽，适用于抬高量在200mm以上者。

实践经验证明在支座下捣垫半干硬性水泥砂浆（也可用环氧树脂配制的砂浆）的办法效果好，并且有使用工具简单、短时间封锁就能恢复正常速度行车的优点。

支座下捣垫半干硬性水泥砂浆的操作方法如下。

①凿毛。a.将支座与梁临时连接，用千斤顶架空梁身，比实际需要高程高出1~2mm；b.在支座四周200mm范围内，将支承垫石支承面凿毛，凿毛应用风镐，并使用多种形式的钎头；c.先凿外侧一半并垫实，再凿内侧一半，全部凿毕，用水冲洗干净，临时垫以硬木，四周顶紧才允许放行车辆，并指定专人检查。

②捣垫砂浆（现多采用环氧树脂水泥砂浆代替半干硬性水泥砂浆）。a.砂浆质量配合比为水泥比1：1~1：2，水灰比1：4~1：5，拌和砂浆稠度以手捏成团而不松散、不湿手为宜；b.捣垫前支座的三面必须牢固地用模壳封妥，用水湿润凿毛面；c.刷水泥浆一遍；d.分次填入砂浆用镐捣实，手工操作每次厚度约50mm，捣固必须认真以保证满足强度要求；e.捣固完毕，将捣固的一面用模壳固封（一般用螺栓对拉或加撑头）才能开通桥梁；f.一般捣垫砂浆以不高于100mm为好，如需超过，可分两层捣固。如一次捣垫高度在100~200mm，则必须经过养护，等砂浆达到一定强度，才能使其受力；g.捣垫完毕，其四周应用水灰比为0.3~0.35的砂浆砌制流水坡，坡度为1：1.5，靠支座边，其高度应比支座低1~2mm，以利排水。

③养护。砌制流水坡后1~2h，用湿草袋覆盖，保持湿润7d。

4.支座陷槽、积水、翻浆、流锈病害的整治

应使支座底板略高出墩（台）支承垫石，并采用细凿垫石排水坡的办法，结合在支座下垫沥青麻布或胶皮板进行处理，能取得一定效果。流水坡坡度约为3%，能使水很快排走。

具体细凿方法：一种做法是先在离垫石外缘20mm处开始向中心推进（防止损坏边缘），最后将周边的窄条敲下来，稍加修凿即成，细凿完成后用砂轮打磨光滑；另一种做法是先在垫石四边（桥台为三边）的外侧画上要凿去的线条，用扁凿对准线条朝里敲打，其余方法同前。在细凿过程中，如发现有局部麻坑不平或边缘缺损等，可用环氧树脂砂浆修补，凝固后一并用砂轮打磨平整。

要防止挡砟墙上的水流到桥台，必要时挡砟墙与支座垫石间要凿小槽排水，

防止支座底板下面进水。

5.支座位置不正、滑行或歪斜，超过容许限度的整治

应用千斤顶起顶梁身并进行适当的修理或矫正，或移正梁身后重新安装支座。

起顶梁身所用千斤顶的数量和能力，应根据梁和桥面的重量来确定，为了保证施工安全，其起重能力必须超过荷载的50%~100%；钢桁梁和钢板梁一般在起顶横梁均预留有放千斤顶的位置。在墩（台）顶的排水坡面安放千斤顶，一般不必顾虑滑移问题，只要用硬木垫平并有足够的安全承压面积即可。但要注意千斤顶位置不要妨碍矫正支座工作的顺利进行。钢筋混凝土梁和预应力钢筋混凝土梁可将千斤顶放在支座附近的梁下起顶。如梁下净空不够安放千斤顶，可以凿低一部分顶帽混凝土以便安放千斤顶，或在桥孔内搭枕木垛支承千斤顶。对于双片钢筋混凝土梁也可以用钢轨做成V形扁担放在梁下用两个千斤顶将梁抬起；如经过验算认为可行，也可以将千斤顶安在端横隔板下起顶。

旧式板梁的端横梁下面无起顶横梁时，可用临时木撑顶紧后起顶。起顶钢梁也可采用这种方法，但这种方法在桥梁重量较大时，顶起后移动钢梁或底板的施工较复杂，仅在不得已时采用。

起顶连续梁处理支座病害时，应同时起顶本联内的全部支座，并事先计算各支点的反力，用带压力表的油压千斤顶进行计量，要防止因起顶梁身造成支点高程与设计不符，改变梁跨各杆件受力状态，从而造成裂纹或损坏。

总之，起顶梁身要视梁跨结构形式、墩身及周围具体情况选用比较合理的施工方法。在起落过程中，为了保证安全，防止千斤顶发生故障，以及千斤顶放松时结构突然受到冲击，必须有保险木垛，并一路调整木垛上的模子使其顶面与梁底保持不超过5mm的空隙。

利用拉紧框架或弹簧整正支座辊轴的方法可以免除起顶梁身的麻烦。框架由两个角钢和两端带丝扣及螺帽的拉杆组成，整正时，把一个角钢支承在支座底板上，另一角钢紧贴住辊轴的连接角钢，上紧拉杆螺栓，利用车辆通过时辊轴的滚动及时拧紧拉杆，使车辆通过后辊轴不能返回原位，这样经数次整正，就能把辊轴调整过来。

弹簧整正支座辊轴是用千斤顶横向顶住辊轴来移正位置，千斤顶一端支承在固定支座或挡砟墙上，在千斤顶和辊轴间垫上弹簧，把弹簧顶紧，利用车辆通过时辊轴的滚动，辊轴会被顶动，再适当上紧千斤顶，经过多次整正也可以把辊轴顶回原来的位置。

6.摇轴或辊轴活动支座倾斜超限病害的整治

造成摇轴或辊轴活动支座倾斜超限的原因多为施工安装不正确或墩（台）有位移等。整治的办法是起顶梁身，按照当时钢梁温度计算的位移量矫正摇轴或辊

轴的倾斜度，移动底板，重新锚固锚栓。

大跨度钢梁的辊轴支座由于笨重，移动底板重新锚固锚栓施工困难，且工作量大，故当矫正量不大时，可用带有异形牙板（防爬齿）的辊轴更换原有正常牙板的辊轴，而不再移动底板重新锚固锚栓。异形牙板辊轴可根据矫正支座倾斜超限的具体需要设计。使整正后的辊轴倾斜度符合计算要求。这样整正后，下摆中心线虽然不会与底板中心线一致，但能使辊轴倾斜正常，保证安全。

相关技术标准对于行车时速为 120~160km 的繁忙干线上的桥隧设备行车条件做了规定：钢梁桥不得采用橡胶支座，设置板式橡胶支座的坝工梁，必须加设可靠的横向限位装置，梁体横向位移不得大于 2mm，横向限位装置应按统一的设计图加工。

橡胶支座使用一定时间后，由于受力及老化的作用发生剪切变形，其容许值应小于或等于 $0.7h_0$。（h_0 为聚四氟乙烯板的外露高度，目前使用的橡胶支座 h_0=27~62mm），远远大于 2mm，故根据橡胶支座设计使用条件及准高速容许位移的要求，必须设置可靠的限位装置，并且必须检查梁底支承面有无限位钢板条，若没有，必须补上。

（二）桥梁支座的更换

支座是桥梁上、下部结构的连接构件，其作用是将上部结构的荷载安全地传递到桥梁墩（台）上去，同时保证上部结构在荷载、温度变化、混凝土收缩徐变等因素的作用下自由变形，以便使结构的实际受力情况符合计算图式，并保护梁端、墩（台）帽梁不受损伤。在早期建设的一些梁式桥中，普遍存在着支座年久失养问题，橡胶支座日趋老化，钢板锈蚀失效，还有一些跨径较小的简支桥梁原本就没有设置支座，使得上述桥梁在目前的大吨位、大交通量的荷载作用下，出现了一系列问题，亟须进行支座的更换或增设。同时，由于交通运输的需要，应不中断或尽量缩短中断交通的时间，对支座的更换施工提出了更高要求，因此桥梁支座的整体更换极其重要。

1.桥梁支座更换方法

在早期建设的一些梁式桥中，以简支梁桥居多，梁体之间横向联系多采用横隔板并辅以钢板间隔连接。即使桥面系可以整体清除，但上部结构仍是一个整体。因此，支座的更换必须建立在各桥跨的整体施工上。为此，应根据桥梁的具体情况，采用一系列起重或顶起设备，在墩（台）顶面或者在预先设置的支架上，选择安全、合适的位置，对已解除纵向约束的桥孔分头进行整体顶起，以安全地开展支座更换工作。

先对桥梁进行特殊检查，按基础、墩（台）、主梁、桥面系和附属工程逐一进行全面检查，并做好记录和拍照。对于基础、墩（台）所存在的病害应先进行全面处置，然后再处置主梁。需更换支座的，视桥面系和附属工程的具体情况，再决定是否对桥面系和附属工程予以保留或全部清除；需予以保留的，要事先对各桥孔的所有纵向连接予以解除，最后才能进行支座更换施工。

支座更换办法基本可分为以下三类：①T形梁桥、箱梁桥，墩（台）结构无任何病害，可以考虑直接在盖梁顶面和T梁翼缘板（箱梁横隔板）下实施顶升，这是最容易施工的一种类型。②板梁桥或需加固墩（台）的桥，有可以利用的扩大基础或承台，需搭设顶升支架实施作业，但顶升点应尽可能地靠近原支点。③板梁桥或需加固墩（台）的梁桥，没有可以利用的扩大基础或承台，需重新浇筑临时承重基础，再搭设顶升支架实施作业。这种情况多发生在柱桩对接的桥墩或实体式墩（台）结构中，遇到深水基础时施工更为困难。

2.更换步骤

①承重基础。支座更换前，应先根据各桥墩（台）处的地质情况考虑设置临时受力结构。地质情况较好时可修建临时承重基础，当没有承台可以利用，同时地质情况较差时，可以利用立柱作为顶梁的临时受力结构。

②顶梁设施。在梁底设置横梁，横梁分上、下两种，中间安装顶梁的千斤顶。为了保证起顶过程中不致损伤梁底，在梁底和工字钢接触处用木板垫实，确保软接触密合，使横梁不与梁底部位接触。调节高度采用小钢板块。在基础和下横梁间要根据桥下净空高度搭设受力支架，同时也要预留一定的操作空间，可采用由多组贝雷架构成的支撑架作为支架。

③试顶。支撑架、横梁、千斤顶安装完毕，待临时承重基础强度满足要求后，即可开始试顶。试顶主要是为了消除支撑本身的非弹性变形或沉降，在主梁还没有正式顶起时即可停止，并停放数小时进行观察，无任何变化后才能开始整体顶升。

④整体顶升。试顶完成后，在专业人员的统一指挥下所有千斤顶慢慢用力整体顶起梁体，使其离开原支座约2cm立刻停止，并立即在上、下横梁间增设若干个钢筋混凝土预制块，形成临时固定点，以增加接触点和面积，提高顶升系统的稳定性，确保桥梁整体安全。

⑤台帽、盖梁维修。如果台帽、盖梁存在病害，此时应立即进行相应的规范处置。

⑥支座更换。台帽、盖梁处置完成后，即可去除原有支座，支座下方用高标号环氧树脂砂浆找平，精确计算出需增加的高度，用厚度合适的钢板来调节，调节施工完毕，重新安装新的支座，就可以慢慢地落梁，去掉混凝土块和千斤顶，拆除临时支撑，整孔梁体在施工过程中几乎是相对不动的，对桥面系结构也基本

没有任何影响，支座更换前后支撑反力变化也不大，但梁体的支撑条件可大大改善。

3.施工注意事项

①由于整体更换支座一般是在保证正常行车的情况下进行的，所以保证通车和安全工作显得尤为重要：一是确保施工中整个桥梁结构完整且不受损伤；二是施工中要确保人员和设备的绝对安全。这就要求施工前要做好全面检查，根据具体情况确定维修加固范围，按次序依次实施。制定整体更换支座的施工方案时，要通过准确的分析和计算，配备足够的机械设备和劳动力；同时，在顶起和落梁这很短的时间内，要有专业人员统一指挥，确保所有被顶的梁体同步上升，同步下降；缩短临时封闭交通的时间。

②要认真做好测量、观察记录工作。要准确计算出原支座和现支座的高度差，以指导施工，确保梁体、桥面系支座更换前后的高程不变。

③支座的质量检验及安装是保证支座正常使用的关键。支座安装前应进行检验，并应根据不同的支座类型按照相关要求进行安装。

第二节　墩台及基础养护

一、墩（台）的养护与维修

（一）墩（台）的日常养护与维修

1.保持墩（台）表面整洁，及时清除墩（台）表面的青苔、杂草、灌木和污秽。

2.对发生灰缝脱落的圬工砌体，应清除缝内杂物，重新用水泥砂浆勾缝。

3.墩（台）身圬工砌体表面风化剥落或损坏时，损坏深度在3cm以内的，可用水泥砂浆抹面修补，砂浆强度等级一般不应低于M5；当损坏面积较大且深度超过3cm时，不得用砂浆修补，而须采用挂网喷浆或浇筑混凝土的方法加固。

4.圬工砌体镶面部分严重风化和损坏时，应用石料或混凝土预制块补砌、更换，新旧部分要结合牢固，色泽、质地应基本一致。

5.墩（台）身圬工砌体的砌块如出现裂缝，应拆除后重新砌筑。

6.墩（台）表面发生侵蚀剥落、蜂窝、麻面、裂缝、露筋等病害时，应采用水泥砂浆修补。因受行车振动影响，不易用水泥砂浆补牢的，应考虑采用环氧树脂或其他聚合物混凝土进行修补。

7.墩（台）混凝土裂缝宽度超过限值时，裂缝的修补应视裂缝大小分别采取下列措施：①裂缝小于规定值，应以水泥砂浆或环氧砂浆进行封闭；②裂缝大于规定值，应做好记录，观察其变化，如无发展，可扩缝灌以水泥砂浆或环氧树脂；③石砌圬工出现通缝和错缝不足时，应拆除部分石料，重新砌筑；④由于活动支座失灵而造成墩（台）拉裂，应修复或更换支座，并处理裂缝；⑤由于基础不均匀沉降而产生自下而上的裂缝时，应先加固基础，再视裂缝发展情况确定灌缝或加固墩（台）。

（二）墩（台）加固方法

随着现代交通运输业的迅猛发展，部分原有桥梁的通行能力和承载力已不能满足社会的需要，由于设计考虑不周、台背高填土、基础不均匀沉降和基础承载力不足，从而影响桥跨结构的正常使用，这时就有必要对原来的桥梁墩（台）采取拓宽、加固和提高等措施，即进行墩（台）加固。

常见的墩（台）加固方法有：①注胶封闭裂缝；②在墩（台）身上布设钢筋网，现浇混凝土，提高整个墩（台）身的整体性、刚度及增大受压面积，起到加固作用。

对于桥墩、桥台出现病害较多者，采用挂钢筋网，浇筑混凝土增大截面积的加固方法，从而提高桥梁承载力，改善桥梁使用性能。

（三）墩（台）基础加宽

1.接长盖梁法

利用旧桥的基础，靠墩（台）盖梁挑出悬臂加宽部分，以便安装加宽的上部桥跨结构，基础和墩（台）可以不加宽，经过地基承载力的验算后，决定是否进行加固处理。

验算时，可能由于历史的原因，地基的地质资料缺乏或丢失，则要通过荷载实验或触探试验等办法实测。无条件实测，也可以根据墩（台）目前的状况和地质状况，对比改建前和改建后的计算结果，根据桥梁规范规定的、经过多年压实的、未受破坏的旧桥的地基土容许承载力提高系数确定。

这里需要指出的是，在厚土层上的墩（台）各部位的地基承载力，还要采用土力学中的方法对墩（台）的可疑角点和台心的应力状态进行分析和计算，从而确定其安全性。

在地基的安全性确定后，就可以对墩（台）盖梁进行施工处理，此时要注意以下三点。

①应先凿除旧盖梁连接部分的混凝土保护层，露出钢筋，并在原主筋上焊接新主筋；采用搭接形式连接钢筋，其焊接长度为：双面焊≥5d，单面焊≥10d。d为焊缝长度，并且注意剪力钢筋的布置。

②新、旧混凝土连接表面应粗糙，做成阶梯形和凹槽等；要注意新、旧混凝土不能沿斜面连接，否则不利于抗剪作用。

③施工时，要特别注意清理混凝土连接部位。浇筑后要注意养护。

2.旧墩（台）附近设置新墩（台）法

直接在原有墩（台）附近的一侧或两侧，添造新的墩（台）。此种情况，必须巩固与维护原有桥台周围的基础，并设法防止原有桥台基础的变形，通常有两种做法：①离开旧桥台建造新桥台；②靠近旧桥墩建造新桥墩。

此法需要考虑新加宽部分墩（台）的沉降量与旧桥台的不协调问题，可以设置沉降缝来处理，在设计和施工时都要充分注意。

（四）钢筋混凝土套箍或护套加固法

当桥梁墩（台）出现贯通裂缝，为防止裂缝继续发展，使之能正常使用，可用钢筋混凝土围带或钢箍进行加固。加固时，一般在墩身上、中、下分设3道围带，其间距应大致相当于桥墩侧面的宽度。每个围带的宽度，则根据裂缝情况而定，一般为墩（台）高度的1/10左右，厚度采用10~20cm。为加强围带与墩（台）的连接，应在墩身内埋置直径10~25mm的钢销，埋入深度为钢销直径的20倍左右，把围带的钢筋网扎在钢销上，埋钢销的孔眼要比销径大15~20mm，先填满销孔再浇筑混凝土，同时填塞裂缝。

当桥梁墩（台）损坏严重，如出现严重裂缝及大面积表面破损、风化、剥落，只能围绕整个墩（台）设置钢筋混凝土护套进行加固。

（五）墩（台）滑移倾斜处理

1.支撑法加固

对因墩（台）尺寸不够，难以承受台背后土压力而向桥孔方向产生倾斜或滑移的埋置式桥台，可采用修筑撑壁法进行加固。对单跨、小跨径桥桥台，可在两桥台之间加设水平支撑，如整跨浆砌片石撑板，或用钢筋混凝土支撑梁进行加固。

2.增建辅助挡土墙加固

对于因桥台台背水平土压力太大而引起的桥台倾斜，应设法减少桥台后壁的土压力，可在台背增建挡土墙，以加强挡土能力。

3.减轻荷载法加固

软土地基上的桥台，由于填土较高而受到较大侧向土压力作用，从而使桥台产生前移和倾斜。此时，一般可更换台前填土，以减小土压力，减轻桥台基础承受的荷载。

4.台后加孔减载和增设台后支撑梁法加固

这种方法适用于台后填土较高、发生沉陷推移的桥台。在这种情况下，可挖去台下的填土，改为修建小跨径的钢筋混凝土板梁引桥，并且砌筑台后混凝土支撑梁。这样，既可大大减轻地基的荷载应力，又增强了桥台抵抗水平推力的能力，使桥台沉陷和水平位移得到有效控制。

（六）采用拉杆技术加固桥台

桥台的侧墙发生外倾，则可以采用拉杆进行加固，方法如下。

道路桥梁工程施工与养护维修技术0000

1.直接对桥台两侧侧墙安置对拉钢筋，再加钢筋混凝土箍圈进行处理。

2.采用预埋锚碇，对穿倾斜的侧墙安置钢筋锚头、粗钢筋、螺帽，给予收紧，达到加固和恢复桥台的目的。在加固时，要注意清理台内的填土。

桩柱式墩（台），如结构强度不足或桩柱有碰撞折断等损坏，在基桩承载力许可的条件下，可采用下列方法修理加固。

1.桩柱式墩（台）结构的整体稳定性不足时，可采用加固整个桩柱式墩（台）的方法，即在桩或柱间用槽钢或角钢做横、斜撑连接，以增强整体性和稳定性。钢板箍和横夹板（用槽钢或角钢）用螺栓拧紧。斜夹板可用电焊接合。盖梁如强度不足，也可在盖梁下加横向夹梁，用螺栓拧紧，予以加强。

2.迎水侧桩、柱被船只或流冰等碰撞受到损伤，以至折断时，可视情况采取下列修理方法：①将损伤或折断的桩、柱的松动部分的混凝土凿除，添加必要的钢筋，立模浇筑混凝土，按原式修复。施工时可在两侧加设临时支撑；②在桩、柱损伤处，将原混凝土凿毛，外面加设钢筋混凝土围带，使损伤部位得以加强。

二、基础的养护与维修

（一）基础的日常养护与维修

1.应采取措施保持桥梁墩（台）基础附近河床的稳定。桥梁上、下游各200m范围内（当桥长的1.5倍超过200m时，范围应适当扩大）应做到：①适时地进行河床疏浚。每次洪水过后，应及时清理河床上的漂浮物，使水流顺利宣泄。②在桥下竖立警告牌，禁止任何人或单位在上述范围内挖砂、取土、采石、倾倒废弃物，禁止进行爆破作业及其他危及道路、桥梁安全的活动。③不得任意修建对桥梁有害的建筑物，因抢险、防汛需要修筑堤坝、压缩或拓宽河床时，应事先报经交通主管部门或道路管理机构同意，并采取有效的防护措施。发现任何有可能破坏桥梁安全的行为，应及时制止。

2.若基础冲刷过深或基底局部掏空，应立即抛填块石、片石、铅丝石笼等进行维护。

3.桥下河床铺砌出现局部损坏时应及时维修。若砌块损坏，可补砌或采用混凝土修补。

4.对设置的防撞、导航、警示等附属设施应经常检查、维护，保持良好状态。

（二）基础加固方法

墩（台）基础在使用过程中，过桥车辆荷载的加重及自然作用的影响，会使基础产生沉陷、墩（台）出现倾斜和过大的裂缝。为此，往往应根据墩（台）基础不同的损坏程度、不同的结构情况进行维修加固，以确保行车安全，延长桥梁使用寿命。

1.基础局部被冲空，可视情况采取下列维修加固措施。

①水深在3m以下，可筑围堰将水抽干，以砌石或混凝土填补冲空部分，使顶端与基础顶面平齐或稍高于基础顶面。

②水深3m以上，可在四周打板桩做围堰，灌注水下混凝土防护。也可以用编织袋装干硬性混凝土，每袋装袋容积的2/3，通过潜水作业将袋装混凝土分层填塞至冲空部分，并注意比基础边缘宽0.4m以上。

③当基础置于风化岩上，基底外缘已被冲空，应及时清除表面严重风化部分。在浅水时，填以混凝土，并将周围风化地基用水泥砂浆封闭。在深水时，要采取潜水作业，铺以袋装干硬性混凝土。当河床不稳定，基础埋置较浅，基础周围被冲空范围较大时，除填补基底被冲空部分外，还要在基础四周采取下列防护措施：a.打梅花桩，桩间用块石、片石砌平卡紧。b.浆砌块石、片石或混凝土预制块，水泥混凝土板防护。

2.墩（台）基础周围河床冲刷严重，危及基础安全时，除修补被冲空的基础外，必须在洪水期过后采取必要的防护措施，以防再次被冲坏。

3.在严寒地区，冬季冰层厚度变化，容易发生浅桩冻拔，深桩环状冻裂，可采取下列防护方法：①冰冻开始时，在距墩（台）周围0.2~0.4m处凿冰沟（宽0.5~1.0m），沟内填充雪或干草、麦秆等保温材料。②桩基周围冰层很厚时，可打入套管或板桩，中间填以保温材料。③将周围的土挖至冰冻线，将基础和桩的表面涂以沥青与重油拌和的粗砂和砾石，然后在上面覆盖黏土；或用矿渣置换冰冻线以上的土，最后宜做水泥混凝土封层，以防渗水再次冻胀。④小桥可用培草、培土、填平冲刷坑和临时抬高水位等措施防护。

（三）简支梁桥墩（台）出现基础沉降和位移时的加固方法

简支梁桥墩（台）的基础沉降和位移超过下列允许限值，通过观察发现在继续发展时，应采取相应措施予以加固。

1.墩（台）均匀总沉降值（不包括施工中的沉降）：$2.0\sqrt{L}$（cm）

2.相邻墩（台）均匀总沉降差值（不包括施工中的沉降）：$1.0\sqrt{L}$（cm）

3.墩（台）顶面水平位移值：$0.5\sqrt{L}$（cm）。

L为相邻墩（台）间最小跨径长度，以m计，跨径小于25m时仍以25m计算；桩、柱式柔性墩（台）的沉降，以及基桩承台上的墩（台）顶面水平位移值，可视具体情况确定，以保证正常使用为原则。

当地基承载力不足而引起墩（台）基础沉降时，可采取下列措施。

1.重力式基础的加固。在刚性实体基础周围浇筑混凝土扩大基础。一般应修筑围堰，抽干水后开挖基坑，再浇筑混凝土。新、旧基础（承台）之间可埋置连接钢筋，并将旧基础表面刷洗干净、凿毛，使新、旧混凝土连成整体。当梁式桥桥台基础承载力不足时，可在台前增加桩基及柱并浇筑新盖梁，增设支座。这时梁的支点发生变化，应根据结构受力变化对主梁进行验算及加固。对于拱桥基础可在桥台两侧加设钢筋混凝土实体耳墙，并将耳墙与原桥台用钢销连接起来，增大桥台基础面积，提高桥台承载力，当桥下净空允许时，可在台前加建新的扩大基础及台身，将主拱改建为变截面拱并支承到新基础及台身上。新、旧基础之间用钢筋或钢销进行连接，有条件时可在台前新基础下增加短桩，以提高承载力。新、旧基础要注意牢固结合。

2.桩基础的加固。可用钻孔桩或打入桩增设基桩，并扩大原承台。对单排架桩式桥墩采用加桩加固时，如原有桩距较大（4~5倍桩径），可在桩间插桩。如原有桩距较小，但通航净空有富余，可在原排架两侧增加新桩，变为三排式墩桩。对钻孔灌注桩桩身损坏露筋、缩颈等病害，可采用灌（压）浆或扩大桩径的方法进行维修加固。桩式基础周围加钻孔灌注桩或打入钢筋混凝土桩，并扩大原承台，将墩（台）的压力部分传递到新桩基上。

3.地基加固。对墩（台）基础以下的地层，采用注浆、旋喷注浆或深层搅拌等方法，将各种浆液及加固剂注入或搅拌于土层中，浆液凝固使原来松散的土固结，成为有足够强度和防渗性能的整体。所采用的材料应通过试验确定。

（四）旋喷法加固墩（台）基础设计计算方法

用旋喷法加固桥梁墩（台）基础，一般是因为墩（台）基础在设计或施工中存在某些缺陷，对地基的实际承载力不能适应。加固的方法一般都是在墩（台）基础的襟边或底板打下钻孔，旋喷成圆柱形固结体，并与原基础连成整体，增加地基的承载力，达到加固的目的。

1.设计要点

采用单管法单独喷射水泥浆液进行加固。主要材料为42.5级普通硅酸盐水泥；水泥浆密度为$1.65t/m^3$；水灰比为1：10。

墩（台）基础增强加固工艺及要求为：①按设计要求开挖基坑。②所有的新、旧混凝土结合面，必须将原结构的表面凿毛，露出集料，并清洗干净。③施工流程为将原结构表面的混凝土凿除至少2cm，露出集料，并清洗干净；按照设计要求安装锚筋；按照设计要求安装钢筋网；立模板并浇筑混凝土。如果有地基注浆加固的，基础施工应在注浆完成后进行。

2.地基加固处理工艺及要求

地基加固处理施工过程：钻机就位→钻孔→插管→喷射作业→冲洗。

地基加固处理施工操作要点如下。

①旋喷前要检查高压设备和管路系统，其压力和流量必须满足设计要求。注浆管及喷嘴内不得有任何杂物。注浆管接头必须密封良好。

②钻机与高压注浆泵的距离不宜过远。钻孔的位置与设计位置的偏差不得大于50mm。实际孔位、孔深和每个钻孔内的地下障碍物、洞穴、漏水如与工程地质报告不符等均应详细记录。

③钻孔孔径采用80mm。

④垂直施工时，钻孔的倾斜度一般不得大于15%。

⑤当注浆管贯入土中、喷嘴达到设计高程时，即可喷射注浆。在喷射注浆参数达到规定值后，随即旋喷、提升注浆管、由下而上喷射注浆。注浆管分段提升的搭接长度不得小于100mm。在插管和喷射过程中，要注意防止喷嘴被堵，在拆卸或安装注浆管时动作要快。水汽、浆的压力和流量必须符合设计值，否则要拔管清洗再重新进行插管和旋喷。使用双喷嘴时，若一个喷嘴被堵，则可采取复喷方法继续施工。

⑥在旋喷注浆过程中若出现压力骤然下降、上升或大量冒浆等异常情况，应查明原因并及时采取措施。

⑦搅拌水泥时，水灰比要按设计规定确定，不得随意更改，在旋喷过程中应防止水泥浆沉淀，使浓度降低。禁止使用受潮或过期的水泥。

⑧施工完毕，应立即拔出注浆管，彻底清洗注浆管和注浆泵，管内和泵内不得有残存水泥浆。

⑨当处理既有构筑物地基时，应采取速凝浆液或大间距隔孔旋喷和冒浆回灌等措施，以防旋喷过程中地基产生附加变形和地基与基础间出现脱空现象，影响被加固工程及邻近建筑。同时，应对构筑物进行沉降观测。

⑩施工中应如实记录旋喷注浆的各项参数和出现的异常现象。

旋喷法加固墩（台）基础时冒浆的处理方法为：提高喷射压力，适当缩小喷嘴孔径，加快提升和旋转速度。

第三节 其他桥梁的养护

一、梁式桥跨的养护维修

（一）混凝土梁式桥跨的养护与维修

1.裂缝的修补

无论是对于钢筋混凝土梁还是对于预应力混凝土梁，裂缝都是普遍存在的。对于钢筋混凝土梁，当钢筋应力达20~30MPa时，混凝土拉应变即达到极限；而梁在运营活载下钢筋应力可达100MPa以上，因此，出现裂缝是必然的。问题的关键在于，这些裂缝的宽度和深度必须在有关规范允许的范围内，否则会影响梁的耐久性，甚至影响承载力。

（1）表面封闭和注浆。①表面封闭。当裂缝宽度小于0.2mm，或细状不继续发展的裂缝，或为了阻止混凝土碳化发展，或防止大气和其他因素腐蚀结构时，对混凝土及钢筋进行表面处理。以树脂或涂料在需处理的局部或整个梁体形成封闭膜，将混凝土与空气、水隔断。做封闭处理时，先用钢丝刷将混凝土面刷毛，清除附着物。如果用水冲洗，则必须充分干燥。涂覆工艺由所采用的涂料类型决定，涂膜厚度一般不大于300mm。②注浆。当裂缝宽度在0.2mm以上，裂缝较深，漏水，既对结构耐久性有影响，又会影响结构强度和刚度时，需采用注浆的办法向裂缝内灌浆，以使混凝土梁被胶黏为一体。浆液应采用黏度较低的环氧胶或其他高分子材料。要求其抗拉强度高于被灌注的梁体混凝土的抗拉强度，且在压力作用下易于渗入混凝土裂缝内。③封闭和注浆材料配制与工艺应符合相关规范的要求。

（2）钢筋混凝土结构的裂缝可分为非结构性裂缝及结构变形变化与荷载裂缝。前者如混凝土收缩引起的表面裂缝，后者如梁体出现的弯拉裂缝、主拉应力裂缝、剪切裂缝、支点局部承压的劈裂缝等，对后者的处理更显重要。钢筋混凝土是允许开裂的，只限制裂缝的宽度及分布。当裂缝宽度在限值范围以内时，一般可以不处理；若环境条件恶劣，裂缝宽度较大，可以采取表面封闭裂缝的措施。当裂缝宽度超过限值时，应当进行灌缝处理，梁的垂直方向和倾斜方向裂缝应采取压力灌缝。常用的裂缝修补胶主要有环氧树脂类和甲凝类灌缝料，前者黏结力强，稳定性好，机械强度高，后者黏度低，可灌性好，可根据裂缝宽度等因素来选用。当裂缝细小时可选用甲凝类灌缝料。如果出现了较严重的裂缝，表明结构已出现大的变形，则应查明原因，观测其发展变化，采取结构加固措施，并综合考虑对裂缝的处理。

2. 钢筋锈蚀处理

（1）混凝土的密实度、渗水性、含水量、含氯盐量、碳化深度、保护层厚度不足和开裂等缺损，都是导致钢筋锈蚀的因素。反之，钢筋锈蚀又促使混凝土进一步破损。钢筋锈蚀的评定技术可分为直接评定和间接评定两种。

（2）钢筋锈蚀处理方法。锈蚀较重的钢筋不能同混凝土很好地黏结，影响钢筋和混凝土共同受力，而且埋置在混凝土中的锈蚀钢筋会继续氧化，锈皮膨胀致使混凝土构件产生裂纹和损坏。因此，对钢筋表面的油渍、漆污和用锤敲击能剥落的浮皮、铁锈等均应清除干净。钢筋除锈的途径有两种：一是在钢筋加工的其他工序如调直、冷拉的同时进行钢筋除锈，这是一种经济合理的方法；二是专门用人工或机械的方法进行钢筋除锈。人工方法一般是用钢丝刷或在木制砂盘内除锈，常用的机械除锈方法是在电动砂轮机上装上圆盘钢丝刷除锈。对锈蚀较重的钢筋，用机械喷砂的办法除锈最为彻底。①手工除锈。一般用各种钢丝刷、平铲、凿子或钢刮刀进行除锈，这种方法劳动强度大，效率低，一般在工作量不大时采用。②小型机械工具除锈。可使用风钻（或电钻）装上钢丝刷除锈，或用小风铲进行除锈，效率比手工除锈高。③喷砂除锈。利用压缩空气使洁净干燥的石英砂粒通过专用喷嘴以高速喷射于钢板表面，砂粒的冲击和摩擦，将旧漆膜、污垢、铁锈、氧化皮等全部除去。采用此法除锈效率高，质量好；缺点是施工时粉尘大，危害人体健康。也有采用湿喷砂的，即水喷砂，它减少了粉尘，但要在水中加少量防锈剂，以保持钢件在短期内不生锈，其效果不如干喷砂。

（3）防锈措施。①磷化及喷锌。喷砂后，如不及时涂漆，为防止重新生锈，需在钢料表面加涂一道磷化底漆，形成一层不溶性的磷酸盐保护膜，即所谓磷化处理。它能增强漆膜和钢铁表面的附着力，防止锈蚀，延长油漆的使用寿命。但在磷化底漆上仍需涂底漆和面漆。经过除锈处理后的钢梁表面，特别是上盖梁，现多采用喷锌或喷铝后再涂底漆、面漆的方法来增强钢梁的防锈能力，效果比较显著。喷锌或喷铝是将不锈的金属丝（如锌丝、铝丝等）送入金属喷涂枪内燃烧的高温火焰中，使其熔化，然后借压缩空气的气流，以相当高的速度将熔化的金属丝吹成极微细的雾点，喷射在已处理过的钢梁表面，使钢梁表面形成一层固结的金属层，在面上再涂底漆和面漆，以达到防锈的目的，一般在空气中可以保持50年不锈。②喷漆。钢梁用漆要按地区特点和部位的不同配套使用。油漆的种类很多，性能各不相同。过去涂漆多用手工，近年来广泛采用喷涂方法。喷漆是利用压缩空气在喷枪嘴处产生负压，将漆流带出，分散为雾状，喷涂在钢梁表面。这种方法效率高，速度快，漆膜光滑平整，可适应不同形状的钢梁表面。其缺点是油漆的利用率低。采用喷涂时，须将油漆稀释到一定浓度，喷漆时喷雾大，影响工人健康，压缩空气应通过油水分离器，使之不含水分，否则漆膜易有斑点。③上盖板的防锈措施。喷砂除锈后可不喷锌，在上盖板上涂以环氧树脂，使其表面形成一层胶膜，防锈、耐磨、耐冲击性能显著。

3.桥梁上部结构加固技术

经过对梁体全面检查和对缺陷进行总体判断后，便可规划养护维修范围、规模，制定修补的目标、目的和具体项目等。这是技术性很强的工作，必须考虑桥梁设计和竣工时的初期性能，桥梁耐久性设计年限、开裂及病害原因，病害及劣化程度与范围等。

梁体的养护、修补和加固可按病害的程度和范围采用下述方法。

（1）增加钢筋加固法

将主梁下面的混凝土保护层凿去，露出主筋，并将原箍筋切断拉直；在暴露的原有主筋上缠上或焊上按计算确定的应补充的拉筋；恢复箍筋；浇筑环氧树脂混凝土或膨胀水泥混凝土保护层。

（2）加大截面加固法

增加混凝土截面补强加固可采用两种方式，一种是直接加厚桥面板，另一种是增大主梁梁肋的高度和宽度。当采用加厚桥面板补强加固时，先将原有桥面铺装层凿除，在桥面上浇筑新的钢筋混凝土补强层，使其与原桥跨结构形成组合断面，以提高抗弯刚度，达到补强效果。该法虽施工简便，但增加了结构物的自重，并未真正加强下缘受拉区，因此仅适用于跨径较小的T梁桥或板型梁桥。而增大主梁梁肋高度和宽度一般是在加大的下缘混凝土中加设主筋，并且为避免因起吊主梁加固而增加施工难度，在靠近梁端部位仍保持原貌，与加大部分做一斜面过渡。

采用加大截面补强加固的设计要点是：先充分考虑结构分阶段受力，所有恒载（原结构和新加部分）由原结构承受，活载由最后形成的组合截面承受，然后根据规范的要求进行详细的设计验算。

（3）粘贴钢板加固法

采用环氧树脂系列黏结剂将钢板粘贴在钢筋混凝土梁的受拉缘或薄弱部位，使之与原结构物形成整体共同受力，以提高其刚度，改善原结构的钢筋及混凝土的应力状态，限制裂缝的进一步发展，从而达到加固补强、提高桥梁承载力的目的。

①粘贴钢板加固措施

a.一般将钢板粘贴在被加固梁的受力部位的外边缘，以便充分发挥粘贴钢板的强度与作用，同时封闭粘贴部位的裂缝和缺陷，约束混凝土变形，从而有效地发挥粘贴钢板梁的抗弯、抗剪等性能。

b.为了提高梁的抗弯能力，一般在其受拉缘表面粘贴钢板，使钢板与梁形成整体来受力，此时以钢板与混凝土黏结处的混凝土局部抗剪切强度控制设计。合理与安全的设计应控制在钢板发生屈服变形前，黏结处混凝土不出现剪切破坏。

c.当梁的主拉应力区斜筋不足时，为了加固和增加梁的抗剪切强度，可将钢板粘贴在梁体的侧面，并垂直于剪切裂缝的方向斜向粘贴（斜度一般为60°），以承受主拉应力。

d.进行补强设计时，钢板可作为钢筋的断面来考虑，将钢板换算成钢筋，但此钢板仅承受原梁承受不了的那部分活载。

e.在构造设计时，加固用的钢板可按实际需要采用不同的形状，但钢板的厚度必须比计算出的厚度大一些。用于抗弯能力补强的钢板尺寸应尽可能薄而宽，厚度一般为4~6mm，较薄的钢板有足够的弹性来适应梁体表面形状。用于提高抗剪能力的钢板厚度宜厚一点，可依设计而定，一般采用10~15mm。

f.设计钢板长度时，应将钢板的两端延伸到低应力区，以减少钢板锚固端的黏结应力集中，防止黏结部位的混凝土出现裂缝或粘贴钢板被拉脱等现象的发生。

g.确保钢板和被加固的梁体形成整体受力是加固成功的关键。所以，在进行补强设计时，除应考虑钢板具有足够的锚固长度、黏结剂具有足够的黏结强度和耐久性外，为避免钢板在自由端脱胶拉开，端部可用夹紧螺栓固定，或设置U形箍板、水平锚固板等，并在钢板上按一定的距离用螺栓固定，确保钢板与混凝土之间的黏结力满足抗拉或抗剪强度的需要。

②材料与构造方面的要求

a.加固所用的黏结剂必须黏结强度高、耐久性好、具有一定弹性。

b.钢板尺寸、连接螺栓及焊缝的设计均应按现行的道路桥涵设计规范和其他相关标准执行。

c.粘贴钢板加固结合面的黏结强度，除受黏结剂本身的强度影响外，主要取决于被加固梁体的混凝土强度。因此，其混凝土强度等级不应低于C15。

d.在受压区粘贴钢板加固时，如果在梁侧粘贴钢板，钢板宽度不宜大于梁高的1/3。

e.粘贴钢板在加固区外的锚固长度，除满足计算要求外，还应满足一定的构造要求：对于受拉区，不得小于200δ（δ为钢板厚度），并不得小于600mm；对于受压区，不得小于160δ，并不得小于480mm；同时，锚固区还宜增设U形箍板或螺栓等附加锚固设施。

f.为防止钢板锈蚀，延缓黏结剂老化，钢板表面应做密封防水、防腐蚀处理。

③施工要求、安全措施与质量检查的注意事项

a.粘贴钢板施工应注意以下几点：待黏结部位的混凝土表面应清凿平顺、坚

硬干净。钢板除锈要彻底，且表面应有一定的粗糙度。慎重选择胶黏材料，配合比要准确。粘贴前在梁体混凝土上钻孔并安装锚固螺栓（兼作固定件和压紧件），要求埋设牢固，具有可靠的抗拔力，以保持粘贴钢板时有效地加压，同时还可帮助钢板克服剪切力，有利于提高耐久性。粘贴时应注意粘贴料饱满。对钢板外表应进行防锈处理和被加固部位梁体的外观处理。

b.黏结剂配制必须遵守以下安全规定：配制黏结剂用的原料应密封贮存，远离火源，避免阳光直接照射。配制和使用场所，必须保持通风良好。操作人员应穿工作服，戴防护口罩和手套。工作场所应配备各种必要的灭火器以备救护。

c.质量检查内容有：粘贴钢板完毕并撤除临时固定设施后，应用小锤轻轻敲击粘贴钢板，以声响判断黏结效果或用超声波法探测黏结密实度。如锚固区黏结面积少于90%，非锚固区黏结面积少于70%，则此黏结件无效，应剥下重新黏结。对一些特别重要的桥梁，也可做荷载试验，但一般仅做标准使用荷载试验。其变形（挠度）和裂缝发展应满足设计使用要求。

（4）粘贴碳纤维布加固法

当梁体结构产生了影响刚度和应力（主拉应力、剪应力、弯曲应力）的裂缝时，为提高梁的抗力和防止钢筋进一步锈蚀，可在开裂区相应部位粘贴碳纤维布数层。

①粘贴碳纤维布的主要施工步骤

a.施工准备。做好方案、材料、人工等方面的准备。

b.表面处理。为了取得良好的粘贴效果，应先对有关的混凝土表面进行打磨处理，清除表面的浮浆、疏松混凝土及油污等杂质，直至完全露出混凝土结构断面，并用压缩空气吹除浮尘，确保混凝土表面干净并保持干燥。

c.底层树脂配制及涂刷。要求底层树脂的正拉黏结强度不小于25MPa，且大于被加固混凝土抗拉强度的1.2倍。用滚筒刷或其他工具将底层树脂均匀涂抹于已处理完毕的混凝土表面，并使底层树脂有足够的数量和时间，使其渗透进原混凝土内2~3mm，增强混凝土表层，提高混凝土与找平层材料界面的黏结强度。

d.找平层树脂配制及找平处理。要求找平层树脂的正拉黏结强度不小于2.5MPa，且大于被加固混凝土抗拉强度的12倍。要求找平层树脂具有良好的施工性能与触变性能。由于找平层树脂在固化和温度变化时都会产生收缩，这样有可能在胶层内产生内应力，从而降低黏结强度，影响黏结质量的稳定性，甚至导致破坏。为此，在找平层树脂内需加入滑石粉以降低收缩，找平层树脂与滑石粉的质量配合比为2∶1。

e.浸渍（粘贴）树脂配制并涂刷。要求浸渍（粘贴）树脂的正拉黏结强度不小于25MPa，且大于被加固混凝土抗拉强度的1.2倍。其剪切强度、拉伸强度和弯曲强度均应符合相关规定。浸渍（粘贴）树脂在黏结材料中起着至关重要的作用，它连接底胶与碳纤维布。它的黏度应控制在一定范围内，有利于浸渍（粘贴）树脂顺利地将碳纤维布黏附于混凝土表面，经过碾压，使浸渍（粘贴）树脂很容易地浸透碳纤维布，形成一个复合型整体，共同抵抗外力作用。浸渍（粘贴）树脂不仅应具有良好的渗透性，同时还应具有一定的初黏力，防止粘贴的碳纤维布塌落而形成空洞或空隙，本身应具有良好的触变性，易于施工且不会发生明显的滴淌现象。另外，它与碳纤维布的相容性和黏结力必须极好，才能促使碳纤维布和混凝土形成预定的复合材料。

f.粘贴片材。待底胶指触干燥后，再进入本道工序。依设计尺寸裁剪碳纤维布，应根据现场施工经验和作业空间确定下料长度，若需要进行接长，接头的长度应根据实际情况而定，一般不得小于15cm。下料数量应以当天能用完为准。粘贴碳纤维布时，应依设计位置由上而下、由左至右有序地粘贴，并以滚筒压挤贴片，使碳纤维布与浸渍（粘贴）树脂充分结合，同时以压板去除气泡。粘贴时应及时观察贴片是否粘贴密实，若发现有间隙或气泡，应及时处理。

g.罩面防护处理。粘贴完碳纤维布后，即在其表面再直接均匀涂抹一层浸渍（粘贴）树脂，自然风干。确保贴片表面已充分风干结合后，在其表面涂抹罩面胶或采取其他措施处理，以保证各层胶的耐久性。涂抹罩面胶主要是为了施工表面的美观和保护碳纤维布。只要求材料能涂敷在碳纤维布表面而不脱层、不掉落，能长期在冷、热、干、湿的空气中稳定，防止复合材料被紫外线直接照射。它的选择范围较大，丙烯酸体系、聚氨酯体系、不饱和聚酯体系、有机硅体系、有机氟体系等材料都适合。

②粘贴碳纤维布施工注意事项

a.现场气温低于5℃及雨天或可能结露时，应停止施工。

b.片材为导电材料，应尽量远离电源和电器设备；应做好防火等安全措施；应避免片材弯折。

c.长期使用环境温度不应高于60℃，否则应采取其他加固维修措施。

d.各种胶黏附在皮肤上时，要用肥皂水冲洗，特别是进入眼内时，要立即用水冲洗，或到医院接受诊治。

e.加固所用的碳纤维布及其配套黏结材料均应有厂家所提供的材料检验证明和合格证。

（5）锚喷混凝土加固法

所谓锚喷混凝土，就是先将锚杆锚入拟补强部位的梁体内，挂设加强钢筋网，然后再喷射一定厚度的混凝土，形成与原梁体共同承受外荷载作用的组合结构。所以，锚喷混凝土是借助喷射机械，利用压缩空气将新混凝土混合料，通过管道高速喷射到已锚固好钢筋网的受喷面上，所以新、旧混凝土结合面上能够传递拉应力和剪应力。

锚喷混凝土补强钢筋主要用于弥补原结构的抗弯能力，一般采用 HRB335 钢筋。喷射混凝土的抗压强度是评定喷射质量的主要指标。混凝土的抗压强度是指用喷射法将混凝土混合料喷射在 450mm×350mm×120mm 的模型内，当混凝土达到一定强度，用切割机锯掉周边，加工成 100mm×100mm×100mm 的试件，在标准条件下养护 28d（或在 28d 龄期时从实际喷射面上钻芯取样做成标准试件），所测得的抗压强度值乘以 0.95 的尺寸换算系数。

影响喷射混凝土抗压强度的因素很多，如原材料的品种和质量、混合料的设计（水灰比、水泥用量、砂率、粗集料粒径、外加剂品种与用量等）、施工工艺及施工人员的操作方式（喷射压力、喷嘴与受喷面的距离、角度及混合料的停放时间）等。试验资料表明，分层喷射混凝土对抗压强度没有影响，因此，在锚喷混凝土加固旧桥时，对于较厚的喷射混凝土，可采取分层喷射的方法施工。

此外，在喷射混凝土的黏结强度方面，一般需分别考虑其抗拉黏结强度与抗剪黏结强度。抗拉黏结强度是衡量锚喷混凝土在受到垂直于结合界面上的拉应力时保持黏结的能力；抗剪黏结强度则是抵抗平行于结合面上的作用力的能力。实际上，作用在结合面上的力，常常是多种力的结合，而不能简单区分。

由于喷射时混凝土混合料高速连续冲击受喷面，而且要在受喷面上形成 5~10mm 厚的砂浆后，粗集料才能嵌入。这样水泥颗粒会牢固地黏附在受喷面上，因而喷射混凝土与原结构表面有良好的黏结强度，同时销入原结构内的锚杆也加强了新旧混凝土的黏结。

试验资料表明，喷射混凝土与旧混凝土界面的抗拉黏结强度为 1.47~3.49MPa。

锚喷混凝土加固旧桥的设计要点如下。

①新喷上的混凝土恒载（重量）作用于原构件上，即新喷的混凝土不承担恒载。

②计算活载产生的应力时，将新、旧混凝土作为一个整体考虑。对不同的混凝土标号和新增的补强钢筋按其弹性模量进行截面换算。

③进行加固设计前，应弄清旧桥的原始情况及病害成因，对旧桥的基本承载力做出评价。

④所采用的喷射混凝土与钢筋的强度等级，不应低于原结构的强度等级。结合界面处有两种不同强度等级的混凝土共同作用，应以较低强度等级作为计算标准来进行换算。

喷射混凝土一般有干式和湿式两种方式。湿式喷射混凝土有明显的优点：它所采用的喷射机允许混凝土混合料在进入喷射机前或在喷射机中加入足够的拌和水，拌和均匀，然后再通过送料软管送至喷嘴喷射到受喷面上。所以，混凝土的水灰比能准确控制，有利于水和水泥的水化，因而粉尘较少，回弹较小，混凝土均质性好，强度易于保证，但设备较干喷机复杂，速凝剂加入也较困难。

（6）施加体外预应力加固法

当钢筋混凝土梁式桥，包括简支梁（T形梁、少筋微弯板组合梁、H形梁、板）、悬臂梁、T构、连续刚构和连续梁等，存在结构缺陷，尤其是承载力不足或需要提高荷载等级，即需要对梁体进行加固时，可在梁体外设置粗钢筋、钢丝束、钢杆，并施加预应力。

体外预应力加固法，与梁底增焊、粘贴钢筋或钢板的加固方法相比，不需要清凿混凝土保护层，且梁体损伤程度小，加固时不影响或少影响交通，能恢复或提高桥梁的荷载等级，经济效益较明显。但对于体外筋和有关构件应采取切实有效的防护措施，否则，在温度等外界条件作用下，容易造成预应力筋等断裂、松弛，从而使加固工作失败。

加固机理主要为：通过在梁体外布设预应力筋，或在梁体外布设钢拉杆或钢撑杆，并与被加固的梁体锚固连接，然后施加预应力，强迫后加的预应力筋、拉杆或撑杆受力，从而改变原梁体的内力分布，并降低原梁体的应力水平，使梁体总承载力显著提高，且可减小梁体的变形，使裂缝宽度缩小甚至完全闭合。

施加体外预应力加固的类型主要如下。

①预应力水平拉杆加固补强法。对于钢筋混凝土T形梁或工字梁，可采用在梁的受拉区，即在梁底增设水平的预应力拉杆的补强方法进行加固。安装好拉杆并通过一定的装置进行收紧张拉，使得拉杆产生较大的纵向拉力并传至梁体底，使梁体底受拉区受到拉杆顶压应力的作用，梁体所受拉应力也就相应减少。这种补强加固法可提高梁体正截面的抗弯承载力，但不能提高支座附近斜截面的抗剪承载力。

②预应力下撑式拉杆加固补强法。将水平的补强拉杆在接近支座处向上弯起，然后将拉杆锚固于梁体支座的上方，弯起点处设置传力构造，再施加预拉力。补强拉杆一般用粗钢筋做成，也有用型钢的。这种下撑式预应力补强拉杆布置较为合理，拉杆中施加预应力后，通过拉杆弯起点的支托构件传力，对梁体产生作用力，起到卸载的作用。这种加固方法的优点是对受弯构件垂直截面上的抗弯强度和斜截面上的抗剪强度同时起到补强作用。这种加固方法既布置有水平补强拉杆，又布置有下撑式补强拉杆，能够同时提高梁体的抗剪和抗弯强度，从而可更大幅度地提高梁体的承载力。

③在大跨度连续梁、连续刚构需用体外预应力加固时，常采用预应力钢丝束或预应力钢绞线及相应的预应力锚具和张拉设备。采用这种体外预应力筋，关键

问题有：预应力束两端头的锚固支撑块体要牢靠，要与被加固的梁体结成一体，需因地制宜，可做成锯齿块、横隔墙，也可利用已有的横隔墙；如果预应力束是折弯形的，则需在设计指定的位置设牢固的转（导）向装置，且其与预应力束间的摩擦应尽量小。这些为体外预应力加固所增设的锚固支撑块和转（导）向装置，与梁体连接界面的局部应力状况应引起设计者的特别关注。

（7）改变梁体截面形式和结构体系加固法

一般是将开口的 T 形截面或∏形截面转换成箱形截面。

（8）其他加固法

其他加固法主要有改变结构体系加固，实际就是通过改变桥梁结构体系以减少梁内应力，例如，在简支梁下增设支架或桥墩；把简支梁与简支梁加以连接，从而由简支梁变为连续梁；在梁下增设钢桁架等；采用加劲梁、叠合梁；改小桥为涵洞等，以提高桥梁的承载力。改变结构体系的方法很多，但往往都要在桥下操作，或设置永久设施，因而影响桥下净空。因此，要在不影响通航及桥梁排洪能力的情况下使用。

该法由于加固效果较好，因此，是目前解决临时通行重型车辆问题的常见加固措施。重型车辆通过后，临时支墩可以随时拆除，故对通航、排洪影响不大。

其中，简支梁变为连续梁加固法原理为：采用在简支梁下增设临时支墩，或把相邻的简支梁加以连接的方法，可改变原有结构物的受力体系，由简支梁变为连续梁。将多跨简支梁的梁端连接起来，变为多跨连续梁，以改善结构的受力状况，提高桥梁的承载力，其基本做法如下。

①掀开桥面铺装层，将梁顶保护层凿除，使主筋外露，并将箍筋切断拉直。然后，沿梁顶增设纵向受力主筋；钢筋直径和根数依梁端连接处所受负弯矩大小配置。

②浇筑梁顶加高混凝土和梁端接头混凝土。

③拆除原有支座，用一组带有加劲垫板的新支座代替原有的两个支座。

④重新做好桥面铺装。用临时支架加固时，改变了原简支梁桥的受力体系，支点处将产生负弯矩，故必须进行受力验算。此法由于缩短了桥梁跨径，桥梁承载力得到提高。

加劲梁或叠合梁加固法原理为：采用加劲梁或叠合梁以增强主梁的承载力，也是常用的改变桥梁结构体系的一种加固法。加劲梁或叠合梁的形式有多种。采用加劲梁或叠合梁加固时，应根据加固时结构体系转换的实际受力状态，分清主次，进行合理的抽象和简化，得出计算图式，进行补强计算。因实际结构比较复杂，各种结构部分之间存在着多种多样的联系，而决定联系性质的主要因素是结构各部分的刚度比值。故新、旧结构体系可依据相对刚度大小分解为基本部分和附属部分，分别计算内力，如分为主梁与次梁、主跨与副跨，并注意略去结构的次要变形，从而得到较简明的力学图式。

改为桥涵加固法原理为：对于跨径不大的桥梁，在不影响通航和排洪能力的情况下，可采用改桥为涵的方法进行加固。涵洞的形式可采用圆管涵、拱涵等，因构造简单，这里不再一一赘述。

梁拱结合体系加固法原理为：消除拱上建筑及实腹段范围内的填料，降低拱顶断面高度，浇筑钢筋混凝土桥面板或耐力混凝土桥面板，并用混凝土将拱上建筑与桥面板相结合，从而加强拱上刚度，使原来单一拱式体系转化为梁式体系，使整个体系向柔拱刚梁转化。

4.钢筋混凝土及预应力混凝土连续梁桥缺陷的危害性及养护

（1）混凝土桥梁结构缺陷的危害性

混凝土桥梁结构缺陷，有表层缺陷和内部缺陷两大类。前者主要包括蜂窝、麻面、露筋、孔洞、磨损、表面腐蚀、碳化、剥落、裂缝、缺损、构件变形等；后者主要包括混凝土的强度不足、抗渗和抗冻指标不满足要求、内部空洞和蜂窝、钢筋及预应力不满足设计要求、混凝土保护层不足、钢筋及预应力筋锈蚀等。

这些缺陷有的是施工不当造成的；有的则是在使用过程中由自然因素或人为因素所造成的；还有的则是原材料质量不良所造成的，例如，因锚具夹片质量不好，而造成预应力束松弛，导致预应力损失过大。

表层缺陷受外界各种因素的影响，加上长年累月地发生变化，往往会扩大，有时还会向构件内部发展，造成构件强度降低，危及使用安全，从而缩短桥梁结构的使用寿命。

内部缺陷的危害性更大，严重的会造成结构的直接破坏。因此，对这类缺陷，一待查清就必须及时处理。

（2）钢筋混凝土及预应力混凝土连续梁桥的养护要点

①进行经常检查、定期检查及特殊检查时，应针对上面指出的混凝土桥梁结构常见的一些缺陷进行观察测试。

②在连续梁桥建成3年内每半年或每年，并在其后每年应检查受拉区的裂缝和其他缺陷。连续梁受拉区主要是：a.各中间支座及其附近区段的上翼和中性轴以上的腹板；对箱形梁而言，就是顶板和中性轴以上的腹板。b.各跨跨中及其附近区段的中性轴以下的部分；对箱形梁而言，就是底板和中性轴以下的腹板。

③连续梁桥建成3年内，于每季度平均温度最高及最低时，检测连续梁各跨跨中挠度、整体线形及高程的变化，有异常变化或承载力不足时，应了解和分析原因，进行处理。从建成后第4年起，则可每年于平均气温最高与最低时各检测一次。当挠度及整体线形变化过大时，应引起警觉。其直接影响是行车面不平顺，

有时还会导致桥面铺装层损坏。且可能有更深层的原因：a.设计者计算的该桥梁体收缩徐变的误差较大，即梁体实际发生的收缩徐变远比计算值大。b.因施工和设计原因，造成预应力损失大，造成预应力张拉不足。c.地基基础发生了不均匀沉降。d.锚具和预应力筋质量有问题。

④应保持预应力混凝土箱梁内通风，减少可能因箱体内外温差过大而产生的裂缝。

⑤须保持箱梁泄水孔道畅通，以免箱梁体内长期积水造成混凝土侵蚀和钢筋锈蚀。特别是各中间支座处，因其箱梁底板高程较低，更易积水，要引起注意。

⑥不允许预应力混凝土连续梁产生竖向裂缝。裂缝产生后，应首先检测裂缝的宽度、长度，对宽度大于0.2mm的裂缝还需检测其深度。根据裂缝的不同情况分别采取下列办法：a.裂缝宽度小于等于0.2mm时，应进行封闭处理。b.裂缝宽度大于0.2mm时，应采用压力灌浆（环氧树脂胶）。c.如裂缝发展严重，则应根据产生裂缝的部位采取合适的加固措施。

5.悬臂梁桥、T形刚构的常见缺陷与养护要点

钢筋混凝土及预应力混凝土悬臂梁桥、T形刚构的常见缺陷与一般混凝土桥梁结构的常见缺陷相同，有表层缺陷和内部缺陷两大类。

①悬臂梁容易产生裂缝和损伤的部位。a.受拉区易产生裂缝。其受拉区主要是支座上方及其附近的梁顶面、中性轴以上的腹板。悬臂梁的横隔板可能因扭转产生裂缝。b.简支挂孔梁跨中及其附近区段易产生受拉裂缝，支座处梁体易产生斜裂缝。c.悬臂梁端部的支承简支挂孔梁的牛腿，顶面因局部应力集中易产生裂缝，两侧面则易产生斜裂缝。d.悬臂梁端部与简支挂孔梁端部之间，由于混凝土收缩徐变和施工误差等原因，容易形成折角，桥面不平顺，造成车辆冲击颠簸，使伸缩缝乃至梁端局部混凝土损坏。e.检测悬臂梁跨中、悬臂端部及简支挂孔梁跨中挠度、整体线形及高程的变化，有异常变化或承载力不足时，应了解和分析原因，进行处理。f.须保持箱梁泄水孔道畅通，以免箱梁体内长期积水造成混凝土侵蚀和钢筋锈蚀。箱形梁应保持箱梁内通风，减少可能因箱体内外温差过大而产生的裂缝。

②T形刚构容易产生裂缝和损伤的部位。a.受拉区易产生裂缝。其受拉区主要是各墩（柱）梁固结区段及附近的梁顶板、中性轴以上的腹板；与梁固结墩（柱）的顶部（3~5m范围内）；简支挂梁的跨中及其附近区段的底缝。b.T形刚构悬臂端部与挂孔端部之间，由于混凝土收缩徐变和施工误差等原因，容易形成折角，桥面不平顺，造成车辆冲击颠簸，使伸缩缝乃至梁端局部混凝土损坏。c.检测T形刚构悬臂端部和挂孔梁跨中挠度、整体线形及高程的变化，有异常变化或承载力不足时，应了解和分析原因，进行处理。d.像前面已指出的那样，如果是箱形梁

则应保持箱内通风，减少可能因箱体内外温度差过大而产生的裂缝；须保持箱梁泄水孔道畅通，以免箱梁体内长期积水造成混凝土侵蚀和钢筋锈蚀。e.简支挂梁的钢活动支座的滚轴容易移至极限位置（抵靠住支承垫板上的限位卡板），影响挂梁与 T 形刚构悬臂端的相对移动，增加不必要的附加外力。此现象应引起足够重视，并设法复位。

（二）钢桥的养护与维修

1.钢桥的日常养护与维修

（1）清除钢结构的表面污垢，保持杆件清洁，特别应注意节点、转角、钢板搭接处等易积聚污垢的部位。清除的污垢不要扫入泄水孔或排水槽中，以免堵塞。

（2）更换所有松动和损坏的铆钉。更换过的铆钉在检验之后，均应涂上与桥梁结构显著不同的颜色，并记入桥梁记录簿，注明其数量和位置。在更换铆钉前，应仔细察看钉孔位置是否正确。如钉孔不圆或偏位大于 2mm，必须扩钻以加大孔径。在铆接杆件时，如钉孔不合适，严禁采用强力钻进的铆接方法。更换铆钉后，应对其所有相邻且未更换的铆钉加以敲击，检查是否受到损伤。

（3）若发现普通螺栓或高强螺栓连接松动应及时拧紧，对于高强螺栓必须施加设计的预拉应力。为了便于螺栓的更换，应防止丝口锈蚀，如接合杆件表面有角度时，则应在螺帽之下垫以模型垫圈。

（4）焊接连接的构件，焊缝处若存在裂纹、未熔合、夹渣、未填满、弧坑等缺陷，应进行返修焊，焊后的焊缝应随即铲磨匀顺。

（5）钢杆件受到冲击造成局部弯曲时，可用撬棍、弓形螺旋顶或油压千斤顶进行冷矫，禁止用锻钢烧材的方法来矫正。钢杆件如有不同方向的弯曲，应对导致弯曲的原因做调查分析以确定矫正方法，矫正时按不同的弯曲方向分别进行。如杆件同时有扭转和弯曲，应先矫正弯曲，再矫正扭转。若由于杆件强度、刚度不足或稳定性差等原因引起弯曲，矫正后应进行加固处理。如需拆卸杆件进行修理，可安装临时杆件替代被拆卸杆件，以保证行车安全。

（6）钢梁木桥面板的保养，可抽换破损桥面板，加铺轨道板或加设辅助横梁（木梁或钢梁），经计算允许增加恒载时可把木桥面改为钢筋混凝土桥面。

（7）装配式钢桥的养护：①在桥两端竖立鲜明的限速、限载标志，严禁超速、超载。②对各部件接合点的销子、螺栓，以及横梁夹具、抗风拉杆等进行检查，如有松动和缺损，应及时拧紧和修补更换；销子周围应涂油脂，防止雨水进入销孔缝隙；外露的螺栓丝扣应涂油，防止锈蚀。③木桥面板出现破裂、弯曲及不平整时，应及时抽换。若经常有履带车通过，则应加铺轨道板。

（8）装配式钢桥使用后拆卸进仓之前，应进行油漆，并对拆下的部件进行全面检查和修理。如有细裂痕和暗裂纹，应修理加固或更换；销子和栓钉应仔细检查是否有裂缝、脱皮、弯曲、压损等，发现缺陷应及时消除或更换。最后涂抹黄油，用蜡纸包好装箱入仓。

（9）装配式钢桥的储存应符合下列要求：①构件应分类按规格堆放，下面需用木料或石块垫高，以防受潮；堆置高度不宜过高，以防下层构件被压弯变形；桁架片应单层竖向堆放；堆放时应将架设时先用的部件放在外部。②所存放的钢构件应保持清洁，定期涂抹油脂，防止锈蚀。一般每年检查一次，每3年全面检查一次。如发现变形和脱漆，应及时矫正和补漆。③所有销子、螺栓等零部件应每年开箱清点、加涂黄油防锈。④专用架设工具应注意配套保存，防止丢失，并加强维修保养。

2.钢桥防腐涂层的检查与维护

钢桥的锈蚀是造成钢桥使用寿命折减的重要因素，而良好的涂装防护是保证设计寿命和延长使用寿命的有效措施。因此，定期对钢梁进行锈蚀及涂装状况的检查，并及时进行涂层维护，是钢结构桥梁维修养护的主要工作。

（1）涂层劣化类型及分级。

涂层劣化类型包括粉化、起泡、裂纹、脱落、生锈5种。每种类型均分4个劣化等级。

①粉化：涂膜由于表面老化损坏而呈粉状脱落，出现白色（浅色漆）或深色（深色漆）粉状物。其劣化等级按轻微、中等、轻重和严重分为1~4级。1级，用力擦涂膜，手指沾有少量颜料粒子；2级，用力擦涂膜，手指沾有较多颜料粒子；3级，用力较轻擦拭，手指沾有较多颜料粒子；4级，轻轻一擦，手指沾有大量颜料粒子或出现漏底。无粉化时为0级。

②起泡：涂膜表面出现直径不同的膨胀、隆起、点泡或气泡。劣化等级按面积分为轻（1级）、中等（2级）、轻重（3级）、严重（4级）4级。

③裂纹：涂膜出现裂痕、网状或条状裂纹，并可看见下层或底层，分级方式同起泡。

④脱落：涂膜层间、新旧涂层间丧失附着力，涂层表面呈小片或鳞片状脱落。劣化等级按面积分级，同起泡。

⑤生锈：涂膜出现针状、点状、泡状或片状锈。劣化等级按生锈面积分为轻微（1级）、中等（2级）、轻重（3级）、严重（4级）。

（2）劣化涂层的维修

粉化0级及各类1级劣化无须进行处理；各类劣化2级和3级应进行维护性涂装；各类4级劣化须进行重涂。

①维护性涂装事项

a.粉化 2 级或 3 级时，应清除表面污渍，用细砂纸除去粉化物，然后涂覆两道面漆。

b.起泡、裂纹或脱落劣化 2 级或 3 级时，用工具清理损坏区域及周围疏松涂层，未损区涂层边缘制成 500~80mm 的坡口，坡口使涂层边缘渐薄，见底层漆，局部涂覆底漆、中间漆及面漆。

c.应注意保持涂层的连续性和厚度，最后再涂一层面漆，盖至交界处以外。劣化为生锈 2 级或 3 级时，先清除松散涂层，直至良好结合涂层为止，手工清理钢表面至 St3 或机械喷射至 Sa2 1/2，未损涂层边缘仍制成 50~80mm 坡口，然 1/2 后再涂覆相应底漆、中间漆和面漆，并注意保持各涂层的连续性和厚度，再涂一层面漆盖至边缘以外。

②重新涂装周期及重新涂装须注意的要点

a.重新涂装的周期取决于环境条件和涂层性能。在腐蚀性强的海洋型大气下，相同的涂层寿命会更短，其次是工业型大气，再次是乡村型大气。桥梁涂装用面漆和底漆不同，干膜厚度及耐久年限差别也较大。

b.重新涂装在桥梁工地进行，但工艺要求与钢梁初始涂装相同。

3.钢桥的杆件加固法

①钢板梁由于穿孔或破裂而削弱断面时，可补贴钢板或用钢夹紧并铆接来加固，这时板的边缘应锉平，使之结合紧密。如钢板受到了较短和较深的创伤，宜用电焊修补。

②采用增设水平加劲肋、竖向加劲肋的方法加固钢板梁。

③钢桁梁加固一般用增加新钢板、角钢或槽钢来加大杆件截面。加固可用栓接、铆接或焊接。

④加设加劲杆件，或增设各杆件间的联系。

⑤在结合处用贴板拼接，加设短角钢加强桁架杆件与节点板的连接。

⑥如桥梁下挠显著增加，销子与销孔有损坏或上下弦强度不足，应停止交通进行检查修理或更换。

⑦钢结构杆件在修理加固之后，应涂漆防锈。

4.恢复和提高整桥承载力的加固方法

①增设补充钢梁，可装在原有各梁之间，也可以紧靠在原有各梁的旁边。

②用加劲梁装在原下梁的下缘或下弦杆上。加劲梁加固方法，适宜用于不通航的桥孔或桥下净空足够的小型桥梁。

③用体外预应力加固法，预应力施加在下挠后的下弦杆截面上。预应力加固法对桥下净空的影响较小，施工方便，但预应力钢索的防锈工作较困难。

④将拱式桁架结构装在原主梁的上面，拱脚的原主梁固接或铰接，适宜用于

下部结构能承受所增加恒载的通航桥孔的加固。

⑤将悬索结构加在原主梁上面，可使被加孔的恒载转移到悬索上，以改善结构的变形。

这种方法可在运营状态下进行施工，适宜用于下部结构能承受所增加恒载的通航桥孔的加固。

⑥在不影响排洪和通航的情况下，可在桥孔中间添建桥墩，缩短跨径，减小桁梁杆件内力。为了承受新增支点处的剪应力，在新桥墩墩顶处的上部结构中，必须设置竖杆及必要的斜杆。

⑦对于多孔简支桁架，分联将其转变为连续桁架，可用体外预应力加固方法，使被连接的主桁上弦杆在墩顶处得以补强。

5.钢桥的除锈

（1）钢结构锈蚀的原因

钢结构锈蚀主要是指钢结构与大气中所含的氧气、水分、盐类、二氧化碳、二氧化硫、氮氧化物等物质及具有化学活泼性的物质发生化学或电化学作用。这种现象我们称为钢铁的腐蚀。这些变化通常会在钢铁表面产生松散堆积物，即铁锈。

（2）钢结构锈蚀的危害性

①造成钢梁杆件断面削弱。

②造成钢结构连接松弛。

③降低钢结构的承载力。

④缩短钢结构的使用年限。

⑤钢结构锈蚀严重者，将危及行车安全。

（3）钢桥的除锈方法

钢材表面除锈等级以代表所采用的除锈方法的字母"Sa""St"或"FI"表示。如果字母后面有阿拉伯等数字，则其表示清除氧化皮、铁锈和油漆涂层等附着物的程度。

①喷射清理。喷射清理以字母"Sa"表示。喷射清理前，厚的锈层应铲除，可见的油脂和污垢也应清除。喷射清理后，钢材表面应清除浮灰和碎屑。a.Sal：轻度的喷射清理。在不放大的情况下观察时，表面应无可见的油脂和污物，并且没有附着不牢的氧化皮、铁锈、涂层和外来杂质。b.Sa2：彻底的喷射清理。在不放大的情况下观察时，表面应无可见的油脂和污物，并且几乎没有氧化皮、铁锈、涂层和外来杂质。任何残留污染物应附着牢固。c.Sa2 1/2：非常彻底地喷射清理。在不放大的情况下观察时，表面应无可见的油脂和污物，并且没有氧化皮、铁锈、涂层和外来杂质。任何污染物的残留痕迹应仅呈现为点状或条纹状的轻微色斑。

d.Sa3：使钢材表观洁净地喷射清理。在不放大的情况下观察时，表面应无可见的油脂和污物，并且应无氧化皮、铁锈、涂层和外来杂质。该表面应具有均匀的金属色泽。

②手工和动力工具清理。用手工和动力工具，如用铲刀、手工或动力钢丝刷、动力砂纸或砂轮等工具清理，以字母"St"表示。手工和动力工具清理前，厚的锈层应铲除，可见的油脂和污垢也应清除。手工和动力工具清理后，钢材表面应清除浮灰和碎屑。a.St2：在不放大的情况下观察时，表面应无可见的油脂和污物，并且没有附着不牢的氧化皮、铁锈、涂层和外来杂质。b.St3：同St2，但表面处理应彻底得多，表面应具有金属底材的光泽。

③火焰清理。火焰清理用字母"Fl"表式。火焰清理前，应铲除全部厚锈层。火焰清理后，表面应以动力钢丝刷清理。Fl火焰清理后，在不放大的情况下观察时，表面应无氧化皮、铁锈、涂层和外来杂质。

6.钢-混凝土组合梁桥养护

（1）日常养护与维修

钢-混凝土组合梁桥的日常养护参见钢筋混凝土桥和钢桥的有关内容。应注意对其结合部位的保养维修，防止桥面水渗漏造成钢构件锈蚀及钢和混凝土之间的连接失效。

（2）加固方法及适用范围

钢-混凝土组合梁桥的结构特点是：混凝土桥面板（除去表面磨耗层外）是主梁结构的一部分，且与钢梁之间可靠地连接成为整体。

钢-混凝土组合梁桥的主要病害有两类，一是混凝土板开裂，二是钢与混凝土板间的连接不够，出现裂缝或脱开。加固时对混凝土板临时预压或对钢梁预弯都是为了调整主梁的应力状态，一般在原设计时已是如此考虑的，若原设计没有考虑，加固时也可采用此类方法，但需进行设计和验算。

①钢-混凝土组合梁桥钢结构部分的加固，可采用钢桥的加固方法。

②钢筋混凝土桥面板可按下列方法加固。a.若钢筋混凝土桥面板小范围开裂，将开裂部分及周围一个板厚范围内的混凝土凿除，用高强度等级的微膨胀混凝土填补。b.钢筋混凝土桥面板大面积开裂，可参照原桥的施工工艺采用更换预制板或重新浇筑混凝土板的方法加固。c.采用更换预制桥面板的方法，应在拆除旧桥面板4~6个月前将预制板预制完成。宜对预制板施加临时应力，待接缝混凝土浇筑完毕后，再释放临时预压应力。d.采用重新浇筑混凝土桥面板的方法，应在拆除旧桥面后，使钢梁产生反拱，再浇筑混凝土。在混凝土的浇筑过程中，必须设置强度足够的临时支架，以减小浇筑过程中恒载对结构产生的不利影响。e.在钢梁顶面增设剪力键，加强桥面板与钢梁的整体性，这种方法可与以上方法联合

使用。

二、拱桥的养护维修

（一）日常养护与维修

1.经常清除表面污垢及圬工砌体因渗水而附着在表面的游离物。

2.经常疏通泄水管孔，保持桥面及实腹拱拱腔排水畅通。如发现拱桥桥面漏水应及时修补，若发现空腹拱的主拱圈（肋）渗水，应对拱背进行清理，清除可能积水的残渣、堆积物等，并用砂浆等材料抹平或堵塞裂缝。若发现实腹拱主拱圈渗水，应检查拱腔排水系统，必要时可挖开拱上填料，修补防水层，修理排水管道。

3.主拱及拱式腹拱的拱铰及变形缝应保持正常工作状态。清除弧面铰及变形缝内嵌入的杂物，保持自由转动、变形。填缝材料如油毛毡、浸渍沥青的木板等如有损坏应及时更换。

4.构件表面缺陷及局部损坏的修补，主要涉及以下几类：①圬工砌体的边角压碎、砌块断裂，干砌石拱桥砌缝张口等，可用水泥砂浆修补。若个别块体压碎或脱落，应用新的块体填塞更换，更换时应保证嵌挤或填塞紧密。砌缝砂浆若发生脱离，应凿除后重新用干硬性砂浆或微膨胀砂浆填筑，表面重新勾缝。②钢筋混凝土拱构件的表面缺损与裂缝修补。③钢管混凝土拱钢构件表面的防锈涂层应保持完好，并定期重涂。④实腹拱的侧墙若发生较大变形、开裂，应查明原因并做相应处理。若填料不实，或拱腔积水，应挖开拱上填料，修补防排水系统，拆除鼓凸部分侧墙后重新砌筑，重新回填拱上填料及重做路面，也可酌情换用轻质填料或加大侧墙尺寸。若发现侧墙与拱圈之间脱开，或侧墙上有斜向开裂（若是砌体，通常沿砌缝呈锯齿状开裂），应检查墩（台）与主拱的变形。开裂轻微且不再发展的，可作一般裂缝修补处理。若开裂严重或裂缝在发展中，应考虑采用加固、改造方案。

5.中、下承式拱桥的吊杆养护。系杆拱桥的系杆混凝土裂缝应用环氧砂浆等材料进行处理。系杆采用无混凝土包裹的预应力钢丝束时，应定期对钢丝束的防锈保护层进行养护、更换防护油脂等。系杆的支承点如有下沉要及时调整。

6.冬季月平均气温低于-20℃的地区，对淹没于结冰水位的拱圈，应在枯水期从结冰水位以上50cm开始至拱脚涂抹一层防冻环氧砂浆，砂浆表面再涂刷沥青进行保护。

（二）拱桥的主要病害

1.主拱圈抗弯强度不够引起拱圈开裂。裂缝主要发生在拱顶区段的拱圈下缘与侧面，拱脚处的拱圈上缘与侧面。

2.主拱圈抗剪强度不够引起拱圈开裂。裂缝主要发生在拱脚、空腹拱的立柱柱脚。

3.拱圈材料抗压强度不够，引起劈裂或压碎。

4.两拱脚墩（台）不均匀沉降引起拱圈开裂，一般出现在拱顶区段，横桥向贯穿全拱圈，裂缝宽度上下变化不大，且两侧有错动。墩（台）基础上、下游不均匀沉降引起拱圈及墩（台）出现顺桥向裂缝。

5.墩（台）沿桥梁纵向发生向后滑动或转动引起拱圈开裂，裂缝发展规律同1。当向桥孔方向滑动或转动时，裂缝在拱圈上、下缘的位置与1.相反。

6.肋拱、刚架拱、桁架拱、双曲拱的肋间横向连接如横系梁斜撑强度不够引起开裂。

7.拱上排架、梁、柱开裂，短柱的两端开裂，侧墙斜、竖方向开裂，侧墙与拱圈连接处开裂。开裂的主要原因分别为构造不合理、强度不够、施工质量不好，以及由于拱圈变形，墩（台）变位对拱上结构造成不利影响。

8.预制拼装拱桥或分环砌筑的圬工拱桥，沿连接部位或砌缝产生环向裂缝。双曲拱桥的拱肋与拱波连接处开裂。拱肋接头混凝土局部压碎。

9.双曲拱桥的拱波顶纵向开裂。多为肋间横向连接偏弱、采用平板式填平层使拱横截面刚度分配不均、墩（台）横向不均匀沉降等原因引起。

10.桁架拱、刚架拱、系杆拱的节点强度不够引起节点及杆件端部开裂。

11.中、下承式拱的吊杆锚头滑脱或钢丝锈蚀、折断。

12.拱铰失效或部分失效，引起拱的受力状态恶化而开裂。

13.钢管混凝土拱的钢管因厚度不足或节间过大造成钢管出现压缩状褶皱。

14.桥面板（平板、微弯板、肋腋板等）开裂。引起开裂的原因主要有局部承受车辆荷载强度不够，参与主拱受力后强度不够，肋片发生较大位移，板与肋连接破坏，或在施工中已开裂未予以彻底处理等。

（三）钢管混凝土拱桥关键部位的养护

1.钢管混凝土拱肋的养护

钢管混凝土拱肋（含腹杆及横向连接系）的养护工作主要包括下列内容。

（1）保持焊接的正常状态。当焊缝承受与其方向垂直的交变荷载时，在焊接缺陷及局部应力集中处均易诱发疲劳裂纹。该裂纹一旦形成，在应力与腐蚀介质的共同作用下，裂纹迅速扩展。如不及时修复，会引起严重后果。因此，对拱肋的焊接部位应注意保持焊接的正常状态。若发现桥梁在使用过程中焊接处有异常情况，应注意分析裂缝产生的原因，及时处理。

（2）当拱肋出现裂缝后，应由专业技术焊工及时用手电钻在裂纹端钻$\varnothing 2\sim$3mm的圆孔，制止裂纹的扩展，然后用碳弧气刨清除裂纹部位。裂纹清除后，用砂轮打磨干净，预热后用CO_2保护焊修复。修复完毕，应进行无损检查，确认焊缝缺陷不复存在，否则应重新修补。焊缝修补次数一般不应超过2次。修复工作进行前，应制定相应修补方案及焊接修复工艺，焊接修复工艺应进行必要的测试与评定。重要部位的焊缝修复，应征得有关专家认可后方可实施。

（3）在日常检查过程中，若发现拱肋涂层有相关标准所列的涂膜劣化等级2级以上的漆膜损坏，应及时处理。

（4）对裸露的钢管根据防腐材料使用年限经常定期进行检查，如有腐蚀要进行除锈防护工作，对于锈点、锈迹要彻底擦除，除锈后再涂抹防锈漆及面漆。城市及大气污染严重地区的桥梁可用热锌、热铝喷涂工艺进行防护，或用聚乙烯涂料或改性聚氨酯等防护涂料涂刷，其厚度不小于140μm。具体可参照钢桥防锈的有关要求进行。

（5）在确定钢管混凝土的管内有空洞或离析时，可先钻孔注入环氧树脂、水泥砂浆后再封闭钻孔。

（6）主梁的挠度值出现异常时要及时限制交通，并应查明原因，委托设计部门计算，采取措施进行处理。

2.拱座的养护

（1）在拱座与裸露的钢管混凝土交界段以上露出的钢管表面，若涂层出现褶皱、龟裂，在排除涂层质量、气温、老化等因素外，宜再将包裹混凝土向上延长。

（2）若拱座的外包混凝土出现褶皱、龟裂、裂纹，当无明显变形时，可暂用水泥砂浆涂抹，加强观察，分析原因。待稳定后再根据情况进行修复（如压浆、封闭或凿除裂损部分进行修复）。若桥梁处于大气污染区则应采用改性乳胶漆等材料进行大面积喷涂防护。

（3）对拱座处的积水要及时排除，保持清洁干燥。

（4）每年冬、夏来临之前，对裸露管段与外包混凝土的管段交界处要涂厚油脂。

3.吊杆、系杆及锚具的养护

（1）吊杆与系杆系统包括吊杆、系杆、锚板及连接件等。吊杆、系杆涉及桥梁的耐久性和承载力，可谓此类桥梁的生命之索。吊杆和系杆的养护是钢管混凝土系杆拱桥养护工作的重点。其养护的重点部位是两端锚头处。

（2）冷铸锚头和螺栓是暴露在大气中的，要注意防水、防锈，丝扣部分应经常涂润滑油防腐。应定期对吊杆及系杆系统涂漆防锈，并注意随时补刷防锈漆。对两端锚固处及锚头、吊杆、系杆出口密封处、防护套等部位，发现有损坏时，应及时处置。

（3）当锚头出现裂缝或破损，应更换该吊杆（系杆）。系杆拱桥的系杆，及锚于后台的抗负弯矩系杆出现松弛现象时，可在其预留孔内穿梭进行张拉，无预留孔时，可在拱脚段的两侧加设型钢。新增系杆应进行包裹防护。

（4）吊杆与系杆要避免横向冲击，注意防水、防锈。在钢管及防护罩内均应注意防护。发现系杆及防护板腐蚀或损坏应及时处理。如发现油脂渗漏，应补注防锈油脂，并找出渗漏部位，加以堵塞。对系杆锚头、锚板防护罩、滚珠轴承等应使其保持完好状态。

（5）设计吊杆、系杆时都应考虑若干年后更换吊杆的可能性。个别吊杆或系杆出现疲劳断丝，或意外损坏，或测试结果出现异常时，可根据实际损伤、腐蚀状况及断丝情况适时调整和更换。系杆可用前卡式千斤顶逐股松索后抽换；吊杆可从拱肋上垂下钢丝绳，将横梁一端兜底临时吊住，更换吊杆后拆除。调整或更换前需经专题研究、专家论证，制定方案，编写施工工艺，按有关规范和工艺施工。吊杆（或系杆）及有关连接件或附件更换完毕后，应重新对它们做防腐处理，并应对吊杆（或系杆）拉力进行一次测量。

（6）混凝土防护板裂缝宽度超过0.2mm时应进行压浆修补。

4.钢筋混凝土及预应力混凝土梁的养护

在检查中若发现混凝土有开裂现象，应注意观察其发展情况。待稳定后，再根据开裂情况进行修复。如裂缝发展严重，应查明原因，咨询专家，委托设计或科研单位，采取加固处理措施。若发现混凝土有露筋、剥落等现象，应及时修补。

（四）钢筋混凝土桁架拱桥的养护与维修

钢筋混凝土桁架拱桥较少，由于混凝土的结构和受力特性，它作为桁架结构的材料不是很合适，作为桁杆的钢筋混凝土杆件，如果没有外界约束总给人不安全的感觉，混凝土结构用于连续的板或实体结构更合适一些，这实际上是钢管混凝土发展很快的原因。钢筋混凝土桁架拱桥的常见病害除拱桥结构的共有病害以外，还具有如下病害：杆件开裂破损、节点开裂破损、钢筋锈蚀、混凝土碳化、混凝土不密实、钢筋保护层不足、雨水浸蚀、冻胀开裂剥落、路面破损。

要针对钢筋混凝土桁架拱桥的结构、受力、病害特点，充分认识钢筋混凝土拱桥养护维修的重要性。钢筋混凝土桁架拱桥的养护和维修，主要将确保桁架拱的结构完整性和杆件的强度作为重点。由于桁架杆件截面相对较小，杆件一般又都是单一受力性质部件，截面的削弱对桁架杆件是致命的，这与复合受力部件不同。例如，钢筋混凝土梁有受拉区和受压区，当构件部分受损，特别是受拉混凝土受损时，对结构的整体承载力影响较小，有时甚至没有影响；而桁架杆件截面受损，则会直接降低杆件的承载力。

对于桁架拱桥，除了日常养护，还应进行定期检查，重点检查是否有混凝土开裂、钢筋锈蚀、雨水侵蚀、冻胀冻裂、破损残缺、路面破损等，特别是当杆件受到意外撞击或创伤时，要及时进行检查，必要时封闭交通进行专业检查和承载力评估，确保结构安全。当有路面破损或路面平整度不好时，要及时进行维修，因为路面的不平顺会显著增加荷载的冲击效应，而钢筋混凝土桁架拱抗冲击和疲劳的性能比较差。

钢筋混凝土桁架拱桥出现病害时要及时处置，对于混凝土开裂，要查清原因，宽的裂缝（大于0.01mm）要进行压浆处理，较窄的裂缝（小于0.01mm）要进行表面封闭，对于杆件和节点的破损，可用外包碳纤维布的方式进行加固，也可用外贴钢板或加钢箍的办法进行加固。

外包碳纤维布加固混凝土桁架杆件的方法是一种十分有效的方法，杆件用碳纤维布包裹后，其整体性和承载力（特别是后期承载力）都显著提高；同时，这种加固方法可以有效地封闭混凝土的裂纹，极大地提高杆件的耐久性；更重要的是，碳纤维布加固基本上不增加结构恒载，无须对非加固构件进行强度验算，这对于桁架拱这种轻型结构形式尤为重要；再者，这种方法施工方便、灵活，可适应不同的截面形式，不需要大型的施工设备和笨重的工具，施工质量容易控制。

外贴钢板也是加固和修复混凝土桁架拱的重要方法，特别是对于需要提高荷载等级的旧桥，这更是首选方法。这种加固方法可以有效地增加杆件的截面尺寸，直接提高杆件的承载力和结构刚度。这种方法的一个缺点是会增加结构自重，对于无病害的杆件或节点需要进行强度验算，有时可能需要进行补强加固。

对于混凝土桁架拱这种结构，一般不推荐只对损伤、病害混凝土构件进行简单的修补复原处理，简单的修补一般是凿除病害部位混凝土，对混凝土进行凿毛处理，这会对构件造成新的损伤，危及结构安全。再者，新、旧混凝土的结合及新补混凝土的收缩等问题经常使新补混凝土不能真正起到补强加固的作用，而最终只起到外观的修补作用。

（五）拱桥的加固方法

1.主拱圈强度不足时，可加大拱圈截面

从拱腹面加固时，可采用下列方法：粘贴钢板；浇筑钢筋混凝土加大拱肋截面；布设钢筋网，喷射混凝土或水泥砂浆加大拱圈截面；在拱肋间加底板，变双曲拱截面为箱形截面。条件许可时，也可在拱腹面做衬拱及相应的下部结构。

从拱背面加固时，可在拱脚区段的空腹段背面加大拱圈截面；或拆除拱上建筑，在全拱圈背面加大截面。一般使用混凝土或钢筋混凝土材料。

2.其他要点

（1）拱肋、拱上立柱、纵横梁、桁架拱、钢架拱的杆件损坏可用粘钢或复合纤维片材加固。粘钢时可粘贴钢板，也可在四角处粘贴角钢。

（2）用粘钢或复合纤维片材的方法加固桁架拱、刚架拱及拱上框架的节点。

（3）用嵌入剪力键的方法加固拱圈的环向连接。剪力键一般采用钢板或铸件，按一定间隔布置，其间的裂缝用环氧砂浆等处理。

（4）用加大截面的方法加强拱肋之间的横向连接。采用横拉杆的双曲拱，可把拉杆改为系梁。

（5）更换锈蚀、断丝或滑丝的吊杆。若原构造许可，可以用收紧锚头的方法张拉松弛的系杆或吊杆来调整内力。

（6）在钢管混凝土拱肋拱脚区段或其他构件的外面包裹钢筋混凝土。

（7）改变结构体系以改善结构受力，如在桥下通航许可的前提下加设拉杆。

（8）更换拱上建筑，减轻自重，更换实腹拱的拱上填料为轻质填料。

（9）用更换桥面板、增加桥面铺装的钢筋网、加厚桥面铺装、换用钢纤维混凝土等方法维修加固桥面。

（10）因墩（台）变位引起拱圈开裂时，应先维修加固墩（台），然后修补拱圈。

（11）加固拱桥时，应注意恒载变化对拱压力线的影响及其引起的推力变化，对各施工工序应进行验算，并做出详细的施工组织设计，严格按照设计的工序施工。

三、悬吊及斜拉系统的养护维修

（一）悬吊系统的养护与维修

1.悬吊系统的日常养护与维修

（1）悬索桥梁体和索塔部分的养护，视其结构类型可按钢筋混凝土桥及钢桥的相关规定进行。

（2）主缆各索股的受力应保持均匀，经检查若个别索股受力出现明显偏差、松弛或挤紧，应通过索端拉杆螺栓进行调整。

（3）防止主缆索股的锚头、锚杆、裸露索股、分索器、散索鞍等锈蚀，涂装防锈漆的部分应定期涂刷，涂抹黄油的部分应定期更换黄油，发现剥落、锈蚀应及时处理。

（4）主缆索的防护层如有开裂、剥落，应尽快修复，必要时可切开防护层检查主缆是否锈蚀并做相应处理，处理完毕后应及时修复。采用涂敷黄油防锈并用简易包裹做防护层的，应定期更换黄油及防护层，并保持其完好状态。

（5）网格式悬索桥，肢杆拉索应保持正常的工作状态，若发现松弛，可调整端头拉杆螺母使其复位。

（6）索鞍应经常清扫，防止尘土与杂物堆积、积水（雪）及锈蚀。索鞍的副轴或滑板应保持正常工作状态。

（7）锚室及封闭的索鞍罩内应保持干燥。有除湿设备的应保持设备正常工作，出现故障及时检修。

（8）索夹、索鞍、吊杆等的紧固螺栓应保持原设计受力状态，视工作情况，每半年至两年定期紧固，若发现松动应及时紧固。

（9）若吊杆有明显摆动、倾斜，或检查发现其受力状况发生变化，应查明原因。若索夹松动，应使其复位并紧固锚栓；若拉杆螺栓松动，应予以拧紧；若吊索锚头出现松动，应予以更换。吊杆复位后应进行索力检测。

（10）吊杆的保护套、止水密封圈、防雨罩等应保持完好，若发现老化、开裂、破损要及时修补、更换。

（11）吊杆的减震装置要保持正常工作状态，发现异常或失效要及时检修。

（12）未做衬砌的岩石锚室若有表面风化或表面裂纹，应用环氧树脂砂浆或钢丝网水泥砂浆进行处理。

2.吊索系统的养护与维修

（1）吊索系统防腐涂装的维护

对于钢丝绳索体，索吊维护一般采用与主缆相同的涂装材料，如汕头海湾大桥，总干膜厚度为250μm，底层涂环氧云铁漆，表面涂聚氨酯面漆。涂漆前钢丝绳内槽应以腻子填平。对于维护性修补，可采用该桥原涂装材料。对于平行钢丝或钢铰线索一般采用高密度聚乙烯套管，当套管破裂时，可采用热轧成型修补。

索夹及眼板螺栓等部件涂装一般采用与锚板、鞍底涂装相同的配方，总干膜厚度一般在250μm以下。吊索系统涂装维护前应将干裂脱落的腻子敲掉重新抹平，再按涂膜检查评定的结果，进行维护涂装或重涂，参见主缆涂膜维护内容及相应规范规定程序及工艺。

（2）吊索、索夹及高强度拉杆更换

当出现下述情况之一时，应当更换吊索：索股严重锈蚀，已削弱截面达5%以上；断丝率超过5%；吊索锚头中有明显拔出迹象；眼板及相连部位有裂纹扩展。

当出现下述情况之一时，应当更换索夹：索夹已严重锈蚀；夹壁开裂；索夹眼板开裂。

更换吊索和索夹，可在被更换吊索或索夹的两侧，解除主缆缠丝，并安装临时索夹和临时吊索，使被更换吊索力由临时吊索和索夹承受。在临时吊索下端可根据实际情况制造并安装临时吊索吊点。

正式施工前，应准确测试线形及高程，了解设计吊索力和竣工吊索力，以便将新吊索或索夹恢复至原吊索的拉力或高程。吊索长度需按原吊索长度下料制作。如更换索夹，拉杆螺栓需按原设计值张拉到位，并于一月、半年、一年和三年时检查、复张拉。

3.锚碇及锚室的养护与维修

（1）锚室除湿系统的养护维修

除湿系统应由经过培训的专门人员进行操作及养护维修。

①日常维修内容包括：系统各部件的检查、清洁、润滑，易损件更换，故障查找及排除等。

②主要维修设备包括：配电盘、鼓风机、电动机、过滤器、阻尼器、除湿组件及温、湿度显示记录系统等。

③维修要求：系统正常运转，年度相对湿度小于45%。

（2）排水沟断裂、山水无组织排溢、边坡破坏、掏空等病害的处理

修复排水系统或重新设计有组织排水系统，将水引离锚碇；以石块、钢丝笼等填实塌陷及冲洞，并灌水泥浆填实，然后在其上修筑排水沟槽系统。

（3）锚室顶盖开裂、四壁开裂渗漏

应对裂纹按宽度大小进行灌浆或封闭处理。同时，应分析水的来源，断绝水源，顶盖用碳纤维布加固或在顶盖上面加铺柔性防水层。

（4）混凝土腐蚀防护

处于海洋大气及海水飞溅水位变动处的混凝土易遭到严重腐蚀，甚至出现松软腐蚀洞穴，进行防腐处理时，先将松软面层凿除，并清除尘渣，以防水混凝土或防水砂浆修平。必要时进行飞溅面防腐涂装。涂装材料及厚度：底层采用环氧树脂封闭漆；面层采用聚氨酯煤焦油沥青漆；要求寿命20年时可取干膜厚度为500μm，10年时取干膜厚度为300μm。

（二）斜拉系统的养护与维修

1.制定养护及维修计划

根据第一年的运营、检查与观测结果，可在下述几方面做出下一步的养护及维修计划。

（1）经过高温及低温季节和一年的运营，检查PE管有无硬化开裂、预埋钢管有无漏水等，无材质性硬化和开裂则继续观测；对PE层机械损伤进行热成型修补，修补采用与实桥相同材质的片材，局部电热成型。

（2）如有明显的风雨振动发生，应设置外置式阻尼器。通过计算数据和观测

数据可确定哪几根索必须设置外置式阻尼器。大跨度斜拉桥的斜拉索索长、直径大，自振频率低且阻尼小，可在成桥初即根据计算数据，设置外置式阻尼器。

（3）判断线形与索力实测数据是否在温度正常影响范围内。画出曲线，标明温度，作为以后养护的依据。索力超出10%应进一步查明原因。如有异常，经慎重研究后方能调整索力及主梁高程。

（4）制定较长远的维修养护计划并按计划实施，其要点为：①PE层的检查、修补或更换；②集中检查下部预埋筒、锚固系统；③内置式、外置式阻尼器检查修理；④索力与线形检查与调整；⑤钢件锈蚀检查及维护性涂装；⑥拉索钢丝断丝检查及处理；⑦塔梁部位钢锚箱裂缝检查和处理；⑧部分或全部斜拉索更换。

2.拉索系统病害处理工艺

（1）拉索的养护

①拉索两端的锚具及护筒应经常保持清洁和干燥。塔端锚头若漏水、渗水应及时用防水材料封堵，梁端锚头若漏水、积水应及时将水排出并封堵水源。

②定期更换拉索两端锚具、锚杯内的防护油。

③定期更换钢护筒与套管连接处的防水垫圈及阻尼垫圈，做好搭接处的防水处理。

④定期对索端钢护筒做防锈涂漆处理。

⑤若拉索护套出现开裂、漏水、渗水应及时处理。可剥开已损坏的护套，将已潮湿的钢索吹干，对已生锈的钢索做好除锈处理，再涂刷防护漆及防护油，并用玻璃丝布或其他防护材料包扎严密。

⑥斜拉索的减振装置要保持正常工作状态，发现异常或失效要及时维修。

（2）护套更换

①护套更换确认。护套已老化开裂并环状断开失去防护功能；经检查钢丝劣化等级在1、2级，未见3、4级腐蚀和断丝。

②遇无雨、露、雾天气剥除外护套；进行干燥处理，修补局部破损后，缠包橡胶防腐带。缠绕时加适当拉力（伸长3%），重叠50%，在24h内加热成型。

③端部密封处理。

（3）下锚护筒防水处理

①取掉拉索下锚筒上端护罩，解除内置式减振圈，排干积水，清除油污、杂物、泥土等。必要时可在筒底前低处设置排水孔。

②利用加长喷头高压射水清洗筒壁及筒底；利用热的高压风干燥筒的内部。

③确认彻底干燥、清洁后，进行聚氨酯泡沫塑料填充施工，修整后安装内置式减振圈，恢复上部密封盖。卸掉后盖帽或不锈钢保护罩，清理、干燥后复原并重新注油。

（4）斜拉索钢丝断丝或锈蚀无损检测

斜拉索钢丝断丝或锈蚀无损检测由具有该项技术资质的单位以斜拉索断丝和锈蚀检测装置进行。该装置沿斜拉索爬行走过一次，可给出断丝位置、数目及锈蚀的位置等信息。

（5）换索

对因钢索、锚具损坏而超出安全限值的拉索应及时进行更换。对索力偏离设计限值的拉索进行索力调整。张拉的顺序、级次和量值应按设计规定进行，并测定索力和延伸值，同时进行控制。

拉索的更换按改建工程进行，应对各方案技术经济的合理性进行分析比选，确定安全、简便的施工方案。竣工后必须对全桥斜拉索的索力和主梁高程进行测定，检验换索效果，并作为验收的依据，主要包括以下环节。

①经过检查确认断丝超过5%，或钢丝锈蚀削弱截面已超过5%，或较多钢丝有3、4级腐蚀，为防止突然拉断，考虑更换该斜拉索。

②换索计算。进行斜拉桥结构设计时，已考虑结构应具备减少任一根索时所要具备的储备承载力，即该索所承担的恒载和活载量值由结构和其他索承担造成内力重分布的影响，并且此时允许设计限值增加25%，用于控制活载的量值，当内力或挠度超过该限值时，应限载运行。

③换索前及换索后均应对换掉的索和新索进行索力检测，同时复核线形数据。必要时应做适当的调整。

3.斜拉索钢锚箱裂缝处理

在斜拉桥桥塔及主梁采用焊接钢锚箱的，在拉索荷载的作用下，焊缝及构造处理不当处在应力峰值点可能出现疲劳裂纹。不应随意采取补焊措施，而是采取止裂措施，即以裂纹尖端为钻头，在其中心点钻一个直径为8~12mm的圆孔，将裂纹尖端钻掉，使天然裂纹尖端的应力集中处变为8~12mm的圆孔状态，使峰值得到缓解，再继续观察其发展，不进一步扩展就可以不再处理。如果裂纹在焊缝处，可由焊工采用碳弧气刨将带有裂缝的焊肉全吹掉，不能留有裂纹的"极"和"尖"并向两边延长50mm，再制成1：5的斜坡，也可以其他机械方法清除。以砂轮磨掉氧化皮及尖锐部分，露出金属光泽。补焊应于无活载、无风、气温在10℃以上时进行。

焊缝质量检查要求同钢梁制造。同一处处理不宜超过2次。如果裂纹已深入母材，也不能随意补焊和补焊钢板，应经专家慎重研究分析是否采用高强度螺栓双面拼接或其他方式，由上级技术主管部门决定。

（三）桥塔的养护与维修

无论是悬索桥的桥塔还是斜拉桥的桥塔均是索的支撑构件。这些缆索（主缆和斜拉索）支撑起主梁跨越一定空间。维护桥塔的正常技术状态，对保证桥的正常运营非常关键。

1.经常性保养与维护，保持主鞍室内斜拉索锚固区清洁、无油污及尘垢、无杂物和积水；主鞍座、附件及锚螺栓、连接螺栓无松动、无断裂、无锈蚀；斜拉桥钢锚箱无裂纹，拉索锚头、大螺母及钢工作平台等无锈蚀；对油漆局部破损及时修补；塔内升降梯、照明、通风设备及其他设备及标志完好无缺。

2.主塔混凝土结构部分应无裂纹，尤其是斜拉桥桥塔的索锚固区、塔的横梁部位及主塔要部。当发现裂纹时应详细记录裂纹部位、走向、宽度及深度，必要时请专家分析裂纹产生的原因，对大于等于0.2mm的裂纹采用压注环氧胶液的措施处理，小于0.2mm的裂纹采取封闭措施处理。裂纹涉及结构受力时应深入分析，检测混凝土强度，进行承载力验算，力图得出结论。必要时应进行线形检测和荷载试验。

3.主塔沉降及倾斜检测应每2~3年进行一次，连同主梁线形一起，并制成曲线图，与竣工时高温及低温测试数据比较，以判断是否在正常范围之内。

4.检测悬索桥主塔鞍座是否偏离，发现偏离竣工位置，需同时进行线形检测。判断偏离造成主塔塔身拉应力变化的程度，以决定是否需要进行鞍座复位处理。

5.遇强台风、地震及受到船舶强烈撞击以后，应对桥塔进行全面检查。

6.如发现悬索桥主鞍座及构件、斜拉桥拉索及钢锚箱有裂纹发展，不得随意补焊，可以先采用ø6~8mm的钻孔止裂，钻孔必须钻焊于裂纹尖端部分。如裂纹不进一步发展，就可以不再做进一步处理。如发现裂纹进一步扩展，需经业内专家研究，采取合适的加固方案，如高强度螺栓连接及焊补。由于鞍座、锚箱均为承受巨大集中力的结构，此种修补需十分慎重，需要关闭交通甚至考虑进一步卸载。焊补时气温要高于10℃，先计划气刨刨去的范围和深度，研究补焊程序，并由合格的焊工实施。最好采用热量较小的CO_2气体保护焊，焊后控伤。补焊最好一次完成。构件较大、较厚时，应考虑预热。此后的运营中仍需观测该处是否有新裂纹产生。

7.塔身、承台混凝土劣化及保护层脱落等缺陷的处理。混凝土水化反应能生成过饱和$Ca(OH)_2$溶液，形成较强的碱度，pH值在12.5以上，钢筋在此状态形成一层致密的碱性钝化膜，对锈蚀呈惰性状态。大气中的CO_2与游离$Ca(OH)_2$反应会使混凝土中性化，即pH值为8.3，钝化膜消失，钢筋开始锈蚀。严重时钢筋锈层膨胀，使保护层脱落。如此时有氯离子存在，会进一步加速钢筋锈蚀。混凝土中性化，即碳化失去耐久性进而产生混凝土破坏、钢筋锈蚀。对于桥龄在10

年左右或以上的桥，尤其是受海洋大气影响和浪溅压的桥塔混凝土应进行碳化检测和缺陷普查。

桥塔设计之初应加保护涂层，最初考虑不够或涂层失效的应采取补救措施，重新涂装。涂装前对裂缝及破损处进行处理。采用环氧树脂细石混凝土或环氧砂浆时，可不要基层增强胶黏剂，采用普通混凝土类材料修补时需在各面涂增强胶黏剂。防锈剂与铁锈反应后能阻止铁锈增长，施工应由具有该项工作资质的单位和个人进行，如需防腐寿命达20年，需进一步设计，涂层厚度应达500μm或以上。对于小量或局部病害也可采用碳纤维布包裹的方式进行处理。

（四）悬索桥的加固方法

1.减少悬索桥竖向变位的加固方法

（1）设置中央构件，把加劲梁与主缆索在跨中连接起来。

（2）把直吊杆（索）改为斜吊杆（索）或交叉斜吊杆（索）。

（3）增加斜拉索，改变结构受力体系，斜拉索可设在主跨1/4跨径区段，并妥善处理斜拉索与加劲梁及索塔的锚固，同时应注意解决索塔受力平衡问题。

2.减少悬索桥横向摆动的加固方法

（1）在桥两岸的上、下游对称增设侧风缆，风缆锚固于悬索桥的加劲梁上，锚固位置可选在1/4跨至跨中之间。

（2）在桥的上、下游各架设一根跨河钢缆，其高度可略低于桥面，用钢丝绳将加劲梁与过河钢缆做多点连接，适当张紧形成抛物面网络。

（3）加强加劲梁的水平风撑，加大横向刚度。

3.主缆垂度调整

对采用少量索股的悬索桥，结构条件许可时，才可对主缆的垂度进行调整。

先将要调整的主缆一侧的恒载卸载，放松索夹，用卷扬机或其他张拉设备逐股张紧主缆索索股，再用调整索股端头的螺杆固定。

4.索鞍座复位

当索鞍座偏移超出设计允许值时，可用千斤顶将辊轴归位。

5.锚碇及锚室加固处理

锚碇及锚室结构开裂、变形，应及时查明原因，进行加固处理。锚碇板开裂，可增补钢筋混凝土锚碇板，支撑开裂或破损，可增加型钢支撑，若锚室发生变形、位移，可用增加压重等方法处理。

参考文献

［1］洪扬.无人机在路桥工程施工管理中的应用［J］.中文科技期刊数据库（文摘版）工程技术，2022，（6）：13-15.

［2］王涯.路桥工程施工中的常见施工技术与质量管理研究［J］.住宅与房地产，2020，574（15）：216-216.

［3］甄欢.路桥工程施工技术管理与安全保证措施［J］.轻松学电脑，2021，（6）：1-1.

［4］何丽丽.路桥工程施工中的常见施工技术与质量管理研究［J］.信息周刊，2020，（11）：1-1.

［5］雷俊峰.路桥工程现场施工管理要点分析［J］.工程技术研究，2022，7（8）：149-151.

［6］孙明君.市政路桥工程施工管理的特点及措施［J］.建筑工程技术与设计，2020，（65）：219-219.

［7］杨宁.公路桥梁施工质量控制与技术应用［J］.工程与管理科学，2023，5（1）：100-103.

［8］康少东.信息技术在公路养护管理中的应用［J］.道路与桥梁，2022，1（1）：17-19.

［9］张俊.道路工程施工技术［M］.武汉：华中科技大学出版社，2018.

［10］郑霜杰.桥梁工程施工技术［M］.武汉：华中科技大学出版社，2018.

［11］刘彬.路桥工程施工技术管理与质量控制的分析［J］.中文科技期刊数据库（全文版）工程技术，2022，（4）：152-155.

［12］刘泉.路桥工程施工中的常见施工技术与质量管理分析［J］.中文科技期刊数据库（引文版）工程技术，2022，（9）：81-83.

［13］李俊.路桥工程施工中的常见施工技术与质量管理［J］.中国科技期刊

数据库工业 A，2022，（4）：183-185.

［14］徐志远.路桥工程施工中的常见施工技术与质量管理分析［J］.居业，2022，（8）：160-162.

［15］柔续前.路桥工程施工中的常见施工技术和质量管理［J］.中文科技期刊数据库（文摘版）工程技术，2021，（5）：100-101.

［16］陈宝春.桥梁工程［M］.北京：人民交通出版社，2017.

［17］陈从春.桥梁工程［M］.北京：人民交通出版社，2017.

［18］李继业.城市道路工程施工［M］.北京：化学工业出版社，2017.

［19］李继业.城市道路工程绿化［M］.北京：化学工业出版社，2017.

［20］吴波波.路桥工程施工中的常见施工技术与质量管理探究［J］.中文科技期刊数据库（全文版）工程技术，2021，（12）：73-75.

［21］邹新发.路桥工程施工中的常见施工技术与质量管理［J］.安防科技，2021，（10）：31-31.

［22］陈祥科.试论路桥工程施工技术管理与质量控制［J］.中文科技期刊数据库（引文版）工程技术，2021，（9）：81+83.

［23］徐刚.路桥工程施工中的常见施工技术与质量管理研究［J］.智能城市应用，2021，4（3）：47-49.

［24］岳奎.路桥工程施工中的常见施工技术与质量管理研究［J］.冶金丛刊，2020，5（19）：170-171.

［25］李丽民.道路工程［M］.北京：北京理工大学出版社，2017.

［26］经强.城市道路工程设计［M］.北京：化学工业出版社，2017.

［27］刘龄嘉.桥梁工程［M］.北京：人民交通出版社，2017.

［28］宋高嵩.道路路基路面工程［M］.北京：北京理工大学出版社，2017.

［29］兰顺义.路桥工程施工中的常见施工技术与质量管理研究［J］.四川水泥，2020，（1）：198-198.

［30］邓攀.路桥工程施工技术管理之研究［J］.陕西建筑，2021，（5）：57-59.

［31］王永剑.路桥隧道工程施工技术管理与质量控制分析［J］.建筑与装饰，2022，（5）：115-117.

［32］边瑞霞，付永军.路桥道路工程路基施工技术和管理［J］.人民交通，2022，（2）：48-50.

［33］徐世伟.路桥工程项目施工管理的创新探讨［J］.四川建材，2022，（2）：48-48.

［34］李远见.路桥工程现场施工管理的难点与应对措施［J］.中文科技期刊

数据库（全文版）工程技术，2021，（4）：64-65.

［35］赵锋.路桥工程中沥青砼路面的施工注意要点及施工管理分析［J］.工程技术研究，2021，6（7）：185-186.

［36］蔺文奎，薛英芳.路桥工程的施工要点及管理［J］.中文科技期刊数据库（文摘版）工程技术，2021，（8）：46+55.

［37］陈瑜未，王东升.路桥工程现场施工管理的难点及应对措施［J］.工程建设与设计，2020，（21）：232-233+238.

［38］王慧东.桥梁墩台与基础工程［M］.北京：中国铁道出版社，2020.

［39］关大勇.路桥工程施工阶段项目成本管理及控制［J］.工程技术研究，2020，5（10）：188-189.

［40］范保光.路桥工程现场施工管理难点和应对策略［J］.居业，2020，（7）：119-120.

［41］胡慧敏.市政路桥工程施工综合管理措施研究［J］.中文科技期刊数据库（全文版）工程技术，2021，（7）：21-22.

［42］刘钊沐.探究市政路桥工程施工综合管理策略［J］.中文科技期刊数据库（全文版）工程技术，2021，（8）：44-45.

［43］王东.路桥工程现场施工管理浅析［J］.中文科技期刊数据库（文摘版）工程技术，2021，（11）：35-36.

［44］韩双平.公路桥梁施工管理，养护与加固维修技术研究［J］.建筑与装饰，2022，（1）：147-149.

［45］庄先飞，邢辉.市政路桥工程施工综合管理策略研究［J］.工程技术研究，2020，（10）：196-197.

［46］史健.路桥道路工程路基施工技术和管理［J］.城市建筑，2020，17（27）：177-178.

［47］张得兵.路桥工程管理中现场施工管理的运用探析［J］.中文科技期刊数据库（全文版）工程技术，2021，（1）：124-125.

［48］孙志忠.现场施工管理在路桥工程管理中的实践分析［J］.中文科技期刊数据库（全文版）工程技术，2022，（11）：14-17.

［49］王继斌.高速铁路桥梁工程建造工艺技术［M］.北京：中国建筑工业出版社，2018.

［50］王连威.城镇道路与市政工程［M］.北京：人民交通出版社，2017.